九州文库

中国大学讲好中国故事

铁铮 主编

九州出版社
JIUZHOUPRESS

图书在版编目（CIP）数据

中国大学讲好中国故事／铁铮主编 . -- 北京：九
州出版社，2022. 10

ISBN 978-7-5225-1195-5

Ⅰ. ①中… Ⅱ. ①铁… Ⅲ. ①高等学校—宣传工作—
研究—中国 Ⅳ. ①G649. 2

中国版本图书馆 CIP 数据核字（2022）第 182960 号

中国大学讲好中国故事

作　者	铁　铮　主编	
责任编辑	郭荣荣	
出版发行	九州出版社	
地　址	北京市西城区阜外大街甲 35 号（100037）	
发行电话	（010）68992190/3/5/6	
网　址	www. jiuzhoupress. com	
印　刷	唐山才智印刷有限公司	
开　本	710 毫米×1000 毫米　16 开	
印　张	16. 5	
字　数	260 千字	
版　次	2023 年 1 月第 1 版	
印　次	2023 年 1 月第 1 次印刷	
书　号	ISBN 978-7-5225-1195-5	
定　价	95. 00 元	

目 录
CONTENTS

上篇 ● 理论篇

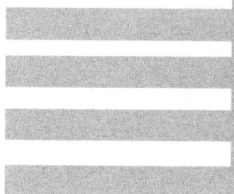

我国大学国际传播的任务与策略

铁铮　夏宇鹏[*]

我国大学在加强和改进国际传播中，要科学地选择路径、拓宽思路、创新方法、讲求技巧、注重实效，要把国际传播放在大学新闻宣传的重要位置，作为塑造国际形象、扩大国际影响力的重要工作来推进；要按照国际传播对人才的需要，加速建设一支懂传播、会传播、巧传播的队伍；要根据当前和近期国际传播的重点和具体任务，切实落实国际传播网站建设、新媒体运营、形象片制作、编辑出版发行有关印刷品和电子出版物等专项工作经费，确保国际传播计划全面实施；尽快开展大学国际传播的专业研究。

目前我国大学正在加快世界一流大学和一流学科建设的步伐，提升中国高等教育综合实力和国际竞争力，从而为实现"两个一百年"奋斗目标和中国梦提供有力支撑。在实施"统筹推进两个一流"战略中，我国大学必须加强和改进国际传播，要进一步提升对国际传播重要性、必要性、紧迫性的认识，找准国际传播的目标定位，明确国际传播的主要任务，探索国际传播的改进策略，切实推进我国大学国际传播力的建设。

一、目标定位

准确的国际传播定位和清晰的目标是大学强化国际传播力的前提。只

＊　铁铮：北京林业大学教授；夏宇鹏：北京林业大学研究生。

有定位和目标明确清晰了，才能科学地确定国际传播的受众、内容、方法和技巧。

（一）办学特色决定国际传播的定位

不同类型的大学具有不同的办学定位和办学特色，其国际传播的目标和定位也呈现出差异性。对于历史悠久的综合性大学，国际传播要着重从其悠久的办学历史、发展历程中总结挖掘闪光点，逐步形成具有自身特色的文化品牌，并与中国优秀文化相结合，使其在国际传播中获得广泛的认同。对于多科性与行业特色鲜明的大学，其国际传播能力建设要与优势学科的特征、要求和影响力相结合，从而凸显行业特点，体现行业精神，充分展现学校在教学、科研和社会服务、文化传承等方面做出的突出贡献。对于单科性与新建型大学，要善于归纳、总结自身的优势特点，特别是重点突出学校在新兴学科领域所做的积极探索与贡献。

（二）办学使命决定国际传播的目标

大学的国际传播目标要服务于大学的国际化战略，积极推动人才战略目标、文化传播目标和生源竞争目标的实现。

一是人才战略目标。引进国外高层次人才是主要目的之一。在"双一流"的建设中，我国大学急需具有国际化视野、一流学术水平的人才队伍，而海外人才则是高层次人才队伍的重要来源。通过有效的国际传播，扩大我国大学的影响，树立良好的形象，增强对国外高层次人才的吸引力。

二是文化传播目标。输出我国优秀文化是国际传播的另一个主要目标。大学承担着文化传承与创新的重要使命，是面向国际传播文化的重要窗口。国际传播要充分体现大学在国际交流中所承担的文化输出功能。通过有效的方式和方法，传播真实的、全面的中国文化，进一步增进国际社会对中国大学文化的了解，从而提升中国大学的国际影响力。

三是生源竞争目标。争取国外优秀的留学生资源是另一个主要目的。国际学生人数所占的比例是衡量一所大学国际化程度的重要指标。吸引和招收一流的海外生源，对于创建"双一流"具有重要意义。在国际化办学实践中，我国大学不断拓展办学空间，逐步加大海外招生力度。通过有效的国际传播来展现我国高等教育的发展和优势，不断提升我国大学对海外留学生的吸引力。

二、主要任务

在高等教育飞速发展的今天，我国大学的国际传播应该承担起神圣的责任和光荣的使命。要通过有效的国际传播进一步扩大我国大学的影响，提升我国大学的美誉度，让世界了解中国大学，营造有利于我国大学发展的舆论环境，其主要任务有以下几个方面：

（一）大力传播我国大学的发展变化

在国家"双一流"建设目标的引领下，我国大学经过多年的努力，在教学质量、科研成果、人才储备、基础设施建设等方面都取得了显著成绩和巨大进步。要通过国际传播展示我国大学发展中所取得的成果以及这些成果对世界的贡献，展示中国大学师生员工的崭新风貌、学术成果，展示中国大学的文化精髓，帮助海外受众增强对我国大学的了解与认知，从而为进一步扩大和促进未来的交流与合作奠定基础。

（二）有效扩大我国大学的国际影响

国际化是21世纪世界大学发展的潮流和趋势，也是创建具有中国特色的世界一流大学的必由之路。国际影响力是衡量一所大学国际化水平高低的重要标准之一。一方面，要苦练内功，加快大学改革进程。要对自身发展现状和实际情况有清醒的认识，充分认识到目前自身与世界一流大学之间的差距，在实现全面发展的同时完成国际传播的任务。另一方面，要借助传播的力量，努力扩大大学的影响力，不断提高大学的知名度和美誉度，为中国大学在世界大学话语体系中赢得话语权。

（三）努力塑造我国大学的海外品牌

塑造品牌是大学树立形象、增强竞争力的核心问题之一。品牌代表着大学对教育质量的承诺，是质量的保证，是优质服务的体现，是大学文化的结晶，也是受众了解和认识大学的媒介。大学要通过增强国际传播力来塑造符合自身发展定位的品牌形象，要特别注意传播好中国的特色专业、特色学科、特色文化，通过长期的、不懈的努力，形成具有集群效应的品牌阵容。要学会讲好中国大学故事，通过生动鲜活的事例、丰富多彩的活动、形式多样的手法，使海外受众如临其境、如见其人、如闻其声。

（四）不断促进我国大学的对外交流

在国际化进程中，加强对外交流与合作的重要性、必要性、紧迫性不言而喻。我国大学要借助国际传播的力量，赢得更多的机会、形成更多的合作。要大力传播我国大学的学术活动、科研进展、教学特色、师生风貌，增进海外受众对中国大学的了解。要加大传播中国大学与海外大学交流合作的信息、动态、成果，引导和促成与更多的大学交流与合作。要多方面报道外国留学生、外籍教师在中国大学的学习工作情况、感悟与体会，吸引更多的师生来华。

三、多重挑战

当前，我国大学国际传播面临来自诸多方面的挑战，其中既有大学内部因素的影响，也有外部环境的影响，概括起来，主要来自以下几个方面：

（一）受众意识形态多样性带来的挑战

大学国际传播不仅要向那些与我们意识形态相近或一致的国家和地区的受众进行传播，而且要向那些与我们意识形态存在差异的西方国家和地区的受众进行传播。不同的思想观念和价值取向造成了受众对于传播内容接受的差异性。能否平衡、协调、处理这种差异性，在承认差异性的同时，力争达到传播效果最大化，这是需要面对的挑战之一。

（二）受众文化背景差异性带来的挑战

每个人的身上都有文化的烙印，文化背景不同、语言文化不同都会使受众在接受传播的信息时产生巨大差异。对待外来文化的不同态度也会直接影响传播的效果。过分坚持自我显然只能是自娱自乐，但一味地迎合也有悖于国际传播的初心。在文化背景存在差异性的现实中，能否科学地、巧妙地、有效地加以应对是大学国际传播不可回避的另一个挑战。

（三）受众对我国大学的刻板印象带来的挑战

长期以来，在多种因素的综合作用下，我国大学在国际传播方面存在着"三差"。一是逆差。相对而言，我国大学师生接受海外大学信息传播多，而我们传到海外的相关信息太少。二是反差。我国大学的实际情况与海外受众的认识和了解之间存在着巨大差距。三是落差。我国大学硬实力的增强与国际传播等软实力的提升之间有较大落差。我国大学近些年来的发展进步没有真正受到应有的认同和接纳。有些国家的媒体妖魔化我国及我国大学，使得一些海外受众对中国大学产生了刻板印象，从而造成了海外受众接受中国大学信息的障碍，直接影响着我国大学国际传播的效果。

（四）我国大学在海外的影响力不大带来的挑战

近年来，我国大学的国际化进程不断加快，但在海外的影响力还不够显著。这一方面呼唤我国大学通过增强传播力来扩大影响力；另一方面也给传播力的增强带来了挑战。越是影响力大的大学越容易引起受众的关照，而默默无闻的大学则会困难得多。目前，我国许多大学在国际上排名靠后，与国际知名大学交流互通乏力，发达国家学生来华留学人数增速不够，来华留学生群体参与我国大学国际传播的作用难以发挥。

（五）我国大学办学实力和发展不平衡带来的挑战

纵观我国大学，近年来取得了长足进步，但其办学实力还是与国外大学存在着较大差距，各方面的发展也不平衡，这就使得我国大学的国际传播面临着能力和水平参差不齐的挑战。"985 工程"院校与"211 工程"院校、"211 工程"院校与普通院校、普通院校与三本院校在客观上存在着不可否认的差距。这些差距带来了大学在传播能力建设和水平上的较大差别。如何发挥学校自身的特色和优势，开展针对性较强的国际传播活动是需要认真加以解决的重要课题，也是面临的严峻挑战。

四、改进策略

随着全球国际化和"双一流"建设的进程不断加快，我国大学加强国际传播的力度势在必行、迫在眉睫。大学要科学地选择路径，拓宽思路、创新方法、讲求技巧、注重实效。要重点解决好以下几个方面的问题：

（一）把国际传播放在大学新闻宣传的重要位置

加强大学国际传播能力建设既是国家加强国际传播能力建设的必然要求，也是大学实施国际化发展战略的必然要求。近年来，我国大学新闻宣传意识不断增强，媒体平台日益丰富和完善，积极探索校园传统媒体与新媒体的融合发展，并且取得了一定成绩。但国际传播仍没有被提上议事日程，处于自发和被动状态，我国大学尚未把国际传播作为塑造国际形象、扩大国际影响力的重要工作来推进。加强国际传播能力建设，首先要大力强化国际传播意识，有机统筹对内对外的新闻宣传。对内传播要有外宣意识，考虑国际影响，树立全球视野，强调正面宣传，阐释好高等教育人群的中国梦，阐释好当代中国大学师生的价值观念，引导国际社会全面客观地认识中国大学群体，塑造我国大学良好形象；对外传播要符合国际传播的特点和规律，对大学在人才培养、科学研究、社会服务、文化传承创新等方面取得的成就加大传播力度，让国际社会了解我国高等教育对人类文明发展做出的独特贡献，让国际社会听到我国大学"好声音"。

（二）加速建设一支多元化的国际传播队伍

在众多要素中，人是最重要的。离开了高质量的国际传播队伍，国际传播就落不实、落不好。要按照国际传播对人才的需要，加速建设一支懂传播、会传播、巧传播的队伍。从事国际传播的人员既要了解大学、高等教育，又要精通外语；既要掌握新闻传播规律，又能把握海外受众特点。目前，绝大多数大学的新闻宣传部门人员偏少、任务繁重、分身乏术，无暇顾及国际传播。要增加国际传播人员的编制，配备复合型、专门化的国际传播人员，负责组织、协调、推进国际传播工作；学校对外交流合作部门要结合工作特点承担部分国际传播任务；聘请外语类教师承担适当的翻译工作，成为国际传播的有生力量；在外语类学生、外语水平高的学生以及在校外国留学生中招募国际传播志愿者，然后对其进行必要的、全方位的培训，使其承担部分国际传播任务；聘请有热情、有能力、有水平的海外校友加入国际传播的行列，充分发挥他们的积极性和创造性。

（三）为大学国际传播创造必要的环境条件

加强大学国际传播离不开必要的条件和有利的环境。根据当前和近期国际传播的重点和具体任务，设立专项基金或专项经费，切实落实国际传播网站建设、新媒体运营、形象片制作、编辑出版发行有关印刷品和电子出版物等专项工作经费，确保国际传播计划全面实施。要为工作人员提供和创造必要的采访、获取信息、交流沟通等工作条件；支持国际传播队伍经常性地开展业务培训，不断提高专业素质。社会媒体要积极支持大学国际传播，为其提供必要的平台和便利，营造良好的、和谐的、有利的舆论环境。

（四）尽快开展大学国际传播的专业研究

加强大学国际传播需要理论支撑和科学指导。目前，有关传播力的研究相对较多，但大学国际传播力的研究尚未得到应有的重视，研究得还不深、不透、不广。要深入研究大学国际传播规律、特点、方法、技巧等，减少盲目性，增强针对性，提高有效性。要加强中国特色大学国际传播研究，力求使研究成果本土化，符合我国大学的实际；要加强海外大学在对外传播中的成功案例研究，从中获得启迪和借鉴；要积极开展跨学科交叉研究。目前我国大学国际传播研究是新的领域，尚处在探索阶段，需要借助跨学科的交叉研究方法来补充缺陷与不足，尽快构建大学国际传播研究体系。在研究中要注重与大学国际传播实践紧密结合，用富有成效的研究带动我国大学国际传播力的提高。

着力增强大学海外传播力

铁 铮 夏宇鹏*

营造良好的海外舆论环境，首先必须增强海外传播力。要提升大学在海外的知名度和美誉度，增强大学的核心竞争力，积极采取有效措施，开创大学海外传播的新局面。

伴随着全球化的不断深入与发展，海外传播成为我国大学与世界交流沟通、不断提升影响力的重要途径。作为国家和民族对外文化交流的窗口，大学海外传播力不但关系到我国大学在国际上的知名度、美誉度和影响力，而且关系到中华文化在世界其他国家的传播。

一、增强大学海外传播力迫在眉睫

（一）必要性

当前我国经济社会高速发展，综合实力不断增强，国际地位与日俱增。但由于长期以来的思维定式和缺乏了解，国际社会对于中国仍存在着认识上的误区。我国在世界上的形象在很大程度上是"他塑"，而非"自塑"。对外传播的信息与接收海外的信息存在着严重逆差，我国的真实形象与西方主观印象存在极大反差，我国海外传播的软实力与国家硬实力存在明显落差。作为文化交流与传承的重要窗口，大学应该通过海外传播，促进世界对中国的了解，扩大中华文化的影响力。当今世界已

---

* 铁铮：北京林业大学教授；夏宇鹏：北京林业大学研究生。

经进入了品牌竞争的时代，我国大学要想在国际竞争中获胜，就必须提高自身的品牌竞争力。在"双一流"建设的大背景下，大学迫切需要扩大知名度、提升美誉度，让世界了解中国大学、了解中国的高等教育。这就要求大学必须加大海外传播力度，提升话语能力，打造品牌形象，扩大自身影响力。

（二）可行性

随着国际化、全球化进程的不断深入，国际间的交流与合作日益频繁，科技的进步也使相互间的交流更为快速便捷，为大学海外传播提供了一定的国际环境和必要的技术支持。随着新媒体和互联网技术分新秒异的发展，新的传播手段层出不穷，传统媒体与新媒体之间融合互通，使得当今社会进入了媒介时代。这为大学利用媒介融合优势、扩大海外传播效果提供了可行性。随着"人人都是传播者，个个都有麦克风"时代的到来，多层面、多渠道、多模式的传播成为可能，其影响也越来越大。这也为大学加大海外传播力度、尽快在世界范围内扩大影响创造了必要条件。

（三）紧迫性

加大大学海外传播迫在眉睫，紧迫性与日俱增。北京师范大学发布的《中国"211"大学海外网络传播力排行榜》显示，我国内地大学总体海外网络传播力与世界顶级大学以及亚洲名校都有较大差距，在英文社交媒体上的传播力较弱。这些问题已经成为制约大学海外影响力提升的重要因素。若不尽快加以重视和解决，必将影响我国大学的海外竞争力。

二、大学海外传播存在六大问题

相对于国家需求、大学发展而言，我国大学海外传播中存在着不容忽视的问题。缺乏有效的海外传播已成为我国高等教育走向世界的主要障碍。

（一）对海外传播认识不足

不少大学将"国际知名"作为自身的奋斗目标之一。但对如何做到国际"知名"还缺少应有的认识。当前许多大学对于海外传播缺少必要的、应有的重视，对其意义、地位、功能、作用等认识尚不清晰，特别是管理层对海外传播认识不足。一些大学一味追求在国内排名与位置，而对在国际上所处的地位不大关心。很多大学在师资配备、学生培养、课程教学、国际交流合作等方面付出了极大努力，但重实干、轻传播的现象普遍存在。只注重办学实践，不重视对外宣介办学的成果。虽然为国际化建设投入了大量人力、物力、财力，但在国际上的知名度、影响力和竞争力却不见提升。

（二）内外传播着力不均

注重对内传播、对上传播，忽视、轻视海外传播是当前大学普遍存在的问题。许多大学无论是从人力、物力、财力等配置，还是从规划、方案、实施等操作，都把重心放在了对国内传播、校内传播上。在许多学校，海外传播没有列入议事日程和传播机构的工作内容。有关的检查、考核、评比等也基本没有海外传播的相关指标。语言的障碍、文化的差异、人员的短缺等进一步加剧了这种趋势的发展。"国内传播热火朝天，海外传播无人过问"的现象在一些大学十分普遍。

（三）海外传播职责不明

海外传播职责不明的问题在一些大学也较为突出。大多数大学没有明确或设立专门的海外传播机构和部门。由于缺少长期规划和日常执行，当遇到临时性的海外传播任务时，部门之间互相推诿，"踢皮球"现象时有发生。海外传播既缺少"牵头者"，也缺少"实施者"。在有的大学，相关部门各自为战，缺少交流沟通协调统筹机制，导致海外传播任务难以落实、落细、落小。

（四）传播人才严重不足

专业的传播人才和队伍是大学海外传播顺利实施的重要保证。从目前情况来看，大学海外传播人才和队伍建设相对滞后。大学海外传播对人才素质有特定要求,既懂传播、又懂外语的人才相当匮乏,严重存在海外传播人才不够用、不适用、不重用的现象。长期工作和生活在海外的华人、校友是大学海外传播的重要依靠力量,但他们的地域优势、语言优势等没有受到重视。海外传播人员匮乏、队伍建设薄弱,这就使得大学海外传播很难打开局面。

（五）传播渠道不通畅

从传播的三条主要渠道来看,人际传播成效不显著。许多大学每年都派出大量留学生、交换生,以及很多教师赴海外深造交流,并且接收很多来华留学生和外籍教师。但这几部分人群在海外传播中的作用和优势并没有得到应有的发挥,组织传播尚未形成规模效益。一些大学缺少与国际名校间的交流渠道和机制,大部分传播活动只能借助临时性的学术活动而展开。组织传播所能形成的海外传播效应尚不明显,大众传播渠道不多。大学难以借力社会媒体向海外传播,自办的纸质媒体、网络媒体等难以与国际接轨。根据网络安全的有关规定,在一定程度上使利用网络进行海外传播也具有较大难度。除此之外,媒体的语言种类较少也是海外传播渠道不足的主要问题之一。

（六）传播内容不精不准

大学海外传播的内容必须具有一定针对性,必须满足海外受众的需要和话语体系的需求。但就目前情况来看,一些大学在海外传播时并未对传播内容进行"原创"或"重组",而是直接将对内传播的内容原封不动地向海外传播。对内传播什么,对外也传播什么,缺少有针对海外受众接受习惯的定制内容。有些海外传播的内容,海外受众不爱看、看不懂、看后无法"消化与吸收"。

三、大学海外传播肩负的三项重任

大学海外传播肩负着重要的责任和使命。通过积极、有效的海外传播,大力弘扬中国先进文化,提升中国大学在海外的知名度和美誉度,从而进一步增强大学办学软实力和核心竞争力。

（一）增强中国文化软实力

大学肩负着文化传承与创新的神圣使命，是优秀文化传承的重要阵地和思想文化创新的重要源泉，是推动先进文化不断发展的动力之源，是向海外宣传中国先进文化的重要力量。大学应该承担起重要的责任，为弘扬和传播中国先进文化做出应有的贡献。同时，先进的大学文化既是中国先进文化的重要组成部分，也是大学核心竞争力和重要软实力的关键要素，也应成为大学海外传播的重中之重。

（二）提升大学国际影响力

国际化是 21 世纪高等教育发展的潮流和趋势，也是创建中国特色、世界一流大学的必由之路。国际影响力的大小是衡量一所大学国际化水平高低的重要标准。虽然我国一些大学在国际化进程中取得了一定成绩，但与世界知名大学还有很大差距。要尽快通过科学的、富有成效的海外传播提升自身的国际影响力。这是大学海外传播的主要目的和基本出发点。

（三）增强大学办学竞争力

大学海外传播最终的落脚点是不断增强大学的办学实力。通过面向海外传播中国大学的"好声音"，争取更多的办学资源，营造良好的舆论环境，吸引更多更好的师资和生源，为办学水平的提高和办学实力的增强奠定坚实的基础。大学管理和建设取得的成就为海外传播提供了丰富的内容，有效的海外传播反过来又促进大学改革和发展，带动各项工作的开展，从而形成良性循环。

四、增强大学海外传播力的路径选择

在当前形势下，增强大学海外传播力既迎来了新的机遇，也面临着新的挑战。要高度重视海外传播，选择正确的、适宜的路径，积极采取更有效的措施，开创大学海外传播的新局面。

（一）增强大学海外传播意识

增强大学海外传播力是国家加强海外传播能力建设的必然要求，是大学实施国际化发展战略的必然要求。要进一步强化海外传播意识，充分认识海外传播的重要性、必要性、紧迫性。要科学统筹、整体谋划内外传播。要尽快把海外传播列入大学的重要议事日程，从直接关系到大学发展和未来的高度上强化认识、端正态度。通过努力，让国际社会了解中国高等教育对人类文明发展做出的独特贡献，让国际社会听到中国高等教育的好声音。

（二）创新大学海外传播方式方法

增强大学海外传播力，仅凭高度重视和良好愿望还远远不够。要把传播效果放在重要位置。要切实研究传播者、传播内容、传播对象、传播渠道和传播效果等方面存在的问题。不断创新方式方法，研究构建适合海外受众的话语体系，采用科学的传播技巧，广泛采取互动传播模式。要拓宽思路、丰富形式、讲求技巧、创新方法、注重实效。要建立完善的海外传播制度，采取科学的评价指标体系。要努力搭建海外传播的新平台，科学协调海内外传播，内外兼顾、内外结合、内外双赢。

（二）强化大学海外传播队伍培养

紧密结合大学实际，放眼世界、放眼未来，从战略的高度认识海外传播人才队伍建设的重要性。要设立海外传播机构，配备专兼职人员队伍。采取有效措施，大力培养既了解大学情况，又熟悉海外受众、精通外语与传播的复合型、专门化的海外传播人才；既要加快培养进程，又要留住优秀的海外传播人才。建立培养、选拔、管理和激励机制，营造有利于高素质海外传播人才成长的优良环境。积极构建海外传播大格局，广泛吸收和广泛动员大学师生、海外校友等积极参与海外传播，成为大学的形象大使，共同努力承担海外传播重任。

（四）加快大学海外传播基础建设

大学海外传播离不开必要的保障和条件。有关部门应根据海外传播的各项重点任务，为其提供必要的物力、财力保障。设立大学海外传播专项资金，落实对外网站建设、宣传片制作等专项经费。建立大学海外传播的长效机制，切实创造条件将海外传播纳入制度化、规范化、科学化、长效化的轨道。重视具有中国特色的大学海外传播研究，减少盲目性，增强针对性、有效性。加强对大学海外传播前沿热点问题的研究，学习和借鉴其他学科的成果，弥补大学海外传播的缺陷与不足，为增强大学海外传播力提供理论依据和科学支撑。

不断提升中国大学国际传播力

王湘宁　张小锋*

2015 年底，国家颁布了《统筹推进世界一流大学和一流学科建设总体方案》。方案明确提出，建设世界一流大学和一流学科，"切实提高我国高等教育的国际竞争力和话语权，树立中国大学的良好品牌和形象"。这是党中央、国务院在新的历史时期，为提升我国教育发展水平、增强国家核心竞争力、奠定长远发展基础做出的重大战略决策，也是新形势和新任务对高等教育实施内涵发展、提高国际竞争力提出的更高要求。

一、中国大学提升国际传播力的战略意义

大学国际传播力的重要性不言而喻。传播力决定影响力。大学的国际传播力是大学在国际上受关注的程度，是大学品牌的国际影响力和国际知名度。国际化是世界高等教育发展的时代潮流。当前，世界多极化、经济全球化深入发展，在教育领域，这种国际流动也在自觉不自觉地发生。

纵观世界各地，大学之间的竞争越来越激烈，主要表现在对优秀学生、高质量教师、办学资源以及学校知名度等诸多方面的激烈争夺和竞争上。无论是发达国家，还是发展中国家，世界各国大学对地位、排名和质量的追求都是一样的。大学国际传播力的提升是拓展大学国际视野的窗

---

* 王湘宁：对外经贸大学党委宣传部校报主编；张小锋：对外经贸大学党委常委、宣传部部长。

口，使大学具有充实的信心和条件"走出去"，增强对国外大学"走进来"的吸引力。在国际化交流的过程中，有利于拓展我国大学学生的国际视野，促进他们领悟更宽领域、更深层次的知识；有利于我国大学教师及时接触国际学术前沿，新颖完善的国际技术，不断更新教师知识储备，进而提升科研教学能力。

在北京大学的讲话中，习近平总书记提到中国创建世界一流大学的目标。何为"世界一流大学"？北京大学原校长、中国科学院院士许智宏曾表示，世界一流大学主要有三个标准：一是有从事一流研究工作的国际知名教授；二是有一大批影响人类文明和社会经济发展的成果；三是培养出一大批为人类文明做出很大贡献的优秀学生。只有满足这三个条件，才能称之为世界一流大学。世界一流大学在服务本国、面向世界方面有着强烈的使命感。例如，英国剑桥大学校长莱谢克·博里塞维奇爵士（Sir Leszek Borysiewicz）提出"最好的大学也是最为国际化的学府，此等学府应不仅具备胸怀天下之志，也应具备'让世界更加美好'的实力"。这些大学正是把自己的使命摆到国际化的高度上来定位，才能获得全球一流的生源、师资队伍和教学资源，才能产出人类社会共同的知识、杰出人才和科技成果。

提升大学国际传播力也是大学服务国家战略的使命要求。中国作为最大的发展中国家和世界第二大经济体，国际话语权与参与全球治理能力的持续提升，以及"一带一路"等国家战略的提出，对我国大学提速国际化进程提出了迫切要求。大学是国际文化交流的窗口，承载着文化传承创新的重大使命，大学的对外传播力直接影响着国家的对外传播力。国际教育、人文和学术交流是国家公共外交的重要手段，是我国面向全球传播中国声音、汇聚中国精神、宣传中国道路、凝聚中国力量的重要战略举措。各国教育界的领导都对提高本国的大学知名度和竞争力予以高度重视，越来越多的国家意识到必须在全球视角下审视教育改革发展，高等教育国际化已超越教育政策层面而上升为国家发展战略。近年来，一股大学合并风潮席卷欧洲各国，包括法国、德国在内的欧洲国家为扩大大学的国际知名度，纷纷开始制造"超级大学"。博洛尼亚进程、欧洲研究型大学联盟、环太平洋大学联盟等都是世界高等教育主动适应经济全球化的具体实践。

二、中国大学国际传播力亟须提升

2015年10月，北京师范大学一课题组公布了国内首份综合评价大学海外社会影响力的研究报告——《中国大学海外网络传播力报告（2015）》。报告显示，我国大学与世界名校在英语网络世界上的传播力仍有较大差距。研究报告选取调查的我国211大学中，北京大学、清华大学与亚洲几所名校相差无几，在英语网络世界上的传播力方面处于同一水平。但是绝大多数中国211大学在英语网络世界的传播力偏弱。我国大学的海外网络传播建设基本上处于自发和被动状态，对海外网络传播平台的利用也极其有限，没有把现代传播的双向性、互动性和发散性的理念应用到国际传播中，尚未把对外传播当作塑造学校国际形象、扩大学校国际影响力的重要工作来推进。我国大学重国内宣传、轻国际传播，内外传播着力不均。各大学对微博、微信公众号等国内社交媒体的运用和建设都比较重视，有专业团队负责运营，但对于脸书、推特、照片墙等国外社交媒体则基本没有官方运营，相关内容发布也极少。

在"双一流"建设的大背景下，在众多中国大学把国际知名当成自己奋斗目标的今天，要不要重视国际传播力不辩自明。国际大学联合会认为，高等教育国际化"是一个包罗万象的变化过程；既有学校内部的变化，又有学校外部的变化；既有自上而下的，也有自下而上的，还有学校自身的政策导向变化"。国际化并不只是简单地增加交换生和在校留学生数量，不只是多召开几次国际会议或多延聘几位外籍教师，不只是多开设几门外语课程或多设立几个"国际日"，更重要的是通过国际化，更新教育理念、教育内容和教学方法，引发大学改革发展的"连锁反应"。或许重实干、轻传播是中国大学国际传播力十分薄弱的原因之一。实干和传播两者之间并不矛盾。特别是在品牌时代、媒介时代、传播时代里，"酒香不怕巷子深"之类的观念早已过时了。

纵观当下，大学在拓展国际传播力方面似乎存在集体性忽略，导致"对外说话"能力欠缺。在不断加速国际化进程中，我国高等教育国际化在很大程度上是以学习为主、引进为主。在合作、引进的同时，不能忽视对外传播，扩大大学国际影响力，输出国内优质教育资源。不仅要让中国了解世界，而且要让世界了解中国。每所大学都该扪心自问，它们离国际知名究竟还有多远？

三、提升中国大学国际传播力的几点建议

（一）抓住"互联网+"新机遇，提升海外网络传播力

全球化、全民化、全媒化的"互联网+"时代极大地推进了整个世界对于中国的知晓和沟通，但中国大学与世界名校在英语网络世界上的传播力仍有差距。中国大学的海外网络传播基本上处于被动状态，缺乏利用海外网络平台传播的意识，对海外网络传播平台的利用也极其有限。

中国大学应充分利用现代传播双向性、互动性和发散性的特点，充分使用国际传播的新媒体平台：学校主页国际化，建设英、法、西、俄、日、韩等多语种的网站，全方位提供学校各项资讯服务，均包含学校招生、就业等信息，校园动态，公共服务等多个板块，传播内容"走出去"；海外社交媒体用起来，和传播对象"谈得来"；维基百科词条完善好，学校各项内容"添起来"。大学要把对外传播当作塑造学校国际形象、扩大学校国际影响力的重要工作来推进；将社交媒体作为我国公共外交的重要平台和抓手，积极参与国际间的互动交流，塑造学校形象、传播中华文化、促进国际交流。

（二）增强国际学术话语权，提升科学研究水平

研究表明，大学海外网络传播力的强弱和学校的学术实力基本呈现正相关关系，中国211大学中在海外网络传播力得分排序越靠前的学校，在"世界大学学术排名"上的排序也越靠前。提高中国大学科学研究水平、学科建设水平、中国大学国际学术话语权水平无疑有着重要的理论与现实意义。

《统筹推进世界一流大学和一流学科建设总体方案》中提出，要以国家重大需求为导向，提升高水平科学研究能力，为经济社会发展和国家战略实施做出重要贡献。提高基础研究水平，争做国际学术前沿并行者乃至领跑者。打造一批具有中国特色和世界影响的新型大学智库，提高服务国家决策的能力。建立健全具有中国特色、中国风格、中国气派的哲学社会科学学术评价和学术标准体系。

近年来，关于提升我国国际学术话语权的呼声越来越高，来自不同学科的中国学者纷纷呼吁要在国际科研产出评价的舞台上发出我们自己的声音，在全球化背景下体现中国学术的国际学术对话能力和话语权，即中国学术的海外影响力。举办国际学术会议固然是学术交流，建立深度合作的国际学术共同体更有利于中国学术海外影响力的提升。不同国籍的学者立足学科发展前沿，服务国际行业产业变革需求，确定共同科研选题，共建科研团队或平台，形成学术共同体，则能进一步拓展国际学术交流的广度、深度，催生出实质性的学术成果。这已成为国际学术交流的趋势。

（三）中国故事，国际叙述，立体化打造大学国际形象

各种大学排行榜在世界范围内确立了"好大学"的标准，国际传播力是评价"好大学"的一项重要参考因素。品牌影响力越强的大学，其发展潜力也就越大。面对当前的媒介环境，大学若想提高自己的知名度和美誉度，就必须变被动为主动，积极地利用各种媒体来推广自己。任何一所发展中的大学都不能漠视高等教育发展所面临的这种趋势，不能游离于趋势之外而放弃与国际高等教育界的对话和融入。

要学会"讲故事"，通过动人的"大学故事"，承载理念、传递魅力、塑造品牌、感动世界，立体化地打造中国大学的国际形象。在"走出去"的过程中，要了解对方，要知道怎么讲人家听得懂。这就需要我们在"走出去"的过程中，不能只站在自己的立场和角度进行传播，而是要了解对方，要知道怎么讲，人家才能听明白。

高等教育国际化也不应导致大学文化的同质化。在国际化进程中，既要放眼世界，学习国际上先进的办学理念，更要立足本土特色，明确自己

的定位，这样才能通过国际化，最终形成符合自身实际的办学特色，才不至于在国际化的浪潮中迷失方向。赵启正提出"中国立场，国际表达""中国故事，国际叙述"的对外传播方式，其中，"中国立场"和"中国故事"是传播的根本和中心，是立足点和归宿点，而"国际表达"和"国际叙述"是传播的一种环境和一种要求。这就需要我们构建大学国际传播的本土化策略，它包括语言的本土化策略和运作的本土化策略。在文化软实力问题上要注意是"走出去"，而不仅仅是"送出去"。

大学国际传播力的四个维度

张加春*

大学形象是我国国家形象的重要组成部分，大学的国际传播力是国家文化软实力的重要体现。我国大学要积极开拓，锐意进取，传播好中国声音，不断提升中国大学的国际传播力和影响力。

国际传播力建设是多维度、多角度、多层级的系统化过程，对于不同的主体需要有不同的解决方案和重点措施。大学国际传播力的提升需要立足国内高校实际和区域发展特点，有针对性地进行推进。国内大学国际传播力建设还处在初级阶段。这需要在制度建设、资源整合、技术引领、文化底蕴四个维度进行深度建设，形成具有国内高校特征的国际传播力建设体系和体制机制。

一、在制度维度，强化对国际传播的顶层设计

大学作为国家传播的重要力量，提升大学国际传播力的实质就是提升国家形象和影响力。目前在对外传播过程中，基本是以单个大学为单位，大学之间的联合性不够，目标设定不够，导致形成了大学传播力发展不均衡的问题。由此可见，需要从制度层面对提升国际传播力做出设计。

（一）把提升大学国际传播力作为国家战略的组成部分

在从战略高度认识大学国际传播力的意义和价值的同时，还需要从战

---

* 张加春：首都师范大学党委宣传部副部长。

略高度来确定大学国际传播在国家传播体系当中的位置,从而做出基本的制度设计与安排。大学国际传播力的提升对国家形象的塑造具有不可替代的作用,而且这种形象的塑造是积极正面的,在国际社会具有高度的认可度。大学要把国际传播力建设主动融入国家战略,形成上下一体、上下一心、战略一致、目标清晰的大学国际传播力建设蓝图。

（二）把提升国际传播力作为学校发展的重要动力

国际传播力的提升是大学全球化发展的必然选择,是大学走向世界、提升世界影响力的必然途径。大学的国际化发展离不开世界体系,融入世界体系又会进一步增强高校的整体实力。在发展过程中,有的学校把国际传播力的提升等同于国际交流合作的扩展,有的学校把国际传播作为学校发展资源消耗的负担。这些做法不仅缺少对大学国际化重要性的认识,更是同国际发展大势相违背的。

放眼全球,当今世界著名大学都走在国际化发展的时代前列。这些世界著名大学的成名和重要地位恰恰在于它们在世界舞台上发挥着举足轻重的作用。国际化成就了这些名校,改变了这些名校的视野、定位、资源分配方式、教育体系以及国际贡献。在这样的世界体系当中,我们的大学应当增强主动性、积极性,提升对国际传播的认识,把提升国际传播力作为学校国际化发展的先锋,把学校的各项工作融入国际传播体系当中去,变被动发展为主动发展,变局限发展为广域发展,变单一文化发展为多元文化发展,在国际化过程中提升学校的各项实力。

（三）提高大学国际传播的针对性、系统性、科学性

在开展国际传播过程中,国内大学要避免过度竞争、无序发展的问题。一方面国家要强化对大学国际传播的整体定位、长远规划和统筹安排,在国家层面对大学国际传播进行有序规范,既为其提供制度支持、政策保障,又建立有效的国际传播目标体系,把大学纳入国家传播战略的整体过程中去统筹安排;另一方面,大学之间、大学内部之间要提升国际传播的针对性和系统性,明确国际传播的目标定位,明确国际传播的使命,明确国际传播在学校发展过程中的具体功能和作用,从而避免陷入人跑我

跑、人追我追、人抢我抢的局面。由于每一所学校的情况都是不同的，办学定位、综合实力、文化背景都有很大差异，因此国际传播的方向、内容、形式、方法、手段也必然是很不相同的，要避免在人才引进、交流学习、留学生招录方面的千篇一律局面，要把提升国际传播力真正转化为高校内在发展的需求和动力，哪里需要通过国际化，就在哪里加强力量。

二、在资源维度，加大对国际传播的支持力度

伴随着改革开放的逐步扩大和发展，大学还没有将国际传播力的提升同学校的整体发展相结合，学校发展定位和国际化战略步伐基本处在访学和留学生派送阶段，大规模的人才交流合作还显得比较薄弱，在国际事务中的作用发挥不足。形成这种情况的原因是多重的，从目前来讲，除了发展理念上的认识不够，更为重要的一个原因是受到各方面资源的限制。资源要素既包括传统上的人、财、物，也包括资源分配方式、资源流动体系、资源使用效度等。

（一）要形成资源合力，建构提升国际传播力的大工作格局

大学要把增强国际传播力作为学校发展的一项重要中心任务，将学校上下可以推动国际传播力的资源要素进行有效整合，特别是在领导机构和工作机构方面，要建立有效的领导小组，书记、校长要担任组长；成立大学国际传播发展委员会，聘请国内外重要的专家学者官员担任委员，形成学校国际传播发展的有效智库；将国际交流合作处进行有效整合，从单一的对外交流合作职能转变成推动学校国际化发展的重要主责机构；整合适合国际传播的学科资源、人力资源，实现国际传播的统筹规划，而不是以院系个体为单位，防止各单位之间的发展出现不平衡的态势。

（二）要统筹资源分配，增强国际传播的发展力度

解决国际传播力发展不平衡的关键是要对国际传播资源进行有效整合，统筹资源分配。资源的分配方式往往直接影响着话语建构方式和国际交流交往方式。在资源不均衡的情况下，弱势资源方的国际传播是以人才（留学生、教师学习）交流的方式进行为主，而强势资源方则可以采用国

际宣讲、形象展示、大众传播等方式进行。在资源的再分配过程中，要加强国际交流合作部门在全校发展体系中的位置，增强国际化在整个学校发展体系中的分量，强化国际传播由被动传播向主动传播发展，增强国际传播的积极性、主动性、自觉性。在对资源进行再分配时，应当充分考量学校的未来发展战略，将人财物资源向国际传播层面进行有效倾斜，为国际传播人才的引进和国外设立国际传播发展机构方面提供切实保障。

（三）要强化资源效度，建立国际传播的有效发展体系

提升资源利用的有效性、建立有效的国际传播体系是增强国际传播力的重中之重。有效的发展体系一方面应该同资源体系相适应，即发展体系要充分考虑到学校现有资源的有限性和伸缩性；另一方面，要同学校定位，特别是国际化的定位相关联，从而提升国际传播的有效性。建立有效的国际传播体系要以人力资源为核心，通过人员脉络进行扩展，特别是在新媒体环境下，人力资源整合成为竞争的核心要素，大学的国际传播力建设也要把人力资源整合放在首位，把无形资源转化为有形和资源，实现"关系为王"。比如要注重充分挖掘海内外校友、校际资源，在国际化过程中，充分利用好学校的这些关系和资源，形成"学校—校友—社会—学校"良性循环的对外传播体系。在人力资源整合的基础上，建构以项目合作为单元，以媒体传播为纽带的传播议程设置体系，通过增强海外媒体报道和新媒体传播讲好中国大学校园故事。

三、在技术维度，重视对媒介技术的推广应用

现代传播技术的发展，特别是新媒体技术的进步，使得社会对新媒体的运用和依赖程度前所未有地增加，社会的政治、经济、文化生活都在很大程度上依靠新媒体。可以说，现代传播技术深刻地革新了社会结构，这使得传播结构由传统的大众传播向自媒体传播、智能传播进行过渡，也使得国际传播与国内传播的界限不再那么清晰，国际传播也由以大众传播为主向着以人际关系范畴的自媒体传播拓展，具有国际影响的传播事件都可能成为推动国际传播的议题。从传播技术维度来讲，现代的高校国际传播

应当更加注重现代传播技术的推广应用，利用好自媒体。

（一）要学会利用国外通用自媒体资源

要想提升国际传播力，就需要在国际媒体资源上发声，就需要在国际传播体系中去展现身影，塑造关系，提升形象。但是从目前国内的大学情况来看，在国外媒体上进行官方注册和发声的高校数量非常有限。导致这种情况的原因是高校缺少人员直接负责国外的媒体运营，或者缺少资源去雇用国外公司去运营自媒体资源。在国际传播领域，网络在哪里，我们就应该把阵地拓展到哪里，而不应该自动放弃阵地，或者在这片阵地上失声。大学要同国际公关公司进行合作，加强对国际新媒体资源的使用力度，有效开展形象建构和话语传播。

（二）要在国际传播领域展现新技术形象

新技术层出不穷，每一种新技术背后实际上是一种新的思维、新的观念。在新技术领域，大学还要更多地使用新技术，利用好新技术，通过新技术的使用展现学校的新技术魅力，这实际上是在向国际社会展现我国高校在科技创新、推广应用方面是走在时代的前列，展现一种科技发展的思维体系。比如可以利用人工智能技术制作学校实景，探索学校实验室、博物馆，甚至开展音乐演出的展示。积极参与国际科研合作，展现学校最新科研成果，特别是那些对社会生活具有重要影响的科研成果，以动漫、H5等新的传播方式将表达出来。

（三）要利用自媒体向国际社会深层深入

增强传播的互动性和融合性是检验国际传播效果的有效指标。国际传播力的提升必然伴随着互动性的增强和社会交往的深入。如果自媒体传播仅仅停留在自说自话、自我介绍的层面，那么国际传播就会陷入单边主义的困境，单向度的传播最终只会造成文本的累积，而不是传播力的提升。通过自媒体进行传播拓展的优势是，自媒体直接渗入社会的最基本单元——个体和家庭，而且嵌入到了社会关系网络的方方面面。大学要把好依靠情感植入和趣味植入的自媒体，嵌入到国际传播网络体系中，加强学校同国外个体的交流，提升国外人士对国内高校的了解。

四、在文化维度，重视对中西文化的交汇融合

国际传播力是文化软实力的体现，文化也是国际传播力得以提升的必要手段，国际传播力的提升过程也是文化交汇融合的过程。

（一）正视文化差异，找准文化契合点

在国际传播过程中，最大的困难是文化语言上的差异。由于文化不同、语言不同、风俗习惯不同、价值取向不同，传播的过程实际上是曲线传播的过程，各种信息在传播过程中发生变异、丢失、失效，甚至会由于文化障碍而形成反作用，从而对大学的国际传播造成负面影响。因此，在国际传播过程中，必须要清晰了解对方文化特点、文化习俗，找准文化契合点，对应文化落地点，消解那些阻碍传播的文化差异因素。

（二）传承传统文化，增强文化感染力

文化是民族的根，文化是一个民族和社会特有的存在方式，这种特质就像人的个性一样，既是在演化，又是相对独立的，正是因为具备这种文化特质，我们才具有吸引力。国际社会对我们的最大感知点也是在于这种文化的特异性，中华文化既是新奇的、传统的，更是丰富多彩、绚丽多姿的，具有极强的感染力。大学是文化的沃土，是文化的生产者，体现着中华文化的当代魅力。在国际传播过程中，大学要传承好中华优秀传统文化，特别是针对国际社会的特点，形成一批能够体现传统和时代的文化品牌项目，着力打造传统文化盛宴，把中华优秀的历史文化积淀和体现大学的精神融入其中。

（三）融汇西方文化，加强文化共振力

现代西方文化在拓展过程中，形成了一种强大态势，对世界文化的多元化、多样化构成了很大威胁。文化的发展就是要避免这种状况的发生，文化的传播过程中充满了碰撞与冲突，但是从人类命运共同体的视角出发，每一种文化都有其存在和发展的权利，每一种文化都是地球上一块璀璨的宝石，一朵鲜艳的鲜花。大学在加强中华文化国际传播的同时，要对西方文化保持风骨和凛然，不盲目崇拜西方文化，弱化自己的文化精神。

要坚持以这种文化自信对待西方文化，中华文化与西方文化是在平等的基础上进行交流碰撞，这是对西方文化和中华文化的共同尊重，在提升传播力过程中加强文化的共振力，共同掀起新一轮全球文化融合热潮。

整体来讲，大学国际传播力建设同国家传播力具有密不可分的关系，大学要主动寻找高校战略与国家战略之间的契合点，将高校的对外交流传播与国家外交政策和国际关系融合在一起，推动中国高校的国际一流化进程，发挥高校独有的智识优势和柔性交流优势，形成高校对外发展的特色之路，充分发挥高校对国家形象建构和国家文化软实力提升的重要作用。

互联网视角下大学国际传播能力建设模式研究

胡　昊　李厚锐*

在习近平新时代中国特色社会主义思想的引领下，为深入贯彻党的十九大精神，按照中央关于加强国际传播能力建设、讲好中国故事、推动中华文化"走出去"等工作的有关要求，高校应立足国家外交外宣大局，适应国际传播发展趋势，坚持受众本位和效果导向，统筹各类主体发挥协同效应，系统谋划国际传播能力建设，稳步推进高校形象国际传播。数十年来，互联网技术的发展彻底改变了人们的生活，尤其消除了时间与地点对信息传播的阻碍，以网络媒体为核心构建的虚拟空间快速发展，社会关系从彼此互动的地域性关联中脱嵌，以前所未有的方式将地方性和全球性因素联系起来，帮助个体、群体、机构和国家跨越地域化情境，建构更为去中心化的社会关系，在网络世界中构建真正意义上的"地球村"，让网络媒体成了国际间信息交流的重要场所。网络媒体是赋能中国高校在世界舞台崭露头角，构建话语的有力工具，但在工具之外，国际传播力的建设还需要高校加强理解海外传播的环境与媒介性质，有策略、有规划、有理解地开展海外传播工作。由此可见，探索互联网视角下的国际传播能力建设对于高校具有重要理论价值与实践意义。

＊ 胡昊：上海交通大学党委、常委宣传部部长；李厚锐：上海交通大学党委宣传部副部长。

一、高校国际传播环境特征

（一）国际传播恰逢其时

近年来，我国国力持续增强，互联网技术日渐成熟，从内部因素到外部环境都显示着发展高校国际传播的最佳时机来了。在内部因素方面，综合国力的持续提升增强了国民的文化自信，以及对中国文化能走出国门的殷切期望。同时，中国的高校建设水平也随着社会经济与文化的发展而持续增强。如今的中国高校在海外传播领域有好故事可说，需要说好故事，也希望能说好故事。在外部环境方面，尽管欧美主流媒体依旧控制着全球新闻信息的流动，以欧美为中心的国际传播格局暂未发生质的变化，但网络媒体为其他地区的媒体机构提供了在全球语境中构建自主话语权的契机，添加了在国际传播网络中博弈的筹码。在内因和外因的驱动下，高校适时入场，大力发展国际传播力的时机已到来。

（二）认知定位尚未明确

不少国内高校已将国际化作为重要发展战略之一，然而在工作中往往存在重视建设实践而忽视宣传传播的情况。一方面，高校在师资队伍打造、国际交流合作、国际学术声誉建设等方面给予了充分重视；另一方面，由于高校对学校综合国际形象提升的重要性认知有限，对国际传播能力建设的理解有待加深，因此海外传播知名度、影响力和竞争力尚未得到足够的关注度。相对于国内传播以及校内传播，高校对海外传播没有予以足够关注；在基础建设层面，大多未明确设立专门负责海外传播工作的部门，缺乏长期的目标规划，国际传播与学校中心工作结合不深；在日常运营时，由于缺乏稳定的工作机制和明确的职责划分，因此面对语言壁垒、人员不足、文化差异等带来的挑战，难以保证工作绩效持续提升。

（三）内容质量有待提高

跨语境下信息传播的核心在于内容，受众从同样的符码中可以获得不同信息，从而产生差异化体验。在语言表达方面，语言的可理解性是对海外传播内容的基本要求，也是信息品质的基础保障。高校已注意到发布内容规格的统一，并尽量贴近目标受众的话语体系，但接受方对信息产生理解分歧的现象仍然存在。在文化内涵方面，高校往往缺乏跨文化交流的意识与技巧，部分高校的海外传播仅停留在将国内宣传内容进行译制后搬运到海外平台发布，未能从策划阶段即开始设计针对海外受众、符合国际传播语境的内容。在传播形式方面，新闻、电影、宣传片等均能成为信息传输的载体。新闻具有较强的官方色彩和意识形态属性，很难仅仅通过新闻获得海外受众的关注和认可。除了语言的标准化程度，国际传播在内容上更需要考虑文化内涵的契合度，以及传播形式的拓展。

（四）传播渠道亟须完善

媒介融合的趋势不可阻挡，全球传媒机构都不再局限于单一类型媒介，而是致力于拓宽传播渠道。站在社会网络的视角进行分析，全国媒介机构在国际社交网络平台上已经构建出了一张紧密连接的社会网。网络社交媒体的发展为国际传播情境中的媒介融合探索拓展了思路。对于高校而言，在社会化媒体建设、重大国际新闻报道以及传播形式创新等方面仍有提升空间。第一，社会化媒体平台布局有待加强，虽然中国高校已陆续在海外社交媒体上开通账号，但是账号认证、粉丝增长、内容运营等工作仍有待优化。第二，在重大国际新闻事件的报道时，未能充分发挥国外主流媒体及中央外宣媒体的作用，中国高校在国际新闻传播中的声音需要增强。第三，人工智能（AI）、增强现实（AR）、大数据分析等技术已开始应用于新闻领域，但在高校新闻报道的实践中尚有较大探索空间。

二、国际传播能力发展策略

（一）内容生产创新

高校应发挥好数字化媒介更生动、准确、丰富的优势，拥抱互联网思维，使用创新的内容生产方式，打造国际化、个性化、立体化的高校形象。第一，互联网思维不仅意味着利用好互联网传播工具，更代表着对互联网环境中的传播市场、传播手段、受众等因素建立深刻的理解。用互联网化的运营思路做好学校的宣传定位，区别针对海外和国内的传播策略；

使用互联网工具研究目标受众的议题偏好，针对海外受众精准化的制定内容策略。第二，跟上传播技术的发展，加强在内容生产手段上的创新，利用融媒体优势，综合运用图文、短视频、音频、动画等传播内容，增强传播效果；持续关注5G、大数据、人工智能新技术带来的传播变革，以内容建设为核心，让新的传播技术增益于高校对外传播工作的国际化与个性化水平。第三，在传播节奏的规划上进行贴合国际形势的创新。排摸国际互联网环境中的重点传播节点，关注重大国际事件与节庆，把握传播契机，通过类型丰富、层次多样的国际论坛、会展等活动推动高校形象的立体传播。

（二）多维渠道建设

网络媒体为人们提供了丰富的传播渠道，打破了以传统媒体为中心统治传播路径的格局。与此同时，高校的海外传播渠道也需相应做出改进，加强渠道思维，借势网络媒体，贯穿多渠道，打破西方媒体主导的海外话语体系中构建的中国形象，掌握话语权，布局高校海外宣传的新格局。多渠道的打通要基于对互联网传播模式的充分理解，关注传播主体、传播对象、传播内容、传播渠道等要素，从思路、形式、技巧、机制方面持续创新传播方式，建设适合海外受众的话语体系，完善海外传播制度，以科学的评价体系测度传播效果，动态调整传播方式与方法。其次，积极主动地与海外媒体建立沟通合作的桥梁，加强海外主流媒体服务，让各条信息传递渠道通畅无阻。最后，通过推进海外新媒体平台布局，拓展自有传播渠道，积累稳定的受众流量池，握好传播主动权。坚持移动优先战略，依托海外主流新媒体和社交媒体平台扩大高校国际传播影响力，逐步实现多平台布局。

（三）矩阵机制贯通

随着互联网不断降低信息传递成本，增加传递信息数量不再是传播者面临的难题，如何有序地向受众传递有效信息成了新的挑战。抛开顶层管理结构与系统而一味地关注产出的内容量无益于传播力的长期提升，精准和有效才是互联网时代传播力提升的最终目标。对于高校来说，搭建传播矩阵，形成良性的传播力量累积是跨国传播工作的保障机制。首先，在运行机制上，建设"中央厨房"式运行机制，实现不同平台信息的集中采集、分级开发、全媒发布和分析反馈，实现不同媒介的协同融合，完善平台共享和联动传播机制，优化传播效应，防止人力、物力与时间的不必要浪费。其次，搭建国际传播人才队伍，一方面构建人才选拔、使用和培养机制；另一方面，建设高校媒体专家智库，就社会热点重点提供专家观点。最后，将传播能力建设的效果体系进行标准化的梳理，重视国际传播效能分析，完善国际传播项目评审立项和评审机制，提高资源使用效率。围绕重要传播效果指标，委托第三方评估机构开展调查评估。

三、国际传播能力建设要点

（一）内容创新维度

1. 内容供给建设

加强内容供给侧的建设，为国际传播工作的开展准备好"弹药库"。一方面通过"中央厨房"式运行机制，集中式地进行采集、生产、发布、分析反馈等一系列内容运营工作，提升内容的创新性、特色化、国际化，保障生产发布的稳定、高效、有序；另一方面，建设高校媒体专家智库，基于学科基础和研究成果，就社会热点重点接受国际媒体采访，并且提供专家观点。通过打造高校智库外宣品牌，建设智慧、可信、正直的中国高校海外形象，通过国际论坛、学术研讨、媒体交流等方式，发挥高校智库在第三方政策解读、民间对外交流、中国话语体系建设等方面的积极作用。

2. 舆论引导优化

在新媒体环境中，媒体影响力由媒体影响受众的能力和受众影响社会的能力两部分构成，由此可见，在提升内容的制作与发布能力之外，海外舆论的构建与引导能力也是不能忽视的课题。第一，重点关注对多元化的信息与观点接纳能力强的、有社会影响力的海外受众，譬如年轻受众与精英阶层。通过影响这些核心受众,构建正向、深度的舆论氛围。第二,将时效性作为衡量传播能力的指标之一。及时通过各渠道宣传报道高校正面事例,适时跟进国际社会热点事件,在舆论中抢占先机。通过时效性的保障,构建中国高校在国际舆论场中权威、客观、可信的受众心智。第三,重视高校"意见领袖"与"群众"的力量。高校媒体在舆论构建的过程中扮演的是"机构化"的传播者角色,往往会因为不够具有亲和力而受到限制。充分利用社交媒体更开放、互动性强的特点,在运营带有权威性的高校账号之外,发挥高校中的"个体"力量;孵化"去机构化"的高校意见领袖,创造更可接近、亲和度高、真实感强的传播者形象,在官方声音之外,组建高校舆论引导的二级力量。

(二) 渠道拓展维度

1. 外文网站优化

校园外文网既承载着对外传播的目的,也承载着服务的任务。在基础层面上,根据学校的实际需求与情况,建设双语甚至多语种官网,并保证外文网站语言与文化的正确性,为外文网站的建设运营配备专业译制工作组,防止出现不同文化语境下信息产生歧义的情况。在外宣任务上,外文网站应起到打造学校国际品牌的作用,不照搬中文网站的内容,针对海外受众的阅读习惯与喜好,精准化运营网站内容。发布能够凸显学校特色、科研水平的新闻,挖掘具有国际视野的事件,树立有辨识度的高校国际形象。在服务层面上,外文网站既要吸引未来海外学生,也要为现有海外学生提供便捷。将招生信息、课程设置、奖学金申请等海外学生关心的事项在外文网站上清晰地体现出来。另外,在重要的招生节点可以尝试通过国际网络推广手段,如搜索引擎或社交媒体广告,提升学校曝光率,吸引更广泛的关注。

2. 国际媒体合作

让中国高校的形象被海外受众所感知,让高校故事走出国门,必须充分理解海外媒体市场,完善海外媒体服务工作体系,与之建立密切的合作关系。加强国际媒体合作需从多个层面着手,首先,在传播活动的开展上，推进线上新闻传输平台建设，线上与线下相结合，在丰富媒体信息接收渠道的同时，系统、主动地向主流国际媒体提供信息，及时做好重要信息发布和重要活动宣介。其次，在巩固与国际媒体的关系上，主动引导媒体关注焦点，加强新闻发布策划，并加强常态化交流，提高服务的针对性与有效性。最后，在合作媒体的层级上，与中央、地方外宣媒体及国际主流媒体加强合作，在探索全媒体推广、可视化呈现以及社交媒体传播的同时，针对不同媒体的特点开展差异化的传播。

3. 社交平台布局

社交账号不仅拓宽了让外界了解高校的渠道，更在虚拟空间提供了受众与高校近距离交流互动的平台。当前大部分中国高校对国际社交网络的使用尚处于初级阶段，需要通过持续运营，分阶段地推进社交平台布局，最终达到提升高校国际影响力的目的。第一阶段，需关注的是学校官方账号在各大国际社交平台上的开通状况，积极做好官方账号资料的提交与审核，以及名称、头像、背景图等基础视觉设计。第二阶段，根据不同平台的定位和对象人群，制定细分的账户、圈粉、内容发布等策略，精细化运营，有针对性地提高各网络渠道的粉丝数量、内容的曝光度。第三阶段，根据学校特色，孵化出带有学校独特风格的内容，打造内容标签，增强学校在社交网络中的辨识度。第四阶段，运营学校官方账号，定期评估传播效果，吸取经验，以提升受众交互为目的，持续优化内容与形式，拉近与受众的距离，从而进一步提升学校在各平台的关注度和影响力。

（三）矩阵建设维度

1. 人才队伍建设

海外网络媒体下的传播环境日新月异，传统的新闻传播人才难以以一己之力应对多元的传媒市场。为了应对新的传播环境，高校需意识到培养和建设复合型国际传播人才队伍的重要性，着手设立高校海外传播机构，以专兼结合的建设思路，打造复合多样的人才队伍，满足国际传媒环境下不同的传播需求。一方面拓展对高校情况和海外传播环境有深度理解，具有先进的理念、丰富的知识储备、传播能力扎实的复合型专业人才。通过建立培养与激励机制，加快专业海外传播人员的养成，并充分营造能留住优秀人才的工作环境。另一方面，充分调动师生校友的力量，提升高校海外传播的影响力、亲和度和可接近性。广泛吸收并储备对高校海外传播事业具有兴趣与良好参与度的高校师生、海外校友，与专业人才共同组成保障高校海外传播力的左膀右臂。

2. 基础设施保障

知识性的技术支持和持续性的经济投入是高校海外传播力必不可少的保障，高校海外传播工作需建立在技术与物质两个层面的基础上。在知识技术层面上，高校应敢为人先，率先做好海外传播的研究工作，为说好中国故事奠定基础，树立榜样。从专业的角度学习理解海外传播环境，将国际传播力作为持续研究的课题；在实践的层面不断探索有效传递正向信息的途径，凝练出一套属于中国高校的国际传播方法论，从理论与实践两个方面对未来进行务实的指导。在物质基础的层面上，需制定长期的传播目标，明确海外传播专项，科学地进行经费物资的分配与管理。为面向海外传播的新闻宣传工作、社交网络运营、宣传片制作等设立专项资金，提供必要的经济保障。通过夯实科学与经济基础，实现海外传播的制度化、规范化、科学化、长效化，助力高校国际传播能力的提升。

3. 传播效果评估

评估体系对未来传播活动的设计与决策有着重要的指导意义，然而传播的效果难以用统一的指标进行衡量。学校需要科学的评估指标、标准化的测量方式，从多样化的维度对传播效果进行考察。在党的十九大报告中，习近平总书记针对提升舆论提出了"四力"概念，分别是传播力、引导力、影响力、公信力。高校海外宣传力的评估也可以此为主要考察维度。其中，传播力考察的是高校海外宣传的基础建设水平；引导力指的是媒体效果的深度，体现在媒体对受众行为产生影响的能力上；影响力代表媒体效果的广度，考量的是受传播影响的国际观众地域分布的广阔度，以及对外传播工作中信息编码与解码流程的完成能力；公信力是指受众对媒体信息的信任程度，事关高校在海外传播中正面形象的塑造。海外传播能力的考察除了以"四力"作为评估维度，还要用定性与定量分析相结合的方式，科学性、周期化开展，以建设立体全面的传播评估体系，让传播效果的衡量不再是"盲人摸象"。

讲好中国故事的大学担当与作为

张小锋 *

　　由中共中央党史和文献研究院编辑、中央文献出版社新近出版的习近平《论党的宣传思想工作》一书收入习近平总书记 2013 年 8 月 19 日至 2020 年 2 月 23 日期间关于党的宣传思想工作的重要文稿 52 篇，其中部分文稿是首次公开发表。"推进国际传播能力建设""讲好中国故事、传播好中国声音""争夺国际话语权"是多篇文稿关涉的重要话题。如《坚定文化自信，推动社会主义文化繁荣兴盛》《把宣传思想工作做得更好》《提高国家文化软实力》《把中国故事讲得愈来愈精彩，让中国声音愈来愈响良》《在全国党校工作会议上的讲话》《在哲学社会科学工作座谈会上的讲话》《忠实履行党的新闻舆论工作职责使命》《自觉承担起新形势下宣传思想工作的使命任务》《加快推动媒体融合发展》《做好新冠肺炎疫情防控宣传教育和舆论引导》等文稿中均有深刻的阐述和明确的要求。可以肯定地说，"讲好中国故事、传播好中国声音"是《论党的宣传思想工作》的重要内容之一，也是当代中国必须解决好、回答好的重大战略课题。大学始终肩负着服务国家重大战略的使命任务，始终充当贯彻落实党的宣传思想工作决策部署的排头兵、先锋队。必须以积极有为的精神状态，进一步提高责任心、使命感，充分发挥自身优势，找准着力点、突破口，为讲好中国故事、传播好中国声音发挥更大作用。

---

　　* 张小锋：对外经济贸易大学党委、常委宣传部部长。

一、讲好中国故事比历史上以往任何时期都更为迫切、更为有利

众所周知，落后就要挨打、贫穷就要挨饿，而失语就要挨骂。挨打、挨饿、挨骂均是中华民族崛起的拦路虎和绊脚石。当前，挨打、挨饿的问题已成为历史，然而在国际舆论格局中，"西强我弱"的国际舆论格局尚未根本改变，"失语""挨骂"的问题依然严峻。改善中国的国际形象，更加充分地、有感染力地表达中国，让世界读懂中国是我们必须破解的时代课题。"堤溃蚁孔，气泄针芒。"长期"挨骂"不仅影响国人的士气和自尊，涣散党心民心，而且会在国际舆论中产生"破窗效应"，甚至酿成"三人成虎""众口铄金"的悲剧，形成对中国发展极为不利的"国际话语戾气"。

当前，世界正处于百年未有之大变局，我国正处在第一个百年奋斗目标胜利实现、第二个百年奋斗目标新征程开启之际。在这决定分晓的关键时期，亟须来自国内、国际良好的舆论氛围和精神动力，正可谓"志可坚而不可摧、气可聚而不可散"。不仅要努力营造良好的国内舆论，而且要下大力气打破西方的国际话语霸权，祛除国际上唱衰中国、丑化中国的话语戾气，讲好中国故事，传播好中国声音，快速提升中国的国际话语权比历史上以往任何时期都更为迫切，也更为有利。在当今这个世界，"中国之治"与"西方之乱"形成极大反差。中国发展成就令世界瞩目，中国经济形势前景光明，中国国际影响力持续提升。国际社会对中国的关注日益加深。中国道路越来越成为世界学者的研究对象。特别是中国统筹推进新冠疫情防控和经济社会发展取得的斐然成绩成为讲好中国故事的"最大本钱"。

二、大学具备讲好中国故事的多重优势

讲好中国故事、传播好中国声音，把中国的发展优势和综合实力变成话语优势任重而道远，不能仅依赖某一个或几个部门来实现、不能仅指望某一类或几类人来完成，而是需要动员和凝聚更多的人员、力量和智慧。

　　第一，大学拥有丰富的专家学者资源，这些专家学者不仅学识渊博，能够将中国取得的经济成就、形成的政治和制度优势、取得的最新的科研成果、形成的厚重历史文化底蕴等请清楚、说明白，而且专家学者的话更具说服力、感召力。第二，大学有多种开展中外人文交流的途径和机会，如举办国际学术研讨会、中外学生暑期夏令营活动、组织参加国际竞赛和展演活动、外国政要学者交流来访等活动都是很好的机会和平台。第三，大学有众多来华留学生，这些留学生通过各种途径和渠道融入中国大学的方方面面，培养了对中国友好、依恋的特殊感情，是在国际上讲好中国故事、传播好中国声音最理想的"形象代言人"。如由北京市人民政府新闻办公室主办、北京第二外国语学院承办的"爱上北京的100个理由"主题短视频大赛就是很好的创意。该赛事广泛动员在京及京外的外籍专家、外籍企业雇员、留学生等用真情实感讲述北京故事和对北京的热爱理由。第四，大学中存在着许许多多的动人故事。如长期任教于对外经济贸易大学的美籍教师阳和平是著名国际友人阳早和寒春的长子。其父母阳早、寒春是美国的奶牛专家和核物理专家。为了共产主义信仰，其父母于1948年前往延安，此后将自己的全部热情和智慧奉献给了中国的奶牛事业。阳和平和其父母对中国怀着特殊的感情，其故事极具感染力和吸引力。又如，2016年病逝的美国内华达大学资深经济学教授廉姆·霍文克（Willem Houwink）一生极富传奇。第二次世界大战时，他被关在纳粹集中营，后在美国华尔街银行任职。改革开放初，他来到中国，成为对外经济贸易大学第一位经济学荣誉教授。他对20世纪80年代中国的经济学教育带来了革命式的影响。他的一生与中国、与对外经济贸易大学结下了难以割舍的情缘。诸如此类的故事和事例，每所大学都有。要用心挖掘，精心推介。

三、大学要找准讲好中国故事的着力点和突破口

　　讲故事要讲究技巧，搞传播要注意艺术，方法得当，事半功倍；方法不当，事倍功半，甚至适得其反。大学要讲好中国故事，必须牢牢把握正确的舆论导向，坚持"内容为王"、树立"精品意识"，力戒"庸俗化"

"媚俗化"和"同质化",加强选题策划,注重方式技巧,选准传播平台。由于每所大学的办学历史、特色优势、文化传统等千差万别。因此,必须选好着力点和突破口,其中尤为紧要的是以下几点:一要组织、引导、支持、鼓励专家学者致力于中国话语国际传播的研究和实践,占领学术制高点,及时有力地发出中国声音、阐明中国主张、展示中国思想。如对外经济贸易大学依托学科优势,多次组织专家团队围绕"中美贸易摩擦""一带一路"倡议、人类命运共同体、世界贸易组织等问题,在国际平台上对话交流,阐述中国主张。二要注意发挥留学生在传播中国声音中的积极作用,不断扩大国际社会对我国发展理念、发展道路、发展成就的理解和认同。三要充分发挥好教育部中外语言交流合作中心的作用,不断提高大学在传播中华文化、阐释中国思想上的质量和影响。四要努力为中国高校师生走出国门、走向世界开展社会实践、求学访学提供更多机会、创造更好的条件。五要高度重视、加大投入,建好高校多语种的门户网站、多语种的融媒体中心,不断扩展高校向国际社会展示形象的窗口。六要加强高校国际传播能力建设,尽可能抢占海外传播平台和阵地,既要努力借助国外的主流媒体发声亮剑,也要注意利用国外的新媒体讲好故事,更要注意学习和利用国际上最新的传播技术手段,与时俱进,守正创新。

我国部分大学国际传播能力建设的线上调查报告*

王 乐 铁 铮**

2015 年底，国家颁布的《统筹推进世界一流大学和一流学科建设总体方案》明确提出，"推进国际交流合作，加强与世界一流大学和学术机构的实质性合作，加强国际协同创新，切实提高我国高等教育的国际竞争力和话语权"。《国家中长期教育改革和发展规划纲要（2010—2020 年）》提出，高等教育要"加强学生的国际理解教育，推动跨文化交流，增进学生对不同国家、不同文化的认识和理解"。2017 年，中共中央、国务院印发了《关于加强和改进新形势下高校思想政治工作的意见》，以习近平同志为核心的党中央进一步把国际交流与合作作为大学的"第五项职能"，强调高校肩负着人才培养、科学研究、社会服务、文化传承创新、国际交流合作的重要使命。

2018 年 8 月，习近平总书记在全国宣传思想工作会议上提出了新形势下宣传思想工作十五字使命任务：举旗帜、聚民心、育新人、兴文化、展形象。在国际传播工作方面，要求推进国际传播能力建设、讲好中国故事、传播好中国声音，向世界展示真实、立体、全面的中国，提高国家文化软实力和中华文化影响力。

增强我国高校国际交流与合作是高校建设理念的创新和发展，也是对新时代中国大学发展需求的回应，对提高我国高等教育发展水平，以及增

---

* 本文中所涉及的数据均为作者自行调查得出的数据。

** 王乐：北京物资学院党委宣传部干部；铁铮：北京林业大学教授。

强国家核心竞争力具有十分重要的意义。

一、调查的基本情况

要进一步提升中国高校国际传播力，打破西方"传播"垄断、丰富"大学故事"、放大"大学声音"。在推进高等教育全球化进程中，利用国际传播提升中国大学的影响力，这对中国大学在国际社会中抢夺高水平师资、优质生源、稳定资助以及推广优秀成果将形成强有力的支撑。加强中国高校的国际传播，促进高等教育国际化发展，加强国际交流与合作有助于实现国家"双一流"教育战略目标，进一步促进国家对外交流和发展。

为了进一步掌握我国高校面向国际传播的情况，课题组通过互联网线上问卷调查的方式，对全国 41 个城市的 61 所高校进行了调查，收集到112 份答卷。根据调查得到的统计数据，分析当前国内高校面向国际传播的基本状况，提出提升中国大学国际传播力的现实路径，从而为我国高校制定增强国际传播力的相关政策和方案提供参考。

二、调查发现的主要问题

（一）大学面向国际传播设立的机构不足

机构是国际传播的基础，也是长效机制的重要组成部分。是否设有专门的机构既可反映出调查高校对国际传播的重视程度，也可以考察其国际传播能否落到实处。在调查中发现，目前高校普遍还未设置面向国际传播的专门机构。调查数据显示，没有专门机构的占 62.5%，有专门机构的占26.79%，表示不清楚的占 10.71%。在深度访谈中了解到，大多数高校尚未把国际传播列入有关部门的工作议程，在各种计划、规划中均未得到应有的体现。

（二）大学英文官方网站建设尚待加强

通过调查发现，受访的大学中有英文官方网站的占 81.25%，没有的占 16.96%，表示不清楚的占 1.79%。但是，在对这些高校的英文官方网站进行内容分析中发现，虽然有些高校设置了英文网站，但网站维护和运营不到位的情况十分严重，有待于进一步加强和改进。相对于高校自办的中文网站，英文网站存在的突出问题主要表现在以下方面：一是更新不及时，报道不迅速，时效性差；二是报道的数量少，覆盖面窄；三是内容单一，可读性不强；四是针对性弱，服务受众的意识淡薄。

（三）高校对外网站的语种单一

语言是信息的载体，是传播的最基本符号。调查结果显示，目前大学建设的外文官方网站所使用的语言主要是英语。调查数据表明，大多数高校还未在对外宣传网站中使用英文以外的语言。在受访高校中，有其他语种（除汉语、英文之外）网站的高校占 21.43%，没有其他语种网站的高校占 73.21%，表示不清楚的占 5.36%。尽管英语是在国际上使用较普遍的语种，但对许多非英语国家的受众而言，还是会在接收信息上产生许多障碍。

（四）大学国际传播途径单一

通过调查发现，目前我国大学面向国际传播的主要途径为学术交流、网站、校友、招生宣传等，宣传渠道比较单一，整体宣传力度较弱。在公开发行的报刊、广播电视等大众媒体上刊发和播出的内容较少。在国外社交媒体上的曝光量不足，未能充分利用社交媒体进行有效的宣传。

（五）大学面向国际的新闻报道较少

在被访的大学中，其中每年面向海外的新闻报道在 10 篇之内的高校占 33.93%，10~30 篇的占 7.14%，30 篇以上的占 17.86%，0 篇的占 8.04%，还有 33.04% 的受访者表示不清楚。调查数据显示，高校面向国际的新闻报道数量较少，不充分。

（六）高校在海外社交平台的活跃度低

在"社交+传播""社交+新闻"的大背景下，中国大学在海外社交平台上的活跃度低的问题较为普遍，应该引起高度重视。通过调查发现，没有在海外社交平台如推特、脸书等平台注册官方账号的高校占 41.07%，有 2 个以内账号的高校占 8.04%，有 3~5 个官方账号的高校占 3.57%，5 个以上的占 3.57%，有 43.75% 的受访者表示不清楚。四成多的高校没有海外社交平台账号，在很大程度上已经影响到社交媒体时代高校国际传播的效果。

（七）大学面向国际传播的专题片较少

在调查中发现，列出了专门为海外受众服务的专题宣传片、视频的选项。数据表明，为46.43%的高校没有海外受众服务的专题宣传片或视频，有的高校占46.43%，但其中大部分拍摄时间较早，更新不及时，表示不清楚的占7.14%。在短视频已经成为重要传播方式的今天，这种局面显然是不合时宜的。

（八）缺少与海外高校在宣传方面的合作

在被访的大学中，和海外高校在宣传方面建立合作关系的占25.89%，47.32%的高校明确表示没有建立这样的关系，还有26.79%的受访者表示不清楚。我国高校和海外高校建立宣传方面的合作关系的较少，这显然不能适应中国高校的国际传播。

（九）留学生规模较小

在被访的高校中，留学生规模相差较大。其中，学校的留学生规模在100人以下的占21.43%，100～500人的占35.71%，500～1000人的占18.75%，1000人以上的占24.11%。从整体来说，目前高校的留学生规模较小，这也从侧面证实了现阶段高校面向海外宣传不够，效果有待加强的事实。

三、启示与思考

随着新媒体时代的发展，各个国家之间的交流日益密切，中国大学面向国际传播，不仅是高校自身主动展示学校综合实力的需要，更是在新的发展阶段，每所大学不得不面临的教育大环境要求。切实把握好时代机遇，加强中国大学国际化谋篇布局是中国大学国际化发展的大方向。这次调查在掌握我国大学面向国际传播情况的同时，也了解了大学从业者群体希望高校国际传播的美好愿景，给大学加强国际传播能力建设带来了许多启示。

一是高校国际传播应做出顶层设计，上级主管部门制定出台政策，设立部门统一领导，对有序开展高校国际传播提出指导意见和具体要求，并进行检查监督。

二是高校要将国际传播建设列入重要的议事日程。要设立专门机构并配备人员，设立专项经费。要进行系统设计，建立长效机制，定期进行评估，实行奖优罚劣。

三是要经常对负责国际传播的各级负责人及工作人员进行业务培训，提高认识，增强信心，不断提升国际传播的能力和水平。

四是建立高校国际传播信息共享数据库。高校之间要整合资源，加强联系，建立学校之间的战略合作，营造高校国际传播的群体效应。要进一步利用互联网社交平台共享资源，提高传播效率，增强传播效果。

五是加强与国外高校的合作交流。要探索和创新与国外高校合作的模式，建设多边合作平台。要采取多种多样的合作交流方式，并在合作交流中做好国际传播。

六是借助各种力量，积极利用海外平台开展宣传。多主体、多方位协同发展，充分发挥海外校友的作用。要积极开展丰富多彩的活动，不断推出精品力作，提升自身话语权和引导力。在高校国际传播能力建设中，领导重视是关键，形成合力是根本，方式创新是前提。各相关部门应该协同联动，有的放矢地开展工作，不断提升我国高校国际传播的整体效果。

我国部分大学国际传播能力建设的研究分析报告

吕佳卉　金鸣娟*

一、传播主体的分析

传播主体既是中国大学国际传播过程的起点，更是控制者，是可以直接产生、直接影响传播效果的重要因素。传播主体搜集新闻信息，议程设置，对信息进程生产、加工，然后通过一定的渠道传播给受众。传播主体掌握着传播媒介的选择与使用权，可以直接决定传播内容的取舍，具有非常强的主动性。

国际传播主体走向多元化是显著的时代特征。互联网的出现使国际传播跨越了物理疆域的限制，使得原本跨国界的交流不再局限于各国政府，任何可以接触到网络的人或组织都可能成为国际传播的动作发出者。大学是开展国际传播的重要载体，更是一个国家文化软实力的体现。不仅只是大学自身，在学校中的每个人、每个群体、组织或是可以接触到大学信息的社会人士都可能成为大学国际传播的主体。

本课题将大学国际传播主体限定为传播活动中最主要的部分，也就是大学机构本身和大学里从事新闻传播的机构及工作者。因为大学机构自身不仅是信息的主要来源地，通过大众传播媒介向国际中传播信息，而且担负着传播环节中监管人的角色，控制和管理传播中的相关环节。校方可决

---

　* 吕佳卉：北京林业大学研究生；金鸣娟：北京林业大学教授。

定是否要参加国际传播过程、制定怎样的传播政策、应用哪些传播媒介，等等。此外，校方要代表学校就国际传播中涉及的相互关系问题签订国际协议，代表学校在国际性场合中发表声明，体现学校的意愿，这些都是小团体组织和个人所不能替代的。

基于此，在中国大学国际传播的主体方面，本课题组重点调查了国家及学校层面的传播意识、各学校负责国际传播的组织构建情况和媒体从业人员的基本情况。

中国大学的国际传播工作是党的新闻事业的重要组成部分，是党构建我国文化软实力的重要承载，是国家建设世界一流大学及世界一流学科的关键环节。

国家层面对大学的国际化建设向来重视，特别是进入新时代之后，党和国家对大学的国际传播工作有很高的认识及指导。在中国大学国际传播跨国界、跨文化的传播行为中，国家对于传播工作的顶层设计对全国大学的国际传播工作开展都有决定性的意义。

2015 年，国务院发布了《统筹推进世界一流大学和一流学科建设总体方案》，明确提出"双一流"大学建设要"切实提高我国高等教育的国际竞争力和话语权，树立中国大学的良好品牌和形象"。[①] 2016 年，中共中央办公厅、国务院办公厅印发了《关于做好新时期教育对外开放工作的若干意见》（以下简称《意见》），明确提出要"完善教育对外开放战略布局"，强调教育对外开放是我国改革开放事业的重要组成部分，要以服务党和国家工作大局为宗旨，统筹国内国际两个大局，提升教育对外开放质量和水平。[②]《意见》还提出教育对外开放的重要内容是讲好中国故事、传播好中国声音。2017 年，中共中央、国务院印发的《关于加强和改进新形

[①]　中华人民共和国教育部：《统筹推进世界一流大学和一流学科建设总体方案》，中华人民共和国教育部官网，http://www.moe.gov.cn/jyb_ xxgk/moe_ 1777/moe_ 1778/201511/t20151105_ 217823. html2017 年 8 月 20 日。

[②]　中华人民共和国教育部：《关于加强和改进新形势下高校思想政治工作的意见》，中华人民共和国教育部官网，http://www.moe.gov.cn/jyb_ xxgk/moe_ 1777/moe_ 1778/201511/t20151105_ 217823. html2016 年 4 月 30 日。

势下高校思想政治工作的意见》将国际交流与合作列为大学人才培养、科学研究、社会服务、文化传承创新这四大职能基础上的"第五项职能"。

随着"双一流"建设的逐步推进及现代信息技术的爆炸式发展，越来越多的学校意识到国际传播工作的重要性。各大学对于提升大学国际传播力建设都有一定共识。在国际公认的四大排名（上海软科世界大学学术排名 ARWU、英国 QS 世界大学排名、英国泰晤士 THE 世界大学排名、美国 USNews 世界大学排名）中，除 ARWU 以外，其余三项排名的一级指标中都有声誉影响或是国际化。其中英国 QS 排名中，声誉占比最高，达到了总体的 50%。世界大学排行榜中大学对于声誉指标的重视体现了大学的国际传播力和大学声誉对大学整体实力评估的影响。

从教育部公示的信息中可以看到中国内地大学均设有负责新闻传播工作的组织机构，负责统筹全校对内对外的新闻传播工作。近年来，各大学都在整合新闻宣传资源，各学校的新闻传播机构在功能定位、工作职责等方面存在一定差异。

大学国际传播主体存在的主要问题如下：

一是传播主体重内轻外，国际传播意识比较淡薄。国内大学大多重国内宣传、轻国际传播。不论从组织架构、人员配备、学校网站的建设、新媒体的挖掘使用等方面，中国大学在国内传播都已经形成了相对成熟的机制，传播效果也较为理想。相比之下，在国际传播力建设方面，大部分高校尚未足够重视，没有建立起大学品牌形象的国际传播战略布局，国际传播缺乏主动性。

二是传播组织设置不全，国际传播力量布局失衡。在"一带一路"倡议纵深推进、"双一流"高校建设的大背景下，大学建立国际宣传大局观，提升国际传播动能尤为重要。但国际传播在不同大学呈现出了较强的自主性和独立性，强弱差距较大。这可能是由于各个学校之间综合实力不均衡。除了清华大学、北京大学这些在国际上已经享有一定知名度和美誉度的高校有明确的国际传播体制外，其他高校相应的制度建设、组织设立方面都相对缺乏。在调查过程中发现，高校间未建立国际宣传的统一矩阵，彼此之间几乎毫无联系和助力。

三是传播队伍人员匮乏，国际传播能力存在不足。近些年，在人工智能、大数据、机器人写作等科技创新的驱动下，中国的传媒行业从单纯的内容时代跨越到了技术主导的时代，行业人才需求发生了巨大变革，除了采编专业能力"一专"以外，还需要新媒体运营、策划、技术、美工、推广、企划、软件开发等"多能"技术支持。中国大学国际传播对媒体从业人员的素质要求也随之提高。不仅要有国际传播发展现状和趋势的解读和探索能力，而且需要有学科背景的多项专业技能，从而应对国际传播过程中的复杂需求。主体国际传播意识的缺乏，相应技术培训、交流机制的不完善，没有有效的竞争激励机制等，这些都在一定程度上影响媒体从业者在国际传播方面进行专业学习、主动提高业务水平的热情和积极性。

二、传播媒介的分析

媒介是指在国际传播的过程中，传播主体和受众之间的中介物，是传播信息的搭载体。媒介是传播过程中的重要元素，特别是由于国际传播主客体的地域特性，使得国际传播对载体的依赖性更高。随着传播技术的持续创新，从口头媒介、文字媒介电子媒介到网络媒介，给国际传播带来了巨大影响，使国际传播变得更为便捷。虽然国际传播的立足点在国内，但传播效果却在国外。

中国大学国际传播是针对全世界的传播，不论从地域，还是文化上，都有很大跨度，由此可见，国际传播中对媒介的选择非常重要，一定要具有很高的国际性。国际传播媒介主要可以划分为两种：一种是他塑，也就是信息传播的动作发出者为他人。如在海外有影响力的电视、报纸、广播、网络平台，或是大众传播媒体。另外一种是自塑，就是学校自主的传播信息。如学校的官方网站、维基百科词条、国际化的社交平台等。

（一）信息"在场率"偏低，缺乏有国际影响力的他塑媒介

从获取到的数据综合分析来看，我国大学在国际传播媒介中"在场率"整体较低，个体之间差距较大，且与学校整体实力成正相关关系。除

了学校传播被动、个体实力存在差异之外，缺少有国际影响力的媒体也是中国大学在国际媒体"在场率"整体偏低的原因。涉及这几所大学的国际报道超过 1/3 来源于中国外文媒体，鲜见世界一流媒体报道。在西方传播垄断的情况下，想要向世界传递中国大学声音，缺少有国际影响力的传播媒介也是中国大学国际传播力的制约因素之一。

（二）官方平台传播效果不显著，自塑媒介建设滞后

大学官方网站、维基百科英文词条等是每所大学自身可以掌握的自塑媒介。大学官方网站作为学校官方信息的发布平台，是可以容纳信息最全的自塑平台，在国际传播中发挥着非常重要的作用。大学官方网站是国际受众最易接触到学校全面信息的平台，从整体看来，国内大学官方网站国际访问比例与国际一流大学存在差距。

（三）国际传播缺乏互动，社交媒体平台潜力尚未开发

国际媒体是他塑媒介，大学官方网站和维基百科是可以自塑媒介，那么社交平台就是大学和公众一起塑造的交互媒介。社交平台建设对大学的国际化传播非常重要，传播力的强弱评估除了在各种媒体中"到场率"高以外，很多时候需要观察受众对于信息接收的情况。信息的交互在社交平台可以最大限度地体现传播的特点。社交平台是主要搭载智能手机终端，互联网技术的领先水平使得社交平台有可能成为跨越西方强势话语藩篱的工具，使大学可以不受制于西方霸道的传统新闻媒介而发出声音。要提升中国大学国际传播力，应挖掘推特和脸书等拥有大量国际用户的社交媒体平台的传播潜力。国际传播力的强弱取决于大学实力，但二者并不是简单的对应关系。有些中国大学的实力在国际传播平台中并没得到很好的展示。"做得多，说得少"是我国内地大学国际上"在场率"低的原因之一。

三、传播内容的分析

课题组主要分析了大学的国际报道使用的语言、报道中提取的关键词和大学官方网站中的高频词。国际报道的相关数据来自律商联讯数据库。校园英文网站报道中的高频词是应用八爪鱼爬虫软件抓取了各大学官方网

站英文版 2018 全年发布的信息标题。

（一）数据与分析

国际报道中使用的语言统计。语言是信息传播最重要的载体。国际传播中的语言主要集中在使用范围比较广的语言上，包括英语、法语、日语、德语、俄语、汉语等。能否进行准确的翻译，以受众能够接受的话语方式和表现方式传播信息，体现着一所学校的国际传播能力。以大学名称为关键词检索，抓取 2018 年 1 月 1 日至 2018 年 12 月 31 日期间被律商联讯数据库收录的所有媒体新闻报道所使用的语言。选取了 5 所大学相关国际报道中使用最多的 5 种语言检索数据并列出具体数量，5 所大学国际媒体报道总量中，英语报道为 21386 条，法语、德语、意大利语等其他语言报道总和为 724 条，英语报道数量是除它之外所有语言报道总数的 29 倍。由此可见，在国际传播过程中，英语是国际化报道最常用的语言，占有绝对优势。

国际媒体报道中的关键词。使用律商联讯数据库，以对应高校的名称为关键词检索获得，选取 2018 年 5 所大学被数据库收录的所有国际媒体新闻报道中排名前五的关键词（key words）。为了更直观地了解到国际媒体报道的侧重点，利用谷尼舆情图悦热词分析工具统计了这些关键词的词频，根据分析显示这 5 所大学的传播报道中，"教授""学生生活""学生"这些关键词出现的次数最多，出现次数越多，表明在报道中被提及得越多。

校园官网英文版中的高频词。标题往往是信息内容的凝练，分析标题中词汇的出现频率可以反映出一所学校对外积极传播的核心信息，也是一个学校最想要表达的中心要义。本部分数据是应用八爪鱼爬虫软件抓取了大学官方网站英文版 2018 年度全部新闻信息的标题，然后应用谷尼舆情图悦热词分析工具统计了标题中的实词词频。

通过词频统计分析，可以从各大学的词云图中直观地看到在标题中被提及的高频实词，词汇被提及越多，在图中占比越大。除了各大学校名和中国以外，清华大学英文网页中出现频率最高的词汇为"全球""研究"

"发表""学生""团队""开放""国际化"等；北京大学的英文网页中出现频率最高的为词汇为"获得""第一""全球""代表""教授""团队""访问"等；中国人民大学的英文网页中出现频率最高的词汇为"获得""开放""会议""道路""代表""访问"等。

大学国际传播的内容是在国际传播信道里流淌的信息。这些信息围绕传播目的而构成。其内容主要可分为告知性、劝导性和知识性内容等。从三所大学国际传播的信息中可以看到告知性内容占据了很大比例。通过展示学校的人文环境、办学成果、科研进展等，例如很大比例都在报道学校举行的重大会议、校长讲话、开展的国际合作项目等。告知和劝导是相联系的，告知内容的目的是能对国际受众产生影响，对于学校表示认可。这样更有助于优秀国际人才的抢夺。但在这些大学的传播内容中，知识性内容较少，除了取得重大进展的科研成果展示外，少有可以转化为大众知识的内容。

（二）问题与成因

1. 媒体形象与实力不符，"跨语言""跨文化"传播有难度。大学的国际形象是其整体实力的重要组成部分，也与国际传播能力有很大关系。英、美高校的国际传播比较成功，与大学实力相符，甚至大众形象塑造高于实际情况。中国大学在这方面的传播实力相对欠缺，除了重视程度不够，在传播报道方面缺乏方法和技巧以外，"跨语言""跨文化"传播使中国大学先天处于弱势。语言是阻碍中国大学国际传播的主要障碍之一。在国际传播中，语言更是十分重要的承载工具。英语在国际传播中的绝对优势。作为非英语国家，中国大学在国际传播中有信息转换成本高、表述不准确等问题。这使得中国大学在国际上的传播与欧美国家相比存在天然差别。中国大学国际传播除了要跨越"语言关"，还要应对"文化关"。在当前的国际传播中，以英语为母语的国家在国际传播中非常占优势，而承载于语言的文化背景差异更是将这种优势扩大，加大了非英语国家的国际传播难度。这就使得中国大学在国际传播中容易有信息误传、误读或是传播重点内容选择偏差等问题。

2. 传播重点内容不凸显，新闻处理方式缺乏技巧。虽然这些学校的校园网页都设置有很多栏目，内容信息看起来也很丰富，但均衡处理方式使得新闻难以形成亮点，容易使真正有国际传播价值的信息被埋没。从这些学校的头条新闻来看，政治色彩较浓，行政会议内容较多，反映科研成果、校园服务功能的报道偏少。科研学术是一所大学最具核心竞争力和价值所在。在问卷调查中，超半数的留学生在来华留学选择学校时最先关注的是大学的科研能力。在国际传播中，科研学术类的信息应重点突出。从各学校网页信息中很难找到大学整体或是某一学科实验室全面的科研成就。受众从网站直观看到的远低于各大学实际的科研成果数量，且新闻内容很难吸引受众关注。虽然信息丰富，但重点不够突出，缺乏"议程设置"，使得一些重要新闻内容未能吸引受众，影响了传播效果。

3. 传播信息吸引力不高，内容与受众需求有偏差。大学官方网站作为学校国际传播重要的媒介之一，这些学校网站日均独立访客（Unique Visitor，简写为UV）访问量都比较高。但是实际新闻的浏览量点击率却比较低。这些学校中最高为数千次，鲜有新闻能突破上万次的访问量。在社交媒介平台中，这种情况更是明显，一些学校在脸书和推特这两个社交平台中都保持着较高活跃度，基本每天都会发布信息，但是这些信息得到的回应和互动却不多。高访问量和低点击率、高发帖量和低回应量，这两组数据的反差在一定程度上反映了当前中国大学国际传播内容的问题所在。并非没有受众关注这些大学，而是传播的内容与受众的关切点之间还有差距。有一些高校在传播的过程中未对传播内容进行"原创"或"重组"，而是直接将用于国内传播的稿子原封不动地直接用来进行国际传播。选题缺乏对国际受众信息接收习惯的筛选，不能引起国际受众的阅读兴趣。有些好的选题在国际传播的过程中语义表达方式单一，影响了传播效果。重大会议的新闻都是标准化模板，配图是会议合影，文字叙述多为领导人讲话内容。这样的表达方式不符合国际受众的信息需求。

海外留学生讲好中国故事能力研究

张　帅　马博文*

一、研究背景

何为中国故事？所有发生在中国大地上的故事似乎皆可被纳入中国故事的讲述范畴。然而不置可否的是，"讲好中国故事"这一概念的提出及其相关研究是在全球化语境中展开的。① 这意味着"讲好中国故事"天然肩负着对外传播的职责与使命。笔者认为，"中国的故事"与"中国故事"并非一字之差的文字游戏，而是说前者仅是一种泛指，后者具有特定的时代内涵。中国故事已在无形中被高度概念化了，多指对具有中国特色的人、事、物的描述，它由中国人主导创作，由一系列能够真切反映中国的过去、现今及未来的有意义的情节所构造。无论这些情节是否与中国直接相关，无论讲述人是否有意识地在为中国形象鼓与呼，其背后都必定潜藏着或反映了特定的国家意识，必会对中国形象的国际传播产生积极作用。

对于中国故事全球传播这一时代命题，新闻发言人、国际新闻评论员、专家学者、文化交流使者和出境公民②等不同个人或群体均可结合自

---

* 张帅：北京外国语大学国际新闻与传播学院博士研究生；马博文：水利部黄河水利委员会新闻宣传出版中心助理编辑。

① 陈先红、宋发枝：《讲好中国故事：国家立场、话语策略与传播战略》，《现代传播（中国传媒大学学报）》2020 年第 1 期，第 42 页。

② 王凤：《培育讲好中国故事的特殊队伍》，《对外传播》2017 年第 8 期，第 68-70 页。

身特性做出相应贡献。相对而言，海外留学生则具有近身性、日常性和在地化的传播优势，对双方的语言、文化和思维特点具有一定程度的了解。① 另外，留学生具备活跃的创新意识、必要的文化涵养以及熟练使用社交媒体的传播能力，他们的确是讲好中国故事不可或缺的行动主体，在有意或无意间进行了大量跨文化传播的相关实践。

查阅文献可知，这方面研究十分有限，且关注的多是外国来华留学生，而非中国在海外的留学生。在以中国留学生为研究对象的既有成果中，有学者提供了中国故事的可讲素材：中华儿女走出的人间正道、炎黄相融以来的中华文明、鸦片战争以来的华夏苦难、改革开放以来的中国崛起②；有学者提出了讲好中国故事的路径：从文化自觉入手，加强中华文化学习，把握话语自主，提升中国话语力量，坚定故事自信，构建中国故事风格；用国际传媒扩大中国声音，用国际文艺彰显中华魅力，用国际学术传递中国哲学，用国际贸易渗透中国理念。③ 这些研究多是基于应然层面提出的设想。本研究将聚焦海外留学生在实际的留学过程中，在"讲好中国"故事方面遇到的困难、解决的方法以及能力的提升等。

二、研究方法

本文采用了深度访谈式的研究方法。为了确保被访对象的多元化，研究采用了目的性抽样，选中 16 位留学生参与访谈。被访者均为中国籍，回国时间在近 5 年内，曾在不同国家完成学业，但在年龄、性别、专业、教育程度、留学时长等统计指标上有所不同。被访者的留学专业从对象国语言、公共管理、国际政治、大众传播到经济学、生物学、化学不等；既有高中、本科、硕士、博士等学历教育，又有交换、联合培养等不直接对应

---

① 张志安、李辉：《海外社交媒体中的公众传播主体、特征及其影响》，《对外传播》2020 年第 5 期，第 7-10 页。
② 俞可、冷云红：《留学生如何讲好中国故事》，《中国教育报》2017 年 7 月 14 日第 6 版。
③ 汤凡渺：《留学生讲好中国故事的科学引领》，《国际公关》2020 年第 1 期，第 8-9 页、第 11 页。

学位证的学习经历；留学院校既包含麻省理工学院、南洋理工大学等全球名校，也包括一些彼时尚未入选 QS 世界大学排名榜的高校；留学时长从 8 个月到 3 年、12 年不等。

访谈以半结构的方式进行，或是线下面访，或是网络通话，每人被访时间维持在 60 分钟左右。访谈有一定的提纲，但更多是访问者秉持着开放化的原则与被访者进行交流。访谈问题从被访者的个人基本留学情况而展开，主要围绕着讲述中国故事这一核心命题。大致分为三个部分：一是讲述中国故事的内容与形式，即向当地民众讲过哪些中国故事、印象深刻的例子有哪些、分别是通过什么方式讲的；二是讲述中国故事的效果与反馈，有哪些中国故事是对象国民众愿意理解和接受的、哪些反之；三是讲述中国故事的影响因素与现实困境，有哪些因素影响着留学生讲述中国故事的态度和行为。他们在讲述过程中遇到了哪些困难，而后如何处理，有哪些又是一时难以化解的。

在征得被访者同意的情况下，访谈进行了全程录音。待访谈结束后，所有录音转换为约 28 万字的文字稿。访谈者对其进行逐一梳理与总结。

表 1　被访者留学基本情况

编号	性别	留学高校	留学国家	留学大洲	访谈时长
A	男	北海道教育大学	日本	亚洲	1 小时 12 分
B	男	釜山大学	韩国	亚洲	1 小时 06 分
C	男	南洋理工大学	新加坡	亚洲	1 小时 05 分
D	女	博特拉大学	马来西亚	亚洲	1 小时 04 分
E	男	马什哈德菲尔多西大学	伊朗	亚洲	1 小时 12 分
F	女	谢菲尔德大学	英国	欧洲	1 小时 16 分
G	女	昂热大学	法国	欧洲	1 小时 36 分
H	女	奥斯纳布吕克大学	德国	欧洲	1 小时 07 分
I	男	胡安·卡洛斯国王大学	西班牙	欧洲	1 小时 16 分
J	女	坦佩雷大学	芬兰	欧洲	1 小时 01 分

编号	性别	留学高校	留学国家	留学大洲	访谈时长
K	男	白俄罗斯国立大学	白俄罗斯	欧洲	1 小时 11 分
L	男	麻省理工学院	美国	美洲	1 小时 14 分
M	女	蒙特利尔大学	加拿大	美洲	1 小时 03 分
N	男	桑给巴尔国立大学	坦桑尼亚	非洲	1 小时 04 分
O	女	达累斯萨拉姆大学	坦桑尼亚	非洲	1 小时 02 分
P	男	墨尔本大学	澳大利亚	大洋洲	1 小时 31 分

三、研究发现

关于海外留学生如何"讲好中国故事"这一命题，主要涉及如下问题：一是讲述者本身，海外留学生该不该、愿不愿、能不能讲好中国故事；二是讲述方式，通过何种媒介来进行传播中国故事更为行之有效；三是讲述内容，哪些中国故事适合对外传播、哪些并不尽然。[①]

（一）讲述者：热情与能力均需再度提升

海外留学生究竟该不该讲好中国故事，其答案似乎不言自明，但也不免会有多元化的声音存在。关于海外留学生讲述中国故事的愿望和能力，整体情况喜忧参半。在留学生中不乏积极的行动者，有人主动参与当地公共事务并借机传播中国传统美德；有人在留学时教授当地民众汉语并讲解这些汉语后蕴含的中华文化知识；有人带上茶叶等中国特有产物赠予当地朋友，以显示出礼尚往来的君子形象，但令人担忧的情形同样存在。在前期招募被访者的过程中，一些留学生对讲述中国故事的兴致不大，也并未和当地民众深度交流中国文化，或者其内心并不重视中国故事的挖掘与传递，谢绝了访问请求。就被访者的反馈情况来看，或因主观条件，或因客观限制，在对外讲述中国故事中或多或少存在一定局限性。

---

① 姜飞：《传播与文化》，中国传媒大学出版社，2011。

其实海外留学生还是跟自己的中国同学玩得多，跟外国人接触少。(F)

调研中得知，海外留学生与外国人交流并不多。他们普遍喜欢和同在当地的本国人一起生活，不常参加当地的公共事务，喜欢与外国人打交道的留学生反而成了"另类"。这一现象背后的成因是多样的，如语言能力有限，尚不足以和当地民众自如交流；部分学生出国深造的目的是为文凭，缺少与当地人交往的动力；中国留学生人口基数庞大，即使不融入当地也不影响他们的基本生活和学习。

那些外国人不是讨厌中国人，而是讨厌中国人整天聚在一起，不跟他们接触。(F)

外国民众对中国留学生"抱团"而非与当地人积极沟通的表现抱有一定程度的反感，即使未明说，但内心多少存在芥蒂。既然中国的海外留学生在国外倾向"抱团"而非融入当地是占有绝大比例的事实，那么这些身在异乡的留学生们在结成一体时是否对祖国始终投以殷切的关注呢？

出国后对国内漠不关心的学生越来越多。(C)

我在国外阅读基本都是英文，有时候看到一个汉字就很突然，有点别扭的感觉，可能是因为已经习惯当地的文化了。(L)

部分海外留学生较少介入外国民众的生活圈层，却也较少关注国内社会的实时动态。这直接导致了外国人并不能通过身边的留学生了解中国。

中国历史在海外留学生的兴趣列表当中排名靠后。通常来讲，中国历史故事是中国故事中不可或缺的组成部分与特色要素，然而被访者及周围学生中的大多数人对中国历史并不十分熟悉，并直言自身没有了解的兴趣，以至于会出现如下中国学生被外国人问倒的情况：

在日本的药妆店，一老太太看我是中国人，特别投入地跟我讲秦始皇，然后问我秦始皇统一的是哪六国？我好像答漏了一两个。她说，原来中国学生也不是很了解哦。（A）

之前我教外国人拼音的时候，自己都要先做一下功课，否则真的会被问倒。声母、韵母这些已经成为你的下意识，但他们一定要知道为什么。这只是一个缩影。对于他们问的一些问题，连我自己也无法作答。（F）

有被访者表示，在留学前会接受出国培训，但课程除了安全保护、心理调适外，更多是当地生活注意事项等国外情况的普及，对于本国的国情教育并未补上。同时也缺少对外讲述中国故事和参与当地文化与公共事务建设的留学生组织与平台。各校的华人留学生联合会更多是对内交流，供留学生彼此认识与熟悉、发布国内就业信息等，不涉及对外传播的职能；归国后对留学生的后续管理重点不包括这方面的内容，比如交给国内高校的留学日志更多是让学生叙述国外见闻。向当地讲中国故事的情况并未纳入考量的关键指标中。

（二）讲述媒介：应线上线下多措并举

海外留学生讲中国故事的第一媒介是面对面的人际传播。一些有所准备的中国学生在讲述时，会采用实体道具从而起到辅助作用。如用中国地图来指明南北区域，用地球仪对比两国的国土面积等；其次是课堂展示。国外高校几乎每学年都会举行相应活动，邀请各国留学生面向大众讲解本国文化，这是讲述中国故事的绝佳时机。但仅在某个特定时间段参与一次课堂活动效果有限，并不能持续展示良好的中国形象。中国学生在日常生活中普遍存在"沉默"现象。

在上课时，特别愿意说话的往往不是中国人。一个人实际上就是一个媒体。（D）

人即媒体。在讲述中国故事时，留学生理应善于"把自己作为方法"。这不仅是指留学生们可在特定情境下发挥特长，用绘声绘色的语言使他人能够理解中国的实际情形，更需注重平时行为，在潜移默化中影响他国民众对本国的认知。至于用社交媒体来进行传播，多数留学生未付诸行动。另外还有多样化的信息发布途径，如可以主动参与当地媒体的节目录制。如韩国 KBS2 台的脱口秀节目《异国佳丽话韩国》、生活体验类节目《留学少女》，每期会请外国留学生为嘉宾，就一个话题集中讨论，或就两国生活的异同现身说法，这是留学生打开外国民众认知中国特有文化的窗口。

讲述中国故事的媒介还有文学与影视剧。通过访谈发现，大多数外国民众中，即便是知识分子，如果不从事专业的中文研究，对于中国文学仍是一知半解。再加上中外语境的差异，对方接受起来很有难度。影视剧由于视听语言的直观、可感与通用，因此相对更受青睐。但影视剧的相关工作者只重视输出当下热播的影视剧，对于经典影视作品的翻译与推介较少。

基于上述现实，便于留学生讲述中国故事的常用媒介以互联网为依据划分为线下和线上维度。线下包括日常聊天、课堂展示、校园活动等。线上则有与当地留学生合拍 Vlog，共同收看电影、一起录制播客音频、在社交媒体上发声等。

（三）讲述内容：故事三层级需逐步深入

在"文化洋葱"理论中，每种文化皆可以分为表面层、中间层和核心层。[①] 其中，表层文化是指客观的文化存在，中层文化是表层文化形成的直接领域，核心层则影响中层文化的价值观念。借鉴于此，提出典型中国故事应具有的三个层级。

---

① ［美］拉里·A. 萨默瓦、理查德·E. 波特：《跨文化传播》，闵惠泉、王纬、徐培喜等译，中国人民大学出版社，2015。

表2　典型中国故事的三个层级

层级	对应物
表层（象征元素）	汉字、熊猫、火锅、武术、春节、茶叶、戏曲、影视、文学等
中心层（社会规范）	美食、明星、历史、体育、财经、物流、电子商务、人工智能等
核心层（价值观念）	家国情怀、集体主义、国学传统、尊老爱幼等

被访者们无一例外地表示，最受外国民众喜爱的中国故事当属中国美食文化。在做饭、共餐等参与式行动中感受异国风情，不自觉间就消解了隔阂与差异。以火锅为例，这种围坐一团、边吃边聊的形式是国外民众的饮食习惯中不曾有的体会，让他们倍感新奇。两国民众共同知晓的名人也是展开话题的契机之一。如歌星梁静茹是中国留学生在马来西亚与当地人的常谈话题。

有学生在国内所学的专业是对象国的语言。在访谈中发现，从人文社科到自然科学，留学生能否就所学的某一领域与对方倾心交谈的关键不只在于自身的专业素质，还要看中国在这一领域的发展水平。如果整个国家在这方面不占有国际领先的话语权，外国民众便很难产生兴趣。

讲述中国故事的瓶颈主要有二个：一是概念化，二是宏大叙事。

现在中国故事还处于偏概念的状态，太概念化了。很少有人去解读它，也很少有人去填充细节。其实它有特别充足的内容，都还没有完全被发掘出来。（D）

中国的文化太过于神圣，以至于别人接受它时，都只能仰望。你站在一个高的角度去填鸭式地灌输思想，个人认为，这是对别人不尊重。看看日本的文化传播战略，他们可能在电子游戏中就很轻松地散播出去了。（K）

需要注意的是，不同国家民众所感兴趣的中国故事的程度、类型不尽相同。据被访者反馈，在10个日本人中，或许有半数对中国故事感兴趣，希望通过留学生的讲述来印证课本所学或增添新知；在10个芬兰人中可能只有1个人有了解中国的欲望。非洲国家的学生与民众可能对中国的贸易和留学故事更感兴趣；新加坡的年轻人好奇于中国的电子科技如何运作；享受节假日颇多的西班牙人更希望中国的留学生能带着规划在中国的旅游路线。由于不同的外交关系、经济实力和文化发展程度，不同国家对于中国故事的具体排序和评价有所区别，这也印证了对外传播工作中采取"一国一策""一群一策"的可行性。

在多方因素的交叠下，想在外国民众心中构筑中国好形象绝非易事，但解构中国形象却很轻松。在讲好中国故事中，中国客观存在的现实问题也是需要面对的。当外国民众主动发问负面情况时，留学生当如何应对呢？假使海外留学生向外国民众所讲述的中国是天然的、完美无缺的形象，那么对方未必全信。自认为对中国故事起到了正向作用的讲述，或许最终效果只会适得其反。

疫情期间来华留学生线上学习体验调查[*]

钟 新 蒋贤成 李心蕊 姚欣可^{**}

青年是世界的未来，是各国公共外交赢取人心的重要目标人群。在教育日益国际化的今天，青年成为国际教育市场争相吸引的对象，招收国外留学生成为一个国家教育国际化水平及其国家吸引力的重要标志。据中国教育在线 2020 年 7 月 7 日发布的 "2020 年高招调查报告"，近 20 年来，我国来华留学生数量稳步增长。2018 年，全国 31 个省（自治区、直辖市）的 1004 所高校共接收了来自 196 个国家和地区的 492185 名外国留学人员，我国已成为世界第三、亚洲第一留学目的地国。①

2020 年 1 月，新冠肺炎疫情爆发。很多留学生因寒假离开中国回到自己国家，并从春季学期开始在线学习。疫情之下，难以返华参加线下学习的外国留学生们只能继续通过网络参加远程学习。他们上网课的体验如何？面临什么问题？有什么期待？在只能远程教育的情况下，学校如何借助互联网回应留学生的关切、期待，帮助留学生提升归属感、获得感？本研究通过对来华留学生的深度访谈和研究者参与网络教学的观察探寻这些

---

* 特别鸣谢：乐巍旸、郑嘉珊、赵明君、郑永琪、江南同学参与了对留学生的深度访谈，为本研究做出重要贡献。

** 钟新：中国人民大学新闻学院教授、新闻与社会发展研究中心研究员；蒋贤成：中国人民大学新闻学院博士研究生；李心蕊、姚欣可：中国人民大学新闻学院本科生。

① 高招报告：《出国留学增速明显放缓，来华留学生人数稳定增长》，中国教育在线网站，https://www.eol.cn/news/yaowen/202007/t20200707_ 1736965.shtml，2020 年 7 月 7 日。

问题的答案。

2021 年 4 月至 6 月，中国人民大学新闻学院 7 名学习《公共外交与对外传播》课程的本科生以公共外交实践和研究为目的，先后对 12 个国家的 23 名来华留学生通过腾讯会议、Zoom、微信等方式进行了一对一深度访谈（见表 1），每人访谈时间为 40~60 分钟。受访者主要为年龄在 20 岁左右的人文社科类本科生，另有部分 30 岁左右的来华学习语言的学生。受访者男女比例为 10∶13，较为均衡。受访者在华学习时间较长，很多学生在华学习时长超过 10 年，目前半数受访者在自己国家参加远程学习。这些访谈在一定程度上可以反映这些留学生的学习状况和心理状态。

表 1 受访留学生基本情况

序号	性别	年龄	专业	年级	国籍	在华学习时长	所处位置（中国/本国）
1	男	23	外交学	2016 级本科	日本	11 年	本国
2	女	20	国际政治	2019 级本科	韩国	7 年	本国
3	女	21	工商管理类	2019 级本科	俄罗斯	10 年	本国
4	男	21	日语	2019 级本科	阿根廷	13 年	中国
5	男	20	俄语	2019 级本科	韩国	7 年	本国
6	女	21	新闻传播学	2019 级本科	马来西亚	2 年（华裔）	本国
7	女	21	新闻传播学	2019 级本科	韩国	14 年	中国
8	女	20	新闻传播学	2019 级本科	泰国	4 年	本国
9	女	22	新闻传播学	2020 级硕士	俄罗斯	1 年	本国
10	女	23	新闻传播学	2017 级本科	韩国	10 年	本国
11	女	22	新闻传播学	2017 级本科	韩国	10 年	本国
12	女	20	新闻传播学	2019 级本科	日本	14 年	中国
13	女	20	新闻传播学	2019 级本科	阿根廷	14 年（华裔）	中国
14	男	21	新闻传播学	2018 级本科	厄瓜多尔	18 年	中国
15	女	22	新闻传播学	2018 级本科	意大利	22 年（华裔）	中国

续表

序号	性别	年龄	专业	年级	国籍	在华学习时长	所处位置（中国/本国）
16	男	21	哲学	2019 级本科	马来西亚	2 年（华裔）	本国
17	男	23	日语	2019 级本科	韩国	16 年	本国
18	女	21	英语	2019 级本科	韩国	10 年（华裔）	本国
19	男	27	汉语学习	2020 级	尼日利亚	2 年	中国
20	男	30	汉语学习	2020 级	尼日利亚	2 年	中国
21	男	36	汉语学习	2020 级	也门	2 年	中国
22	男	未知	汉语学习	2019 级	吉布提	6 年	中国
23	女	23	汉语学习	2019 级	津巴布韦	2 年	中国

一、来华学习动因及对未来的期待

大多数攻读本科学位的受访留学生在华学习时间比较长，很多从小学或初中就开始在中国学习，在中国接受教育、熟悉中国环境、熟练掌握汉语、未来从事与中国有关的工作是他们基本的人生规划。来华学习的动因大致有以下几类：

（一）抓住中国机遇是主要动因

11 号受访者说："十年前，我觉得中国的发展前景乐观，学汉语对我的未来有好处。"2 号受访者也表达了类似观点："我是 2013 年来到的中国，当时我妈说以后中国会更强大的，去中国学中文肯定对我有好处。"韩国留学生在来华留学生中占比较大，这与韩国父母看好中国、希望孩子的未来得益于中国发展不无关系。

（二）学习中国经验

发展中国家学生希望从中国经济发展奇迹中学习"中国经验"。20 号受访者说："父亲对我说'你应该到中国去'。我学商务管理，有太多需要学习的，需要探索为什么中国经济发展得这么快、中国人怎么管理工厂等。我父亲说服了我。"

（三）中国学费有优势

12 号受访者说："我从小学一年级开始在中国念书。日本大部分学校是私立学校，学费比中国贵很多，导致很多日本大学生需要贷款来上大学，或者兼职、休学赚学费。中国大学学费和生活费比我在日本读私立大学便宜很多。"

（四）认可中国教育质量

13 号受访者说："我父母不是很满意阿根廷的教育环境和水平；我妈妈这边的家人都在中国，来这里上学相对比较方便。"

（五）美好的中国交流经历吸引学生重回中国攻读学位

8 号受访者说："高中阶段，我在四川交换一年，学语言学文化，特别开心，也没有压力。回泰国后，我就非常想再回来一次。但是这一次我想来北方，想在北京待很久。我拿到了中国政府奖学金。"

（六）父母在中国工作

一些留学生是因为父母在中国工作，所以才在中国上学。7 号受访者说，自己在中国上学是因为父亲在中国工作。

大多数受访者表示将来想留在中国工作。在中国长大、熟悉中国也是他们选择将来留在中国工作的重要原因。13 号受访者说："父母在阿根廷工作，我 6 岁到中国，爷爷奶奶带我长大，比起阿根廷，我对中国更熟悉一点。中国等于我的家乡，我更愿意在中国待一辈子。"12 号受访者说："未来我可能会留在中国。在中国待很久了，我可能也算半个中国人。我已经熟悉中国的生活模式了。可能我回到日本或者去别的地方会有点不适应。我很可能会留在中国读研或者工作。"5 号受访者表示："如果以后有机会来中国工作，我一定回来。"7 号受访者说："很喜欢中国，很想在中国工作。我从小在这里长大，对这里很亲切，生活环境给了我一种很舒适的感觉。"

新冠肺炎疫情让难以返回中国校园的留学生为失去的校园生活体验深感遗憾，有些人希望再继续攻读研究生以弥补缺失的校园生活。16 号受访者说："我偏向多读两年研究生。本科四年中，可能有两年的时间都在家里面，没有很好地体验大学的学习生活。如可以申请研究生奖学金，我可能会继续读研究生。"

只能参加线上学习的部分学生感觉线上学习收获有限，担心自己掌握的专业知识和技能难以应对求职竞争，对未来有所忧虑。几乎所有受访者都表示愿意在新冠疫情结束后带朋友、家人来中国旅行。

二、感知中国的渠道及中国印象

来华留学期间接触的人、事以及环境是留学生亲身感知中国的最主要渠道。在被问及"在中国留学期间，你主要通过什么方式了解中国"时，11号受访者说："就读的环境，在学校接触过的人和在中国经历过的所有事情。"9号受访者认为，与中国教师和商店店员们的交流最有利于加深对中国的印象。这是因为他们分别代表了高知群体和普通中国人。在被问及"你觉得在中国的学习生活中，课程、人际交往、语言学习、文化交流等各个方面的哪部分最重要？新冠肺炎疫情对这些方面有哪些影响"时，7号受访者认为，人际交往和语言学习最重要，文化交流很难在只言片语中实现。通过一段时间建立深厚的关系很重要。但新冠肺炎疫情后，留学生很难有机会融入中国本土社群并建立关系。在受访者中，不少学生认为人际交往对语言学习很重要，也有不少人表示课程最重要，因为来中国主要是为了学习专业知识。人际交流除了有利于感知中国、学习语言外，也是留学生们收获友谊的重要渠道。在被问及"在华留学期间的主要收获"时，多名学生提及"友谊""朋友"。1号受访者表示，感受到了很多对中国的新印象，更重要的是交到了很多讲义气的朋友。

在与同学交往方面，大部分受访留学生认为，小学、中学阶段天天跟中国同学在一起，得到了中国同学很多帮助，经常与他们共度周末时光，有很多难忘的回忆；但上大学后发现很少有跟中国同学交流的机会，很难融入中国同学的圈子，主要在留学生圈子里玩。13号受访者表示"平时我就跟留学生玩"。5号受访者表示："我对中学时的印象很深，中学教师和同学都非常好，也给了我很大帮助。比如学习方面、生活方面，现在我和有的同学和教师还保持着联系。"留学生对中学和大学与中国同学交流机会差异的认知与中学和大学的教学组织模式有很大关系：中学阶段的课程固定、同学和教师较为固定，在同一空间教学的机会多；而大学的教室、同学、教师都不固定，完成小组作业可能是与同学交流最多的机会。但一门课结束后，作业小组随之解散。据研究者观察，留学生与中国学生宿舍普遍不在一处，其中很多留学生不在校园里居住。这让留学生与中国学生在"生活空间"的交往机会大为减少。此外，圈子认同感、思维方式、行为方式的差异也可能是中外学生交流不充分的影响因素。不过，也有受访者认为，与中国学生交往没有什么困难。"同学们对我非常好，最初我来这个班的时候，同学们主动来跟我搭话，我很感谢他们。"

大方、慷慨、勤奋、上进、友善是来华留学生们对中国人的深刻印象。2号受访者说："感觉（中国人）很大方，我读高中时有一阵特穷，然后我的中国同学就请我吃饭。有上课听不懂的地方，我同桌就给我仔细讲。"13号受访者表示："我身边的中国人都比较上进、友善，对生活感到比较有压力。在阿根廷的朋友就比较佛系。"19号受访者说："老师就像父母，我28岁了，老师还把我当作5岁的孩子，帮助我们在新冠肺炎疫情期间在异国他乡可以更好地学习和生活。"9号受访者表示，在与同学的接触中，她发现中国人一直很努力，很有工作热情。她从中发现了中国与俄罗斯的一些相似之处。12号受访者认为，身边的中国学生很努力学习，有很多自己的想法和目标。13号受访者说："我会这样向阿根廷亲友们介绍中国：在生活上意想不到的方便和先进。大家都很友善。在政治层面也很大度开明。中印边境发生了冲突，但在印度疫情期间，中国还向印度捐献物资了。我只能说中国的对外援助太大度了，真正做到了地球村是一家人！"

留学生们一致肯定中国抗击新冠肺炎疫情的方法和成效。5号受访者说："中国对内的封城防控措施很有效、很安全。"13号受访者认为，现在中国的新冠肺炎疫情控制得这么好和封城有很大关系，做得非常明智。12号受访者比较了中日抗疫政策：任何政策都有好的一面和不好的一面。虽然一些西方人可能不理解中国的管理方式，但这种管理模式在疫情中有优势，很好地控制了疫情；日本的管理模式看上去尊重个人自由权利，但在疫情里根本保护不了大众。对于外防输入的严格管控措施，受访留学生一致表达了"有带来不便，但是应该管控"的意见。17 号受访者说："虽然有不便，但也无所谓。总不能因为不方便，就让 14 亿人民处于危险吧?"18 号受访者认为："疫情防控措施为我们带来不便，但是控制疫情才是关键。"16 号受访者认为："中国抗疫肯定是世界第一。"19 号受访者说："我在中国感到100%的安全。"

综上，来华留学生对留学时代记忆的中国和相处多年的中国人有较强的亲近感、认同感，并能较为理性地看待中国的治理模式，这在一定程度上可以证明国际教育对提升国家形象的积极价值。

三、因疫情在线学习的感受体验

2020 年初新冠肺炎疫情爆发后，国内大部分高校在春季学期对所有学生采取网上教学的模式，而秋季学期以及 2021 年春季学期对在国内的返校学生开展线下教学、在国外不能返校的学生开展线上教学，即线上线下混合教学模式。从具体操作来看，所有教室都配备摄像头等设施，安装了腾讯会议等教学软件，教师在面向教室里的学生授课时，线上的学生也可以同步听课。

这种模式兼顾了线上线下两类人群，扩展了教学空间，增强了教学的灵活性，为不在中国的留学生和处于隔离期等面临特殊情况的国内学生提供了便利。从人数来看，恢复线下教学的课堂以教室内学生为主、线上学生为辅，有的课堂只有一两名线上学生，而有的课堂没有线上学生。从教学组织来看，有的学校为留学生特设部分课程，其余为对中外学生开放的常规课程。同时，大多数学校让没有返校的留学生参加常规课程，没有专门为留学生特设课堂。实际上，在留学生规模不够大的情况下，很难为不能返校的留学生专门开设所有课程。从教学效果来看，线下教学模式最好，线上教学模式次之，线上线下混合教学模式需要提升的空间较大。身在本国的受访留学生大多认为，2020 年春季学期全体学生都在线学习的时候，教师专注于所有在线学生，学习体验较好；而在线上线下混合教学模式的课堂上，教师主要的注意力在教室内的学生，经常难以顾及线上学生的收看收听效果。

作为教师的研究者在 2021 年春季学期亲身实践混合教学模式时不断提醒自己关注线上听课体验，注意讲课位置、话筒的使用，让教室内学生到镜头前发言并使用话筒，方便在线学生听清看清，但也发生过无意中"忘记"线上学生或没有及时关注到线上反馈、提问的情况。

受访留学生半数身在中国，可以参加线下教学，半数身在外国，只能参加线上教学。而表达"混合模式教学体验不佳"的基本是在本国参加线上教学的留学生。从受访留学生反馈来看，影响线上线下混合模式教学效果的因素较为多元，具体如下：

（一）网络稳定性与信号传输质量问题

基于互联网的传播首先受到传受双方网络设施的影响，这在跨国网络传播中体现得更为明显。参加线上教学的受访留学生大多经历过卡顿、掉线、电声噪声、视频不清晰等问题。16 号受访者说："有很多设备上的问题和故障。"

（二）一些线下授课方式不适合线上学习

用于线上教学的电脑、摄像头一般固定在讲台上，无法收入教师在镜头外的图像，声音难以清晰传输给远端的线上学生。无法收入和传输镜头外发言学生的声音图像。教师黑板上的板书难以依靠摄像头清晰拍摄。不适合线上传播的授课方式让学生线上听课断断续续，影响信息的获取和听课体验。8 号受访者说："有的老师喜欢走来走去地讲，我们在线上听课，完全听不清。"

三、同学线上听课注意力难以集中

在混合模式教学中，由于摄像头的摄取范围有限，线上学生对教室教学现场的感知度较低，经常遇到看不清、听不清、教师注意力难以顾及、线上参与教学环节少等情况。独自在家面对电脑屏幕或手机屏幕，注意力不集中在所难免。18 号受访者说："网课效率很低，尤其对中文不好的留学生来讲。老师对线上的学生关注不够。自控能力较弱的学生听课效果不好。"16 号受访者说："线下教学好，可以感受到教学的感染力。与人沟通除了语音之外，肢体语言也是很重要的部分。有的线上课没有开摄像头，即使开也是 2D 画面，不能感受 3D 的在场感。线上参与度变低，或者几乎没有参与感。身边没人和你在一起，没有学习氛围。"2 号受访者说："如果老师只给我们上网课的话还行，但如果老师同时给两边上课的话，注意力一般集中在线下的学生。老师不能及时看我们的留言，和老师交流有点慢。"

受访留学生感到与教师同学联系较少，有校园生活缺失的遗憾。9 号受访者表示："没有和同学联系的机会，不能去图书馆，没有机会做实验。"7 号受访者认为人际交往对留学生活和汉语学习很重要，"因为一直没法儿回学校，所以汉语水平会退步，毕竟周围人都不用中文。"2 号受访者表示："只在校园里上了大一上学期，很想看看学校春天和夏天的样子，想和中国同学交流。"19 号受访者说："更愿意线下上课，因为线下可以有更多社交活动；线上有点枯燥，一直盯着屏幕，一直待在一个地方容易犯懒。"10 号受访者说："有个老师专门为线上上课的学生拉了个群，和同学们交流比较多。"一直上网课的受访者们认为，班主任、负责留学生的教务教师、任课教师及助教都不同程度地跟他们有所联系，了解情况、回答咨询等。硕士生说师门有线上交流会，但总体而言，自己跟学校联系的紧密度远不如新冠肺炎疫情之前。同时，有不少参加线下学习的留学生认为跟学校的紧密度较强。4 号受访者说："学校举办各种活动，各种安全保护措施也很好。"

综上所述，难以返华、只能参与线上学习的受访留学生面临的困难较大，期待更高质量的线上线下混合教学模式，期待与教师和同学更多交流互动，期待回归校园生活。

四、发挥网络多重功能　提升国际教育效能

对中国的国际教育事业而言，抗疫的一大挑战是如何做到"隔离不隔爱"。需要思考如何更有效地发挥互联网平台的多重功能，为难以返华参加线下学习的留学生优化网络学习环境、网络社交环境，帮助他们提升学习获得感、增强对所在学校的归属感、降低对学业和前途的焦虑感，以赋能世界青年就是赋能中国、赋能世界的理念增强教育外交效能。基于对 12 个国家的 23 名来华留学生的访谈和研究者亲身参与教学的体验，本研究提出如下建议：

（一）发挥网络倾听功能，深入了解、实时关注留学生的关切

公共外交始于倾听。真诚的倾听不仅是态度的表达，更是行动的前提。相关政府部门、大学可通过多种渠道倾听留学生尤其受疫情影响难以返华的留学生们的心声，了解他们的关切。院级、校级、市级、省级乃至全国来华留学生问卷调查有助于系统性倾听；学校、学院强化留学生工作，组织线上座谈会，真诚倾听留学生们诉说他们的学习、生活、心态、期待等。座谈会最好有相关领导、相关教师、相关教辅人员参加，以加深对留学生状况的理解；制定相关政策、机制，鼓励任课教师、导师、班主任、教辅人员、助教、班干部等更加主动地与留学生进行沟通，以一对一、一对多的方式，通过微信等社交平台开展对话交流，让留学生更充分地感知来自各方面的关注、关心、关怀，了解留学生关切，同时表达各方解决问题的意愿和努力，促进留学生对难以克服的某些问题的理解；来华留学生在微信朋友圈等社交媒体上的发言、"吐槽"记录了他们的状态，也是倾听留学生的重要渠道。

（二）优化网络教学功能，切实提高网络教学质量，提升留学生线上学习体验

网络传输能力是网课质量的硬件保障。各校有必要复检公共教学空间的网课设施，投入人力物力进行必要的修缮、优化、提质、提速，创造更优质的网络教学环境；同时，鼓励留学生尽可能改善其家庭网络环境或到

网络环境较好的场所参与网课。

优化留学生课程组织模式。一般而言，留学生与中国学生一同选课，也有为留学生特设的课程。前者的优势在于留学生可以获得更多跟中国同学交流的机会，而后者的优势在于留学生可以获得更多关注、更多与教师交流的机会。在留学生所在国家与中国时差较大、留学生选课人数满足最低选课人数规定的情况下，学校可以动员教师专门为不能返校的留学生开课。

加强教师线上教学、混合模式教学经验交流。在网络条件足够好的情况下，教师授课时，线上学生一般是可以听清、看清教学内容的。选择线上线下混合模式授课的教师需要以"一个都不能少"的责任感切实做到兼顾两个空间的学生，在课前、课中、课后给予线上学生更多关注和关照，切忌令线上学生感到自己被忽视。课前，教师可为线上学生准备更多学习材料，因为他们身在自己国家，获取学习资料的方便程度远低于校内学生；课中，教师适当改变走着讲、站着讲的习惯，以确保线上学生能听清、看清；在课堂讨论环节，教师可以把镜头转向教室学生或让发言学生到电脑前来讲，保证线上学生能够听清、看清，并多给予线上学生发言机会，让线上学生更充分地感知教学过程，增强参与感和课堂归属感，并最终提升获得感；课后，教师可以有意识地增加与留学生的交流，在课堂微信群或单独为在线学生建的群里倾听学生的反馈、需求，并尽量做到及时回应，充分拉近远在世界各个角落的留学生与学校、与中国的心理距离。为了促进在线学生与校内学生的互动，教师可以鼓励甚至要求由线下学习的学生和线上学习的学生共同组成作业小组。学院、学校层面可以组织主题交流会，鼓励线上教学、混合模式教学经验丰富的教师分享教学经验。

加强对助教的培训，充分发挥助教作用。设置助教是新冠肺炎疫情下保障教学质量的重要举措。有了助教的协助，教师可以实现兼顾线上线下两个空间。课前、课后，助教可以协助教师发放学习资料、督促学生到课、了解学生需求、测试设备等；课中，助教有责任对在线学生的连线情况保持关注，及时向授课教师反馈连线情况、屏幕共享情况、在线学生接收教师讲课信息的状况。助教还可以整理在线学生提出的疑问并适时反馈给教师，协助教师组织在线学生参与课堂讨论等。由于助教在教师授课过程中不便打断教师，这就需要教师与助教之间要建立合理的沟通机制，紧急的事在课堂上及时沟通，不紧急的事在课后沟通。助教除完成教师指派的任务外，还应主动联系在线学习的留学生，对其予以情感支持，提供必要的帮助，发现问题后及时汇报，并协助教师解决问题。

（三）发挥网络社交功能，促进多元主体与留学生的互动，增进留学生与学校关系的紧密度

留学生与留学目的地国家的关系可以从很多角度进行描述，例如"我在这个国家接受了教育、获得了学位""我在这个国家长大成人成才""我在这个国家留下太多美好的记忆""我在这个国家有尊敬的老师、喜欢的小伙伴"等。如果难以返华留学生本科四年的大部分时间只能在自己的国家远程在线学习，无法与校内师生有课堂外的互动，那么他们的留学生活将会缺少很多颜色和记忆，甚至可能留下终身遗憾。在访谈中，7 号受访者说："感觉自己的大学生活太不值了。"在新冠肺炎疫情阻隔难以返华的现实环境下，学校需要动员师生和相关机构创造性地以多种形式与留学生进行互动，丰富留学生的课余生活，努力实现"人不在一起，但心在一起"的互动效果。

在课堂外，留学生可以经常互动的对象是班主任以及班级同学、导师以及师门同学。这两个群体与留学生距离最近。要强化本科生导师制度，即每个学生都有可以随时接触的导师。导师通常要带硕士或博士生，这为本科学生与硕博生交流创造了机会。导师主导的师门学术活动、研究项目可邀请本科留学生参加，鼓励他们做出力所能及的贡献。传递师门活动可以包括给身在远方的留学生过生日、师生共同庆祝两国的重要节日、请留学生分享自己国家的传统节日文化等。这样温暖的活动有助于双方产生共情。班主任要有意识地关注班级的留学生，班级活动设计尽可能考虑到留学生的线上参与方式，让留学生真切感觉到自己是班级的一员，增强班级归属感。

学院或学校的活动也需要更多留学生的身影，可为难以返华的留学生设计一些活动，给予他们展示才艺的机会。18号受访者在采访中提及所在学校每年举办"北京之夜"的晚会，让留学生在舞台上展现各个国家的艺术风采。2020年，很多留学生不在国内，于是教师就让在境外的学生录视频，然后把收集来的视频做成合集播放。这样的晚会也是线上线下结合的模式，较好地调动了不能返校学生的参与积极性。

各校的留学生办公室一般是最熟悉留学生的管理部门。如何优化这个部门对留学生的服务、与留学生的互动也是值得探讨的问题。除了上传下达的留学生相关政策信息服务、为留学生办理相关手续等常规工作外，留学生办公室借助与留学生畅通的沟通渠道，可以与相关方面合作组织一些线上座谈会、线上春晚、抗疫图片及视频征集等活动，让留学生在留学生办公室的传播平台上发出更多声音，增强他们在留学生相关平台的主角感，还可以让留学生参与活动设计，举办一些他们觉得有意思、有意义的活动。

五、结论与思考

近年来，随着中国的综合实力不断提升，中国教育对世界的吸引力也在逐步增强，直接体现在来华留学生数量持续增多、来源分布日益广泛。如何满足来华留学生的期待、提升国际教育效能、实现教育外交目标？这是需要教育界及相关领域研究的课题。新冠肺炎疫情严重影响着需要人员流动的国际教育。国际教育能否像奥林匹克新格言"更快、更高、更强、更团结"所倡导的那样，以对世界的最大善意帮助来自世界各地的留学生缓解疫情不确定性带来的焦虑，以最强的专业团队持续为留学生"更快、更高、更强"地成长提供学习平台，持续在"更团结"的感召下，发挥教育沟通心灵、增进互信互爱、促进民心相通的功能？在师生不能同时在场的情况下，传播技术可以多大程度助力国际教育实现不同场景的连接与互动？在传播技术助力下的国际教育主体，在多空间教学语境下，面临怎样的挑战、需要怎样的适应与能力提升？

本研究发现，留学生在线下教室空间的沉浸式学习是获得专业知识、收获交流伙伴的最佳模式，而留学生在中国对人、事、环境的沉浸式体验是其认知中国的主要渠道；在新冠肺炎疫情下，大批留学生不能返回中国参加线下学习，给教学双方都带来了极大挑战，而网络会议等新型传播技术为教学恢复准常态提供了机会，使线上教学模式、线上线下混合教学模式成为国际教育新常态；国际教育借助传播技术重新连接彼此隔离的世界各地学生，却仍然面临技术水平的地区差异、传受双方的设施质量差异、传受双方的技术应用能力、教师长期养成的授课风格、学生长期养成的听课模式、网络空间的课外互动经验缺位等诸多因素的挑战。

本研究认为，国际教育对连接的刚性需求以及教育的柔性力量使其仍然是开展公共外交、团结世界的重要渠道，值得高度重视和珍惜；在线上教学模式、线上线下混合教学模式的国际教育模式新常态下，高度融合线上线下两个空间、为线上学生创造全息教学空间、提升线上学生的参与度、增强课堂对线上学生的黏性，并最终提升线上学生的获得感，是提升国际教育效能的必然选择；同时，以愉悦身心、促进沟通、增进中外师生感情、增强留学生与学校多维关系建构为目的的网络空间课外互动需要多方合力创新。新的传播技术使远程在线教育成为可能，但万变不离其宗的教育新模式最需要的仍然是回归教育的本质。无论何时何地都不能忽略教学双方的互动共享与心灵对话。教师和学生都应秉持这样的理念，利用好网络平台的多重功能，让网络平台成为教育的得力助手而非阻碍。

新冠肺炎疫情期间的线上教育引发的思考包括：第一，教学双方都可以更深刻理解教育的本质。教师要更有意识地顾及所有学生的学习需求，而学生则需更主动地参与表达和交流。教学双方都可彼此感受到对方的真诚；第二，新冠肺炎疫情期间，线上教育积累的技术、设施、环境、制度、人才在逐步完善后，将为中国未来发展更大规模的留学生远程在线教育奠定基础。

境外大学对外传播力提升策略探析

汪洋海容[*]

在高等教育逐步迈向全球化的背景下，一流大学要实现"走出去"，就需要提升自身传播力。要从顶层设计开始，不断增强学校自身竞争力，学会运用多种传播手段塑造形象、扩大影响。一流大学要把对外传播力当作评判自身办学水平的一项重要指标，在一定程度上实现传播实效反推大学办学水平提升的效果。

当前，一些知名境外大学在提升对外传播力上形成了比较完整的策略举措。从方式和手段上看，提升传播力已成为大学发展战略。更准确地说，对外传播力是大学国际化战略中一项重要内容，得到学校层面的制度扶持和机构保障，并在学校师资队伍建设、国际人才培养、科研服务重大工程项目的实践中得到体现。从传播媒介上看，在新媒体快速发展的今天，越来越多的大学借助自媒体平台主动发声。除了国内常见的外文网站和"两微一端"，不少大学也开始涉足推特、脸书等国际网络社交平台，利用传播活跃、受众面广的媒介进行海外传播。从总体上看，提升大学对外传播力是一个"内化于心、外化于行"的过程。这不仅要求增强竞争力，也要求大学学会运用多种传播媒介开展富有实效的对外传播活动。

---

[*] 汪洋海容：北京建筑大学党委宣传部干部。

一、境外大学做法

从搜集到的资料来看，单纯针对大学对外传播力的研究内容相对较少。本文希望能够通过分析研究国外大学的国际化发展策略，找寻其中有关大学提升对外传播力的内容进行梳理，并总结相关举措。

（一）完善顶层设计，做好理念更新、制度保障和平台建设

大学传播力的提升需要一个漫长的过程，在其中需要分为若干个阶段逐步推进完成。一般来讲，按照事物发展规律，大学传播力提升可以分为初期阶段、发展阶段、成熟阶段，每一阶段面临的外部环境和自身条件不同，各有各的实施目标和具体方法。为了统筹这个复杂的过程，很多大学都首先从转变理念、完善制度入手，做了长远的、详细的规划。

美国哈佛大学的影响力发展历程大致经历了五个时期："哈佛学院创立时期、哈佛学院向哈佛大学过渡时期、哈佛大学奠定现代研究性大学地位时期、哈佛大学跻身世界一流大学时期、哈佛大学牢固确立世界一流大学地位时期"。[①] 但哈佛大学所经历的这五个发展时期也可主要概括为大学影响力提升策略的初期阶段、发展阶段、成熟阶段。

初期阶段，哈佛大学经历了由学院向大学转变的过渡期。学校着力集聚优秀的师资、管理团队，吸引各种社会资源的支持，建设办学必备的的物质环境和人文环境，对学校进行能级定位。到了"19世纪上半叶，哈佛大学的影响已超出马萨诸塞州之外，在美国中部和南部都有了较大的影响"。[②] 尔后，哈佛大学重视自然科学发展，确立了在自然科学领域的学科影响力；率先实施自由选课制度；创办研究生院；重金聘请优秀教师和科研人才，广泛吸收留学生等众多事关学校学科建设、师资队伍建设和人才培养的举措，这不仅让哈佛实现了向现代研究型大学的转型，增强了自身实力，而且成为美国乃至全球大学纷纷效仿的对象。

---

① 王保星：《美国高等教育发展历程》，《中国新闻出版报》2001年10月10日，第3版。
② 伍方斋：《感受哈佛》，北京出版社，2002。

发展阶段，哈佛大学定位清晰，巩固学术研究性大学的基础，保持美国大学的领袖地位，而且跻身世界大学领先行列，成为举世公认的世界一流大学。学校着力增强自身办学实力，为逐步扩大影响力和传播力打下基础。具体表现在以下方面：以培养具有公民素质和社会责任感、掌握均衡且全面的知识结构的学生为目标，全面推行普通教育计划和集中与分配相结合的课程制度；营造不同阅历、不同文化和专业背景的学生学习交流的场所；减少行政干预，成立专职机构负责招募高水平人才，并辅以各种激励政策鼓励开展科学研究等。相关举措的推行与这一时期哈佛大学在国际上的影响力辐射范围逐步增大是相辅相成的。

成熟阶段，哈佛大学采取的影响力提升策略侧重筹措办学资金、汇集多元化优秀生源、改革通识教育课程、增强学生社会服务能力、提高管理效能五个方面。其中的每一条举措都与"外部"保持密切联系，例如，吸纳海外资金、扩大海外留学生招收数量、提供海外志愿服务实践等，都将哈佛的"金字招牌"带到世界的每个角落。

澳大利亚莫纳什大学对国际化战略做出更为详细的规划。学校于2006年制订并实施了《国际化计划：2007—2010》，该计划以"国际参与"为核心，通过营造国际文化氛围，提高毕业生的国际就业率，吸引高素质、多样化的留学生。该计划有三大核心目标，各目标涵盖具体实施策略及可测量的预期结果。一是加强与社区、国际合作伙伴的联系，学校重视与全球研究型大学的深度合作，提升学校国际社会参与度，加强与政府、跨国公司、多边机构等的合作交流；二是完善机构设置，设置专门管理机构，密切与海外分校和国际合作伙伴的联系，建立高层次研究联盟，提高国际化水平和集资能力；三是营造国际文化氛围，增加师生国际化学习经验，学校注重在师生群体中推广国际流动，增强师生跨文化交流能力。《聚焦莫纳什》计划以2015—2020年为时间期限，着力以发现、追求、尊重、开放、服务的理念打造一所卓越的、高度国际化的创新型大学。内容重点突出要构建国际化研究网络体系，建立跨国大学联盟，利用校友资源拓展深化国际战略合作，鼓励学生到不同国家、政府、企业等开展交流参与项目。《莫纳什大学：第二个十年计划》是学校制定的 2020 年发展目标，其中更加注重学校的国际合作与竞争力，意图通过与世界大学建立国际联盟，吸引人才汇聚，并参与到具有广泛世界影响力的研究领域，解决面临的现实问题与挑战。

欧洲国家也有类似做法，欧盟成员国间便利的人员流动政策更有利于大学的海外传播。

总而言之，增强大学对外传播力需要一个发展过程，需要从顶层设计角度入手进行长远规划。大学对外传播力往往作为学校国际化战略的一部分，更多地与境外交流行为挂钩，在具体的活动中得到展示。

（二）综合提升学校办学水平，为对外传播力提供坚实基础

传播是信息流动的过程。传播包含两个要素：信息（传播的材料）、流动。大学提升对外传播力离不开具体的项目和举措作为依托，无论是校方主动与境外各方建立联系、积极合作，还是人员流动带来的学校信息在境外的延伸，都成为这种以活动为媒介的参与式传播最基础的要素，因为传播最本质的内容仍是学校以人才培养、科学研究等为代表的办学水平的传播。

最终，学校的运转要落脚到人才培养上，大学国际化战略也是以提升办学水平为根本目标。围绕对外传播力的提升，国外大学在相关方面采取的举措也有相似之处。

第一，大学对外传播力的提升策略遵循以人为本的原则。

通过在全球范围内招募有志之士，充实高素质教师和科研人员队伍，打造业内和社会上富有影响力的专家学者团队。法国的高等教育国际化战略凭借本国便捷的签证政策，搭建起人才往来的平台。法国持续推进国际流动，变革学生服务与教学方式，积极开设英语课程，提升多年居住证服务等，革新已有教学方法，共同组建教学团队并设立共同培养文凭。目前，在满足联合国 2030 年可持续发展目标的情况下，法国高等教育与研究以"流动"为核心目标，并将目标转化为如参考绿色计划管理、学校自觉评价、尝试生态校园等多种行动方式。在高等教育发展战略框架下，逐步

推动学校整合经济、社会与环境三个可持续发展要素，并在教学、科研、管理等功能上进行逐步转变。美国哈佛大学实行大学校长遴选制，由"校长遴选委员会"通过媒体面向世界公众公布参加选拔校长的候选人需具备的条件、参加报名的截止日期、进行筛选的衡量标准，邀请世界各地各类公众通过信函推荐候选人。随后，遴选委员会与校内外关键公众通过座谈、讨论等方式，从众多被举荐人当中精选出数量较少的校长任命提名人选。通过比较分析，与校内外关键公众进行正式或非正式沟通，广泛听取各方意见，把校长候选人缩小到两人。最后，通过考察两位候选人的学术和管理能力，以及是否有哈佛学习或工作经历等来最终确定校长的最佳人员。

第二，进一步拓展对外合作形式，凸显大学服务社会功能。

大学肩负着为社会发展提供智力支持的责任。传统意义上的对外传播多是校际间的交流往来，如今很多大学在科研、教学合作的基础上不断拓展范围，以专业特色和优势成果为前提，在高水准的社会服务项目中提升对外传播力。

在高等教育合作领域，世界一流的研究型大学为达到资源共享的目的，往往采取国际合作与联盟的方式实现强强联手，同时根据学校发展需求，选择与重点国家或地区进行深度战略合作，以此在对方国家开展传播活动，提升学校在海外的影响力。澳大利亚莫纳什大学的三个国际化战略规划中不止一次地将建立并加强与世界大学的合作联盟作为重要举措之一。此外，法国政府积极推进离岸教育，他国优质教育模式逐步引入。具体措施包含围绕研究积极开创项目合作，尤其关注博士阶段，积极引入优质教育模式，推进双学位、多学位等学位工厂模式及学分互认。如法国与越南大学合作的领头项目，即河内科技大学（USTH），目标指向"在新兴亚洲中心建立一所符合国际标准的大学"，计划在2020年为3000名学生提供完整的学士教育及生物科技与制药、信息与通信的科学与技术、材料和纳米技术、水文、环境与海洋、航空、能源等专业硕士教育。

在服务社会领域，备受好评的科技成果和重大项目，以及在成果之上建立的政产学研用一体化新模式成为大学对外宣传的金名片，这也是最容易被人关注的、最能提升对外传播力的要素。哈佛研究院很多的基础研究项目是关于人类和自然未来发展的重大课题，保障国家安全发展、关注民生为主的科学研究。加州大学伯克利分校的基础研究则包含了很多涉及国家安全发展、以民生为主的科学研究。两所学校丰硕的基础研究成果也推动了它们在开展技术推广服务，建立科技工业园区、大学一企业联合研究中心，兴办合资企业以促进科研成果转让及产业化方面取得了令人瞩目的成绩。加州大学伯克利分校充分利用地处加利福尼亚中部的海湾地区中心的区位优势和拥有的人才优势建立了高科技工业园区，与企业共建了研发中心，学校的校友和教师也在该地区成功创办了很多企业。如今，像苹果这样的大型跨国企业也已成为高等院校高质量人才培养和高水平科学研究的代名词，在全球颇具影响力。

（三）借力新媒体平台，拉近距离，提升亲和力

根据查阅资料，针对大学对外传播力的评估主要从三个维度展开：一是媒体报道，传播力的大小在很大程度上取决于新闻报道。国际主流媒体对问题的关注及报道情况可以反映到具体问题的国际传播效果上，"被提及率"成为评判传播力大小的一个具体指标。二是社交媒体，国内的"两微一端"、国外的推特、脸书展现了新媒体时代巨大的传播潜力。其用户转发及分享量成为考察对外传播力的重要指标。三是网站，其一是学校的外文官方网站的访问数量；其二是搜索引擎中该大学的检索数量，这两者也在一定程度上显示出大学在境外的辐射度。

获取上述相关数据的途径：如果媒体报道数据，使用 Lexis Nexis 数据库，以大学名称为关键词进行检索；社交媒体数据，可以使用网络爬虫技术和清博大数据在不同平台上抓取；搜索引擎数据，通过谷歌趋势可以获取对应大学关键词的搜索行为频率；官方网站数据，利用 Alexa 获得网站的综合排名、到访量、页面浏览量等多个数据信息。

二、对国内大学的启示

打铁还需自身硬，提升对外传播力归根结底还是要加强大学高质量内涵建设，在实现"双一流"建设目标的同时，也就自然扩大了自身的国际影响和传播力。另外，提升办学水平也要落实到国际影响力传播上，善于运用媒介传播自己。

（一）加强与外文媒体机构的合作，注重挖掘自身特色以塑造新闻亮点。媒体报道是海外民众了解我国大学的重要渠道，对外而言，重大活动要邀请外文媒体参与，提供的传播内容要符合新闻规范，在内容和形式上满足刊发需求；对内而言，新闻报道无论国内国外，都讲求具有新闻价值，大学自身学科专业特色优势应当成为传播报道的核心亮点，以引起媒体的持续关注，最终获得受众的青睐。

（二）重视国际社交平台的大学官方认证账号建设和信息发布，增加网络原住民好感。社交媒体作为现代社会公众表达和信息获取的重要渠道，在很大程度上影响着公众的看法和意见。由此可见，大学想要提升国际知名度和影响力，也必须重视社交媒体的作用，尤其是推特和脸书这样在国际上拥有大量用户的国际知名社交媒体平台。在上述社交平台发布的内容应当符合"短、平、快"的特征，聚焦与学生等青年群体关系密切的信息，增强亲和力。

（三）注重大学官方网站资料更新和英文版面的优化，加强校园官网全媒体建设。国内大学英文网站常常受到忽视，内容更新极慢、版式陈旧老套等问题突出。而"双一流"大学建设需要大学网站上水平、上档次，作为门面，是大学提升网络传播能力中不可忽视的一环。大学要加强对官网建设和维护的力度，对内容和版式要定期进行更新，对外文内容要符合语言规范发布，从而提升网站建设的专业度，提高访问量和吸引力。

（四）重视和加强以人员流动为媒介的大学对外传播手段。首先是高水平师资力量对外界的吸引程度。院士数量在国际传播力总得分和媒体报道传播力、社交媒体传播力维度中均为影响因素；一流学科在媒体报道传播力和社交媒体报道中均为影响因素。大学的学科建设和杰出师资对于大学的国际传播是十分重要的影响因素，大学需要更加重视对一流学科的建设，聘请院士和国际一流知名学者也能为扩大学校的国际传播力添砖加瓦。其次是招生及人才培养过程中注重国际化。人员的流动实现了传播要素的传递，在自媒体时代，每个人都是可以自主发声的"记者"，学生群体十分庞大，如何正确引导他们积极发声，对于提升大学对外传播力可以实现事半功倍的效果。最后是人员流动带来的大学科研成果的落地。受众最为关注的还是大学的突破性成果在相关领域的应用，要在大学鼓励师生走出校门、参与实践解决难题、实现服务社会职责的过程中把属于自己的亮点和特色展示出来，以引发广泛关注和正面舆论，最终实现传播力、影响力的提升。

中国特色国际新闻传播教育发展路向

高金萍*

新闻传播具有鲜明的两重属性，新闻传播教育亦是如此。无论中外，从诞生之时起，新闻传播教育就自带服务国家、服务社会的胎记。

1911 年，世界上第一所新闻学院密苏里大学新闻学院为学生制定的《记者守则》中明确宣示："新闻业的最大成功者，也就是最应该获得成功者，……深爱我们的国家，又诚心促进国际善意，加强世界友谊。"① 中华人民共和国成立前，深受"密苏里方法"的影响，以圣约翰大学等教会大学为主体的中国新闻传播教育奉西方新闻价值观为圭臬，以服务公众利益为职责。

中华人民共和国成立后，以中国人民大学等中国共产党创办的新型大学为主体的中国新闻传播教育高举马克思主义新闻观的大旗，以培养党和人民的喉舌为己任。改革开放后，上海外国语大学、北京外国语大学等外语类院校率先开办国际新闻专业或国际新闻方向，从以西为师到"走自己的路"，近四十年来，中国的国际新闻与传播教育逐渐走出了一条中国特色之路。

---

* 高金萍：北京外国语大学马克思主义新闻观研究中心主任、教授。

① Walter Williams, Training for Journalism as a Profession, St. Louis, Missouri：School of Jounalism University of Jounalism, 1908.

一、面向对外开放的中国国际新闻与传播教育1.0（20世纪80年代至90年代）

1978年，改革开放的春风吹遍祖国大地。4月22日，邓小平在全国教育工做会议开幕式讲话中指出，教育事业必须和国民经济发展的要求相适应，学校要造就具有社会主义觉悟的一代新人。在这次会议上，通过了《从1978年至1985年全国教育事业规划纲要（草案）》（以下简称《纲要（草案）》），为改革开放后高等教育的发展描绘了蓝图。依据《纲要（草案）》，1983年，教育部批复四所高校恢复新闻专业（武汉大学、兰州大学、吉林大学、华中工学院）。同时，着眼于面向世界办教育，教育部高教司司长亲自带队，率领四所高校和科研院所代表（北京外国语大学、上海外国语大学、复旦大学、中国社科院新闻研究所）赴英国牛津、剑桥、伦敦政治经济学院和威尔士大学考察，为开展国际新闻与传播教育寻找他山之石。

1983年，国内五所大学开始试水国际新闻专业或国际新闻方向，分别是复旦大学、北京广播学院、上海外国语大学、厦门大学、北京外国语大学。这些高校得到了新华社、广播电视部等媒体在经济上的支持。后来由于新闻媒体不再提供支持以及其他原因，上述的大部分专业停办。①

1983年，上外在英语系设立新闻专业，开国内国际新闻传播教育之先河，这也是该校首个复合型专业。上外英语系以"培养两条腿走路的驻外记者"为目标，为学生配备了中国教师和教授新闻实务课程的外教，早期的国际新闻专业学生都有较好的英语背景，除了学习英语课程、新闻课程，还要学习开摩托车；前几届学生在中国外宣媒体实习的时间长达4～10个月。1986年，上外又以教育技术中心为依托筹建传播系，下设教育技术学和广告学专业。20世纪90年代初，社会主义市场经济体制确立，新闻传播业进入大发展阶段，上外抓住机会开始扩大办学规模。1993年，上

---

① 郭可：《开展合作实习项目促进国际新闻教育发展》，《教育发展研究》1999年S3期，第57—59页。

外正式成立新闻传播学院，下设新闻学和传播学两个系，并与中央外宣办密切合作，开展新闻宣传干部培训。1998年，上外新闻学院获批新闻学硕士点，是国内最早的国际新闻方向硕士学位授予点。

参加教育部高教司的英国考察组之后，北京外国语大学英语系主任杨立民与刚刚创办的中国唯一一家国际性媒体《中国日报》高层多次会商，决定从英语系82级本科生开始设立新闻方向（当时称为新闻倾向）。[①] 从最初双方的磋商来看，目标朴素而清晰，那就是为国家级外宣媒体《中国日报》定向培养熟练使用外语、掌握新闻基础知识的报纸采编人员。1985年秋季学期，在英语系82级基础班中选拔的18位学生进入新闻方向学习。这些学生在《中国日报》实习时，受到《中国日报》副总编唐闻生的接待。报社为每位学生配备了一台针式打字机，学生们边实习边学习，期间有些学生的稿子见了报，这为新闻方向的初次探索打了高分。现任《中国日报》副总编辑、北外英语系83级新闻方向本科生王浩说："那时候，我们都很兴奋，我们走路都很快。我们自认为是有专业的人，我们不是为了语言而学语言。我们把语言作为一种工具，一种接触社会、认识社会、反映社会的工具。"基础班的四五个班长和团支书都进入了83级8班国际新闻方向学习。这群"逐新者"思想活跃、学习勤奋、综合素质高。"别的同学是写作业，我们是采访。"以语言为媒，他们早于其他学生迅速进入正行进于改革开放大潮中的中国社会之中。北外英语系新闻方向培养了一批活跃在对外传播领域的优秀毕业生。

20世纪80—90年代是中国国际新闻与传播教育的初创期，或称为1.0阶段。这一阶段的国际新闻与传播教育体现出以下四个特点：

一是大多起步于外语类高校的英语院系，1996年，四川外国语学院（现为四川外国语大学）招收国际新闻方向本科生；1997年，广州外语外贸大学设立国际新闻专业方向。

二是最初的国际新闻专业办学模式为"英语+新闻"，注重培养学生的

---

① 《北京外国语大学志（1941-2000）》，内部资料，第511—512页。

外语能力和新闻传播基础技能，体现出鲜明的应用学科色彩。

三是深受国外新闻教育的影响，强调实践育人，无论是课程设置，还是专业实习，都以能力优先。早期没有教材，往往由教师结合西方媒体报道自编讲义；后来大多使用国外原版教材，西方新闻价值观被不加辨别地引入国内。

四是学生毕业去向多元，据本研究调查，国际新闻与传播教育初创期培养的学生在就业中仅有不到1/3进入国际传播领域从业，其中大多数学生从事其他涉外经贸、政务等工作。

二、面向"走出去"的中国国际新闻与传播教育 2.0（21 世纪初）

21 世纪初，全球化进程深刻影响着中国，2001 年，中国正式加入世界贸易组织，成为世界贸易组织成员，中国与世界各国的交往和联系日益广泛，"走出去"成为中国国家战略，高等教育也进入国际化发展阶段。在这一发展趋势和 2009 年国际传播能力建设工程启动的双重推动力之下，国际新闻传播教育蓬勃发展，中国的国际新闻传播教育进入成熟期（或称为 2.0 阶段）。

2001 年，上海外国语大学新闻传播学院已拥有四个本科专业；同年，北京外国语大学重启国际新闻教育，成立国际新闻与传播系。北外国际新闻与传播系在广泛征求《中国日报》、新华社等涉外主流媒体对外宣人才需求的前提下，将办学目标确立为建设既有国际视野，又立足北外传统，具有中国特色的国际新闻传播教育。北外副校长孙有中把这一办学特色归纳为三元素，即"立足北外传统、面向世界一流、跻身国内前列"（坚持北外的外语优势、参考西方一流办学模式、不游离于国内新闻专业），这一专业特色凸显了国际化色彩，体现着十足的"北外气质"。

2009 年，清华、人大、复旦、北外和中国传媒大学被中宣部和教育部列为"国际新闻传播"专业硕士项目试点院校。这一项目旨在为中央电视台、新华社、《人民日报》《中国日报》、中国国际广播电台等中央外宣媒体培养国际新闻传播高端人才。项目采取业界学界双导师制，大部分毕业生就职于中央媒体和国内外大型媒体集团，其专业素养和外语能力获得业界广泛好评。

21世纪初期，媒体融合在国内外渐成趋势，但是在国内学术界还属于一种新鲜事物，《中国新兴媒体融合发展报告（2014—2015）》称2014年为"媒体融合元年"。早在2010年，新华社原副社长兼常务副总编辑、北外校友马胜荣敏锐地发现全媒体新闻实践的重要性。他听说英国博尔顿大学与国内某地方高校的合作陷入了困境，而这个项目很适合北外，于是他积极推动北外引进这一项目，与北外新闻系常务副主任章晓英赴辽宁深入考察，终将博尔顿项目引入北外。孙有中与章晓英牵头启动北外-博尔顿项目的设计和申办，刚从美国堪萨斯大学回国任教的宋毅也为这个项目付出了很多心血。2012年"北外-英国博尔顿全媒体国际新闻硕士项目"被教育部正式批准为中外合作办学项目。2013年，该项目初次招生，成为国内首家全英文教学的全媒体国际新闻硕士项目。这一项目的毕业生快速融入新华社、中央广播电视总台、美联社等中外新闻媒体，曾获得多项国际性图片和视频报道大奖；该项目独创的"背包教学模式"① 也获得了全国教育指导委员会颁发的新闻学与传播学教学创新奖。相比于国内其他院校，虽然北外国际新闻与传播系成立时间晚，但是通过中外合作办学实现了弯道超车。

从人才培养方面来看，这一阶段的国际新闻与传播教育体现出三个特点：一是以"向世界说明中国"② 为使命，为国家培养具有国际视野和家

---

① 章晓英：《"融合国际新闻教育模式"的实践与研究——以北外-博尔顿全媒体国际新闻硕士项目（IMMJ）为例》，《对外传播》2015年第11期。"背包教学模式"有三层意思：首先，学员和教师背包（内装苹果电脑和多功能相机）上课，装备平等。在硬件装备上，教师没有"优越感"，学员则有更多的自信，客观上营造了平等的学习氛围。其次，学员背包中的装备和所学技能与实际工作对接。学员背着鼓鼓囊囊的包进来，学习各种媒体技能。毕业之后，背着同样的包上岗，与实际工作无缝对接。最后，学员时常背着包到处走访并采访写作，在实践中提高自己的媒介工作能力。

② 中国外文局对外传播研究中心：《向世界说明中国（赵启正的沟通艺术）》，新世界出版社，2005。

国情怀的对外传播人才；同时，关注媒介技术的新发展，面向对外传播需求，开展全媒体人才的培养。二是受西方新闻观念影响较大，一些国际化程度较高的综合性院校往往使用影印或翻译的西方原版教材，外语外贸类高校在教授西方经典理论时，较少关注国内新闻教育的发展。三是高校开始面向外国留学生开展全英文的硕士人才培养。2005 年秋季，清华在国内新闻院校中率先设立"英语新闻采编"的硕士方向，2007 年秋季，开办内地第一个全英文教学的"全球财经新闻"硕士项目，招收外国留学生。

从教育机构来看，新诞生的一些综合性大学新闻传播院系开始参与国际新闻传播教育，2002 年，清华大学成立新闻与传播学院，2008 年 10 月成立了以我国对外传播事业的先驱、知名记者爱泼斯坦命名的清华大学伊斯雷尔·爱泼斯坦研究中心（后更名为"清华-爱泼斯坦对外传播研究中心"），以研究引领教学，探索"全球传播"人才培养。

三、面向"建设中国特色、世界水平的一流新闻传播专业"的中国新闻与传播教育 3.0

2012 年，党的十八大报告明确提出教育发展的时代主题是："深化教育领域综合改革，着力提高教育质量，培养学生的社会责任感、创新精神和实践能力。"为贯彻十八大精神，2013 年 6 月，教育部中宣部出台《关于加强高校新闻传播院系师资队伍建设实施卓越新闻传播人才教育培养计划的意见》，即"卓越新闻传播人才教育培养计划"。这一计划重点在于加强实践教育，推动新闻传播人才培养的实践导向，具体实施路径包括部校共建以及新闻传播院系与媒体人才交流的"千人计划"，可简单概括为："培养学生全媒体业务技能，强化实践；未来五年，500 个记者进入高校新闻传播专业任教，500 个高校教师到媒体兼职；改革招生、培养、课程和学制模式。"这一计划为未来五年的新闻传播教育提供了发展目标和实施路径。截止党的十九大召开前，国内新闻传播教育规模整体扩大，多所以国际传播教育为办学方向的新闻系升级为新闻学院。

2018 年 3 月，《中共中央关于加强和改进党的新闻舆论工作的意见》

出台，以这一意见为指引，9 月，教育部中宣部联合下发《关于提高高校新闻传播人才培养能力实施卓越新闻传播人才教育培养计划 2.0 的意见》，"卓越新闻传播人才教育培养计划 2.0"结合形势的新发展，要求"建设 240 个左右国家级一流新闻传播专业点，打造 500 门国家级一流线上线下新闻传播专业课程，增设 20 个国家级新闻传播融媒体实验教学示范中心，建设 50 个新闻传播国家虚拟仿真实验教学项目"；将"千人计划"升级为"双千计划"；结合国家级一流新闻传播专业点建设，按照总体规划、分步推进的原则，开展三级专业认证。值得关注的是，这一意见突出强调国际新闻传播人才的培养，将国际新闻传播教育的目标定位于"主动服务国家对外开放战略和'一带一路'倡议，培养新时代国际新闻传播'预备队'和'后备军'"，为此要求深入实施国际新闻传播硕士人才培养项目，建立完善"全媒体+国际+外语"课程体系，加强"国情教育+国际视野"的社会实践和国际交流。意见也鼓励高校与境外高水平大学联合培养模式，深化国际传播相关新闻单位与高校合作，创新国际新闻传播合作办学、合作培养、合作就业、合作发展新机制。

卓越 2.0 计划（即"六卓越一拔尖"计划 2.0 的一部分）是"新文科"建设的重要部分。自 2019 至 2021 年教育部将分三年全面实施新文科建设计划，目的在于在全国高校掀起一场"质量革命"，形成覆盖高等教育全领域的"质量中国"品牌，全面实现高等教育内涵式发展。按照卓越 2.0 计划要求，中国新闻传播教育的目标是"建设中国特色、世界水平的一流新闻传播专业"。在国家制度护航下，国际新闻传播教育迎来了跨越式发展阶段（或称为 3.0 阶段）。

2018 年，新闻传播学科全国新增一级学科授权点 14 个、已有二级学科授权点新增为一级学科授权点 10 个、新增专业学位授权点 57 个，新增一级学科博士学位授权点 8 个。截至 2018 年底，全国已有 50 多所院校新闻传播学院开展了"部校共建"①。

---

① 中国新闻史学会新闻传播教育史研究委员会：《中国新闻传播教育年鉴（2019）》，武汉大学出版社，2019。

这一阶段，国际新闻传播教育的发展与中国国际地位的上升同步并进，它的教育内容更加丰富，除了传统的国际传播、跨文化传播、对外传播，全球传播也被更多的高校所接纳，① 清华大学和北京外国语大学都设立了全球传播的博士生培养方向；上海外国语大学设立了全球传播的硕士生培养方向。中国特色的全球传播研究强调以人类命运共同体为理念支撑，服务于全球治理，注重通过多元传播主体的共同努力推动人类奔向理想社会。

中国特色的国际新闻传播教育坚持以马克思主义新闻观为指导，以构建人类命运共同体为核心理念，在高校"双一流"建设中凸显其服务国家的角色使命。它紧密围绕"复语、复合、全媒体高端人才"培养目标，着力培育拥有"中国深度、全球广度、人文高度"的全球传播引领者。

四、具有中国特色的国际新闻传播教育已经形成

20 世纪 60 年代末 70 年代初，美国新兴的国际传播研究逐步向大学教育辐射，国际传播迅速成为美国传播教育的一个重要方向。② 美国的国际传播教育起步于国际关系和政治学院，③ 而在中国，国际传播教育从外语类院校的英语院系和综合性大学国际关系院系起步，迅速找到了自己的专有地盘，扎根新闻传播学领域。近四十年来，中国的国际新闻传播教育规模不断扩大，教育理念从以西为师到"走自己的路"，不仅形成了具有中国特色的国际新闻传播教育，而且以其鲜明的国际化引领中国新闻教育回归"实践"本质。

（一）教育机构从外国语院校扩张到综合性院校

最早开创国际新闻与传播教育的上海外国语大学与北京外国语大学本

---

① 史安斌：《全球传播与新闻教育的未来》，清华大学出版社，2014。

② 姜飞：《新时期对未来国际新闻传播人才培养的思考》，《新闻与写作》2020 年第 7 期，第 37—42 页。

③ ［英］达雅·基山·屠苏：《国际传播：延续与变革》，董关鹏等译，新华出版社，2004，第 2 页。

身经历了从单纯教授外国语言文学的外国语学院发展成为以外国语言文学学科为主，多语种、多学科、多层次的外国语大学的历程。这些高校的发展与中国对外开放的历程息息相关，改革开放后，它们一方面扩大外语类专业招生、提升外语教育质量；另一方面积极探索以语言教学服务国家形象塑造、服务国家对外传播人才培养。21世纪以来，随着中国广泛参与全球事务，国际化人才需求的猛烈增长，清华大学等综合性高校参与国际新闻传播人才培养，壮大了中国开展国际新闻传播教育的阵营，为中国国际传播教育进入3.0创造了现实可能。

（二）师资队伍从中外兼容逐步向本土化师资转型

从上外、北外和复旦大学新闻专业建设的早期阶段来看，因为发端于外语院系或国际关系院系，所以师资队伍中不乏外籍教师的身影。这些外籍教师往往具有新闻实践经历，主讲新闻写作、新闻评论等业务课程。随着国际新闻传播教育的发展和办学规模的扩大，国际新闻传播院系的师资更加多元，越来越多拥有国外新闻传播教育背景或国内外主流媒体新闻从业经历的本土教师登上讲台，成为国际新闻传播院系的主力师资。师资队伍的本土化是锻造国际新闻传播教育"中国特色"的必备要素。

（三）以实践育人理念推进中国特色新闻传播教育的发展

上外新闻系建系后，通过摸索形成了本科生四个月的新闻媒体专业实习模式，在1999年的学生调查中，94%的已实习学生认为"有机会从事新闻采访活动，并得到了有经验的记者和编辑的实际指导，甚至直接的工作补贴"。[①] 北外国际新闻与传播系建系后，北外国际新闻系把实践能力作为人才培养的首要目标，一方面，借力国家级对外传播机构，先后与《中国日报》、新华社、中国国际广播电台、中央电视台、中国外文局等涉外新闻传播机构建立了实习基地和战略合作关系，为本科生和硕士生提供了稳定的实习和就业机会，同时聘请了新华社马胜荣、李竹润、熊蕾和《北京

---

① 郭可：《开展合作实习项目促进国际新闻教育发展》，《教育发展研究》1999年S3期，第57—59页。

青年报》郦辛等著名编辑记者为兼职教授，将业界经验直接传授给青年学生；另一方面，多措并举搭建校内学生实践平台，创办了英文报纸 *First Mover* 和"101 调查"工作室，每年度举办"新闻奥斯卡"（年度学生新闻作品颁奖典礼），这些学生媒体和活动延续至今，从这里走出了一届届视新闻传播为终生追求的学生。这种鲜明的实践导向引领着中国高等教育回归新闻教育的本质，把实践育人作为新闻传播教育的核心理念，并体现于"卓越新闻人才培养计划 2.0"之中。

（四）国际化教育理念与中国特色的新闻教育理念相融合

国际新闻传播教育工作者较早认识到规范的高等教育评估对于提升国内新闻教育质量的重要意义。早在 2005 年，上外新闻与传播学院院长郭可就呼吁借鉴美国新闻教育评估体系，加强中国新闻教育的专业化和规范化，构建良好的新闻教育环境和学术环境。[①] 这些观点对于 21 世纪初开始推行的高等学校本科教学工作水平评估制度产生了一定影响，助力五年一轮的中国高等教育的教学评估工作逐步走向规范化、科学化、制度化和专业化的发展阶段，也深刻地影响着中国新闻教育的专业化、国际化进程。除此之外，国内高校也不断探索新型全球化态势下，中国国际传播教育的转型。作为全球化时代一种涵盖力更强的学术话语，全球传播比国际传播更契合全球治理的时代需求，21 世纪初，英、美多国出现了全球传播的硕博士项目。2007 年，清华大学新闻与传播学院在美林证券、彭博资讯等的支持下，建立了世界上第一个全球财经新闻实验室，[②] 并在国内最早开设了全球传播博士培养方向，引领国内人才培养与国际接轨。

回顾近四十年来中国国际新闻传播教育的发展历程，分析推动其发展的动力不外乎内、外两个：一是提升中国高等教育自身发展水平的需求，

① 郭可：《美国新闻教育评估体系对我国的启示及建议》，《国际新闻界》2006 年第 12 期，第 26—30 页。
② 戴佳、史安斌：《"国际新闻"与"全球新闻"概念之辩——兼论国际新闻传播人才培养创新》，《清华大学学报（哲学社会科学版）》2014 年第 1 期，第 42—52 页、第 159 页。

国际新闻传播教育的开展补足了国内新闻传播教育的短板，丰富了新闻传播教育的内涵，为中国高等教育的发展注入了新鲜血液。二是改革开放后中国经济高效增长、提高国民整体素质和国家综合实力的需求，高等教育的发展被置于实现国家经济与科技实力振兴的核心位置，政府通过一系列制度安排，迅速提高刚刚恢复不久的高等教育社会参与度，优化高等教育的体系结构，以提升高等教育整体发展质量。① 国际新闻传播教育变革的主要路径是政府在专业调研的基础上制定高等教育政策，并以之为规约，由教育部作为权力机构和组织机构设定其教育教学的基本框架。中国国际地位的快速提升与高等教育改革的压力也加速推动了国际新闻传播教育以国家政策为导向，在教育内容、人才培养等方面主动性变革。

五、未来国际新闻传播教育改革的趋势

当前，在"建设中国特色、世界水平的一流新闻传播专业"目标引领下的国际新闻传播教育，虽然其已经处于跨越式发展进程之中，但是在加强"中国特色"方面仍然有需要改进提升的空间。本文通过对《中国日报》和新华社的五位高层管理人员的访谈，从国内外宣传播人才培养角度提出未来国际新闻传播教育改革的趋势，具体如下：

（一）加强马克思主义新闻观教育

由于国内国际新闻与传播教育机构大多为外语外贸类院校或国际化程度较高的综合性院校，这些院校在历史上深受西方文化价值观念的影响，有些学校在历史上不加辨析地将西方专业主义引进国际新闻传播教育之中，淡化了马克思主义新闻观对于新闻教育的灵魂导向作用。有些高校的教学计划中曾将马克思主义理论课程裁撤，以便留出更多时间开设"媒体管理""国际新闻传播"等课程，目的是扩大学生的知识面。② 党的十八

---

① 谭鹏：《制度的力量：20 世纪 90 年代英国高等教育变革分析》，曲阜师范大学硕士学位论文，2019。

② 郭可：《开展合作实习项目促进国际新闻教育发展》，《教育发展研究》1999 年 S3 期，第 57—59 页。

大之后，马克思主义新闻观在国际新闻与传播院校中的重视程度不断提升，"卓越新闻人才培养计划 2.0"要求在新闻传播院系要加强马克思主义新闻观课程建设，做到新闻传播院系师生全覆盖、无死角。但是，在一些国际新闻与传播院系还没有稳定的、专业的马新观教学师资，有些院校由马克思主义学院教师代课，缺乏对马克思主义新闻观引领新闻实践的专业化分析。实质上，在外语外贸类院校和国际化程度高的综合性院校中，从中西比较视域下开展马克思主义新闻观教育能够更加透彻地阐释中国立场、中国态度，在比较中凸显新闻传播教育的"中国特色"，有助于培养学生正确的新闻观，造就具有家国情怀、国际视野的高素质国际新闻传播后备人才。

（二）培养拥有多语能力和复合型知识结构的国际新闻传播人才

在国际新闻传播教育 3.0 时代，国际新闻传播专业课程设置更加规范化、系统化、专业化，学生接受了更加全面的新闻专业训练，拥有较好的新闻素养，同时外语水平也不低。但是从国内外宣主流媒体的要求来看，当前对多语人才的需求量越来越大。《中国日报》副总编辑王浩提出："我们有的记者能够用俄语采访、英语成稿，这样的人才是未来国际传播的趋势。"新华社原副社长兼常务副总编辑马胜荣认为，国际新闻报道必须有立场、国际新闻从业者必须要独立地进行判断，这种独立的判断来自记者编辑对报道国家、报道对象深刻的、全面的理解和认识，这些需要勤奋，也需要扎实的学识背景、多元的知识结构。在面对各种突发事件时，国际新闻从业者的知识积累、国情国史认知是帮助他们迅速进入采访话题的基础。通专结合必然是国际新闻传播人才培养的发展方向。

（三）加快建设有中国特色的国际新闻传播教材

教材是教学内容和知识传播的物质载体，是学生获得知识的主要渠道，是体现国家意志、传承文化的重要路径。当前，国内还缺乏系统的国际新闻传播教材，有的教材缺乏全国性影响，有的教材滞后国际传播发展实际；特别是缺乏体现时代性的国际新闻传播教材，在及时吸纳中国国际传播实践经验和创新国际传播理论方面表现迟滞。基于这种现实，国家教材委员会应高度重视国际新闻传播教材的规划和指导、协调，牵头组织国际新闻传播院校的教学科研骨干，尽早推出有中国特色、中国气派、中国风格的国际新闻传播教材，回应实践期盼，解决现实问题，为培养"能够讲好中国故事、传播中国声音的优秀新闻传播后备人才"提供助力。

我们身处的这个时代是政治多极化、经济全球化、文化多样化、社会信息化的时代，这个时代是全球传播的时代，如何在全球舆论场上构建中国的"全球形象"是我们面临的最紧迫问题。随着中国的持续快速发展以及在国际社会中制度感召力、形象亲和力、舆论传播力和话语塑造力前所未有地得以提升，西方势力对中国的敌视、丑化和遏制也前所未有的激烈。中国亟须一大批适应媒体深度融合和行业创新发展，能够讲好中国故事、传播中国声音的国际新闻传播人才，中国的国际新闻传播教育也肩负着"让中国了解世界"和"让世界了解中国"的双重历史使命，追逐着成为中国和世界交流的引领性学术桥梁的光荣梦想。

下篇 · 实践篇

北京航空航天大学：在世界舞台上唱响好声音

史　越

　　全球舞台，风云激荡。在人类命运日益紧密相连成共同体的今天，世界越发期待听到中国声音。随着万物互联时代的到来，传播的时空被打通，传播的边界日渐消解，向世界"讲好中国故事，传播好中国声音"可谓恰逢其时，大有可为。

　　在 2018 年 8 月 21 日至 22 日召开的全国宣传思想工作会议上，习近平总书记指出，做好新形势下宣传思想工作，必须自觉承担起举旗帜、聚民心、育新人、兴文化、展形象的使命任务。其中，"展形象，就是要推进国际传播能力建设，讲好中国故事、传播好中国声音，向世界展现真实、立体、全面的中国，提高国家文化软实力和中华文化影响力"。

　　这是全国宣传思想工作者的共同使命，高等院校自然也不例外。北京航空航天大学肩负着崇高的报国使命而生，正伴随着新时代吹响的号角，在建设中国特色世界一流大学之路上疾驰。世界一流大学当有一流的海外传播。推进国际传播能力建设，向世界讲好北航故事、传播好北航声音是北航的宏伟蓝图，也是落实落细在日常工作中的扎实行动。

一、"他们缔造世界纪录"：一流成果，全球传播

　　在北京航空航天大学校园东南角、体育馆南侧坐落着一座白色拱顶的小房子。其外表看上去并不起眼，但内部颇具"玄机"。这天清早，室内不大的空间里挤满了人，主角还未登场，各路"长枪短炮"却已早早架

好。校内师生、媒体记者、社会公众都屏息以待，五位中外院士一齐上前开启舱门，一项新的世界纪录在北航诞生了！

这是 2018 年 5 月 15 日，北京航空航天大学"月宫一号"实验基地中的一幕。"月宫勇士今出舱！""再创世界纪录！"随着四名志愿者面带微笑、手捧"特产"踏出舱门，北航"月宫 365"实验圆满成功的消息也随着海内外媒体记者的镜头和笔触，如雪片般飞向世界各地。

这是一场意义深远的科学研究。电影《火星救援》生动展现了人类在地球外生存的可能图景，探索浩瀚宇宙也是全人类始终孜孜以求的重要命题。"月宫 365"实验的开展依托中国第一个、世界第三个空间基地生命保障地基综合试验装置"月宫一号"，这是世界首个由人、动物、植物、微生物构成的四生物链环人工闭合生态系统。实验共历时 370 天，是世界上时间最长、闭合度最高的生物再生生命保障系统实验，其中使用的生物再生生命保障技术是当今世界上最先进的闭环回路生命保障技术，也是保障人类在月球、火星等地外星球长期生存所需的关键技术。

这也是一次效果卓著的海外传播。早在 2017 年 5 月 10 日"月宫 365"实验启动之初，学校就紧紧抓住这一契机，广泛联系主流媒体进行报道。入舱仪式当天，《人民日报》、新华社、《光明日报》、中央电视台、《中国日报》《科技日报》《中国青年报》《中国教育报》等 20 余家国内重要媒体赶赴现场报道。消息一经发出，也迅速引起了海外媒体的注意，路透社、法新社、英国广播公司、英国《每日邮报》、"今日俄罗斯"电视台、美国《国际金融时报》等重要媒体纷纷报道，称其为我国在空间探索和月球探测研究方面的新突破。自此，国内外的海量报道产生了广泛的社会影响力，主流媒体始终高度关注实验进展。实验期间，先后经历两次换班、一次公众开放，每次都被记者围得水泄不通。迄今，"月宫 365"实验经《新闻联播》两度报道，进入央视《大国重器》《飞向火星》专题片，有近十个国家近百家主流媒体多次报道，并入选《自然》杂志 2017 最佳科学图片。

胸怀寰宇，造福人类，历史将记住"月宫一号"的贡献。而以宣传此类服务人类未来的重大科研成果为抓手，在海内外媒体形成多轮报道声浪，打造高校的全球影响力也是北京航空航天大学通过成功实践得出的有效经验。随着我国自主创新步伐的不断加快，科技成果日新月异、层出不穷。科学研究是高校的重要职能，重大科研成果突破、国际前沿科技创新正是与世界交流对话的天然桥梁。

作为世界上时间最长、闭合度最高的生物再生生命保障系统实验，"月宫365"计划创造了世界纪录，推动了中国航天深空探测技术的发展，是完成世界生物再生生命保障系统中国领航的重要契机，更是中国高校向世界讲好故事的绝佳素材。2020年6月，北航宣传部报送的《"月宫365"计划引起海内外巨大反响》获得第二届中国机构海外传播杰出案例（海帆奖）"最佳科技运用"奖。在始终服务国家重大战略需求、瞄准世界科技前沿的北航，平均每月有一项重要学术发现，每两个月有一项重大科研成果产生。以"月宫365"计划为代表，一系列产自北航的前沿创新成果亮相世界舞台，研究背后的生动故事和系列报道将科技创新的"北航模式"娓娓道来。

二、"我来这里学习航天"：魅力校园，自信中国

"在家还是有点小无聊，快点回北京吧！"暑假期间回法国里昂老家探亲的张浩成在微信朋友圈里这样写道。21岁的张浩成到中国已经有三年时间了，目前是北京航空航天大学大三的学生，学习的专业是国际经济与贸易，他的中国朋友远比外国朋友多。

上述文字节选自2017年《人民日报》假日生活版上的一篇报道，展现了北航留学生的风采。经济全球化的发展加速了人口的全球化流动，以人为文化载体，通过国际间交往向世界展现魅力中国、魅力北航，是直接、有效且"接地气"的方法。

Ana Paula Castro 和 Leticia Santos Lula 是两名巴西留学生，现在北航攻读研究生。在新华社记者对她们的专访中，Ana Paula Castro 激动地说："当时，一发现有机会学习空间法，我就非常感兴趣，因为巴西并没有太

多这方面的专家。我认为学习空间法可以为我在许多领域打开新的大门，也能让我在未来为巴西航空航天事业做出贡献。"

2014 年，在北航赵巍胜教授的邀请下，诺贝尔物理学奖获得者、法国物理学家阿尔伯特·费尔教授（Albert Fert）来到中国，与北京市科委及北航共同建设成立费尔北京研究院。费尔教授说："北航实验室的质量非常高，很多设备仪器比欧洲国家更先进，科研水平、教学水平也很高。"①

作为中国航空航天领域的一流高等学府，北航的空天特色优势和先进科研条件吸引了一批又一批海外精英前来求学、研究、交流，也把中国的优秀技术和成果带出国门，助力世界科技进步，特别是航空航天事业的发展。

2017 年深秋，北航校园迎来了一位特殊的客人——法国欧洲和外交部部长让-伊夫·勒德里昂先生。他戴着鲜红的围巾来到北航中法工程师学院的学生们中间，与他们相谈甚欢。这是北航第 10 届中法工程师学院"企业开放日"的一幕。每年有数十家世界知名企业参会，与北航学子零距离交流，宣讲企业理念，并为其提供就业或实习的机会。在中、法两国教育部的支持下，北航与法国中央理工大学集团共建的中法工程师学院已成为两国在高等教育领域合作的典范。

作为一所涵盖哲学、文学、理学、工学、管理学、法学、医学、经济学、艺术学等学科门类的综合性大学，北航以高度的专业水准和开放包容的胸怀，推进深化各类国际交流，先后与国外近 200 所著名高等院校、一流研究机构和知名跨国公司建立合作关系。学生通过各类交换、联合培养项目，把北航校园延伸到世界的各个角落。

上述种种也是国际传播的热土。充分挖掘校园内外的国际化元素和亮点，结合学校优势与特色，与海外知名高校、国内外主流媒体合作，展示人文交流往来、科研教学合作共建，向世界讲述魅力中国、魅力校园，这是北航一以贯之的行动。负责留学生管理工作的国际学院每年都会举办

---

① 龚鸣：《科学没有国界，合作带来进步》，《人民日报》2017 年 12 月 20 日，第 21 版。

"国际文化节",不仅有相关驻华使节出席,更吸引了众多媒体报道,全景式展示一所全球各地文化交流碰撞的、充满活力的高等学府。

三、"这里原来也有北航":修炼内功,打造矩阵

"我很想到北航学习!"看到北京航空航天大学官方脸书主页上发布了关于学校大型原创交响合唱《星空组歌》的演出预告信息后,来自孟加拉国的 Saikat Nondi 留言这样说。事实上,还有很多像 Saikat 一样的国际友人通过脸书、推特等海外社交媒体平台关注着北航的动态。

世界渴望了解中国,海外受众渴望了解中国大学提供的多种学习、科研、交流机会。依托各类大众传媒实现对外宣传固然能借助媒体机构已有的广泛受众基础,但传播资源有限,其效果也未必精准。自媒体时代的到来不仅改变了传播生态,也为高校新闻宣传工作提供了更大空间。

随着全球传播业面貌的日新月异,社交网站正在以前所未有的影响力和渗透力作用于人们的生活,人们越来越多地通过社交网站获取信息,这提供了人际传播路径下的大众传播新模式。2004—2010 年间,全球社交网站巨头脸书、推特和照片墙相继创立。据统计,2020 年脸书已拥有 30 亿月活跃用户。海外社交媒体网站自然成为各国开展国际传播的重要领域。

高校自然不能忽视这片国际传播的广阔天地。在国内,已有不少高校开设海外社交平台账号,在承担信息发布的功能之外,也能解答国际学生、海外人才关于来校学习、工作的问题,是绝佳的沟通桥梁。这种良性互动为学校外塑形象提供了很好的机会。

2018 年,北航正式开辟脸书、推特、照片墙官方账号,全面布局、系统设计、整体推进、分众传播。构建专业团队,以英文发布图文信息,力求选题贴近国际、文字准确生动、图片高清美观。在题材选取上,注意从国际受众的喜好出发,选择适合进行海外传播的新闻事件,如斩获国际大奖、发表高水平学术期刊论文、国际交流活动及信息发布、师生校园生活等受众喜闻乐见的内容。同时善用话题标签,提高到达率,并根据三大平台的特点,实现差异化内容生产。

例如，脸书平台的关系属性较强，可以发布长篇图文、视频、链接等多种内容；推特更强调信息的时效性，系统规定的 140 个字符和四张图片的限制要求内容的简洁性；照片墙的定位则是图片分享。因此，对同一条新闻信息，脸书上往往发布最完整的图文内容，推特则在措辞上更加精准简洁，迷人的景色和生动的场景则以高清图片的形式发布在照片墙上。

截止 2020 年 12 月，北航三大海外社交平台年均推送内容近 300 篇，总粉丝量近 20 万。北航还与权威主流媒体形成良好互动，图书馆"不打烊"、女飞行员、校庆活动、校园风景等主题推送获得有关网络平台的转发，获得全球网友的良好反响。2018 年、2019 年，北航连续登上中国大学海外网络传播力前十名榜单。

以海外社交媒体为代表，北航还建设了一系列对外发布平台。学校英文官方网站采用与中文官方网站一致的用户界面，内容更新即时，注重新闻题材选取贴近国际，并在首页大图醒目位置设置精美图文《加入北航，拥抱世界》，全景式描绘校内各类国际交流项目，展示校园里各地文化交融的美好图景。国际学院建设了包括日语、法语、俄语在内的多语种官方网站，并在醒目位置提供留学信息、留学申请、资料下载、校历查询等入口和相关负责人的联系方式，便于有意愿来北航就读的国际学生及时准确掌握信息。此外，国际学院官方微信公众号"留学北航"、外国语学院官方微信公众号"Global Touch"、国际交流合作处官方微信公众号"远航计划"等成为北航国际传播能力建设的亮丽风景。

"一枝独秀不是春，百花齐放春满园。"校内多点合作，"修炼内功"，全方位、多角度、立体式地构建起对外传播矩阵，覆盖不同渠道受众，共同奏响北航海外传播好声音。

北京师范大学：十载"看中国"

周雪梅　王诗雯　陈　盼

"今年 7 月，几名新加坡'90 后'大学生参加了 2015'看中国·外国青年影像计划'。他们来到中国西北，用镜头记录现代中国，通过秦腔、兰州牛肉面、羊皮筏子等元素了解和传递中华文化。"① 2015 年，习近平主席在新加坡国立大学发表的《深化合作伙伴关系　共建亚洲美好家园》重要演讲中如是说。

从 2011 年到 2020 年，由北京师范大学会林文化基金、中国文化国际传播研究院主办的"看中国·外国青年影像计划"已经成功举办了十届，在世界范围内产生了广泛影响。许多来自不同国家和地区的青年大多数是首次来到中国。他们要在短短的 17 天时间里，在中国青年志愿者一对一的协助下，每人拍摄完成一部十分钟的纪录短片。"看中国"希望这些对中国文化怀有好奇和热情的外国青年从自己的视角和相互碰撞的思维来观察、体验和感悟中国人、中国事、中国情，从不同侧面进一步认识和了解中国的国情和发展。

十年里，700 余名外国青年来到中国。从接机到送别，从陌生到相识，从误解到理解，从合作到共赢，中外青年在十几天时间里通过"看中国"的平台相识相知，珍惜着漂洋过海而来的友谊。每一部纪录片展现的不仅是镜头里的故事，还有更多镜头背后的人情故事。他们发现、凝视、创

---

① 习近平：《深化合作伙伴　共建亚洲美好家园——在新加坡国立大学的演讲》，《光明日报》2015 年 11 月 8 日，第 2 版。

造、感知，以四方视窗所观之天地，展中国时代脉动，呈平凡细节之光。"看中国·外国青年影像计划"这一北师大创办的中华优秀文化传承创新特色项目如一枝美丽芳华正粲然绽放。

一、中国故事向海外传播的重要载体

"你们怎么会有这么现代化的机场？"

十年前，当飞机降落在首都机场 T3 航站楼，参加首届"看中国"计划的美国波士顿大学学生禁不住发问。

尽管今天的地球已经是平的，但新闻、书本、影视、音乐等为这些外国青年带来的想象与真实的中国远远不相匹配。提起中国，许多外国青年的印象可能还只是熊猫、功夫等这些碎片化的形象，有些甚至是荒蛮、落后的，真正的中国远不被海外受众所了解。

"当下的世界经济增速放缓，'逆全球化'思潮抬头，我们面临太多的共同问题。不同民族国家之间确实需要基于开放包容、互学互鉴、互利共赢的精神，开展人文交流，夯实民意基础，加强国际合作，实现优势互补，促进共同发展。国家间的人文交流需要切实落地、互相接受、具体有效的承载方式。""看中国"创始人、北京师范大学资深教授、会林文化基金理事长、中国文化国际传播研究院院长黄会林教授谈起"看中国"项目的初衷时说。

十年间，来自 83 个国家的 725 名青年在中国 26 个省市共拍摄完成 712 部"看中国"纪录短片。这些影片在脸书、Youtube、推特等国外的网络平台上被大量观看、转发、评论，并在美国罗德岛电影节、中美电影节、西班牙毕尔巴鄂国际电影节、英国电影协会未来电影节、萨拉热窝电影节、巴西圣保罗国际电影节、巴西伯南布哥国际大学生电影节、瑞士尼翁国际电影节、新西兰中国电影节、金鸡百花电影节、中国广州国际纪录片节等赛事上斩获 110 余项国内外奖项。

黄会林教授说："要让世界知道中国，我们需要着眼于青年，着眼于视觉。语言和文字是我们了解彼此的障碍，而影像是世界共通的语言。"

这些影片犹如万花筒，用它们独特的方式讲述中国的质朴与繁华、古老与时尚，彰显中国文化的独特魅力与文化自信。黄会林教授认为，我们理应怀有这样的文化自觉和文化自信。"世界文化格局色彩缤纷，在文化多元的 21 世纪，就全球影响力而言，中国文化应当发挥她的影响力，成为世界上不可替代的、独树一帜的文化。"

十年来，"看中国"短片作品的线上线下立体式传播形成了由研究院发力、撬动广泛中外平台和个人自主传播的"杠杆式"民间推广模式，探索出一条依托高校、青年的传播路径，成为中国故事、中国文化向海外传播的重要载体。它所开辟的跨学科、跨国界、协同式的影视教学模式切实促进了中外影视教育的交流，培养了爱华、友华的青年火种，正如葡萄牙教师龚赛乐表示的："'看中国'应该改名叫'爱中国'，因为它让我们每一位参与者都爱上了中国。我相信'看中国'或多或少都改变了我们的世界观、价值观，甚至是人生轨迹。"

二、耳听为虚　眼见为实

"看中国"强调的是"知行合一"，让青年们通过实践和体验，透过镜头记录真实的中国，打破隔膜与误读。

"耳听为虚，眼见为实。"作为参与者的以色列特拉维夫大学教授阿瑟夫·纪波说："我坚持要他们忘掉从互联网和旅游小册子或网站上了解到的关于中国的一切。他们一定要亲眼去看，寻找真正令自己感兴趣的东西。"

让这些年轻人最感兴趣的恰恰就是古老神秘却又散发着新的时代魅力的中国文化。他们带着热情与好奇，迫切地想用镜头发现、记录中国到底是什么样的。

"成龙、李连杰，谁没有听说过？成为功夫明星是很多人的梦想。20世纪 70 年代以来，借助电影和电视，中国武术在西方获得了无数功夫迷。但我们好像距离真正的中国功夫还很遥远。"来自法国高等视听制作学校的马里昂怀揣着"功夫梦"来到北京寻找真正的中国功夫。她发现："练习武术可以疏导潜在的暴力和学习自我尊重。当然，最重要的是尊重他人，对生活有更深刻的理解。"中国功夫的"秘密"究竟是什么？马里昂用自己的作品给出了自己的答案：《止戈为武》。

2015年，新加坡南洋理工大学的青年大学生郑欣怡在甘肃兰州参加"看中国"项目，拍摄了一部名为《来一碗兰州牛肉面》的短片。片子以她的观察体验为视角，介绍了新加坡唐人街和中国兰州两地的拉面馆，探寻其中的相似与不同之处，在对牛肉面的品尝中思考其所蕴含的人文和地域文化意义。她的作品获得了当年"看中国·外国青年影像计划"金目奖一等奖。

更让她惊喜的是，这篇小小的作品竟架起了一座中新友谊之桥。2015年11月7日，习近平主席在新加坡国立大学演讲提到"看中国"项目，对该项目表示关注，称赞几位新加坡"90后"青年通过"看中国"活动，借助兰州牛肉面、秦腔、羊皮筏子等元素了解和传递了中华文化。

如果把从2011年到2020年参与"看中国"的外国青年们拍摄的纪录片连缀起来就会发现，这正是一幅当代中国的鲜活画卷。北京的老城门、自行车、老手艺人、798艺术区，天津的小吃、出租车、相声曲艺，苏州的昆曲、园林、平江路，长沙的湘绣、木偶戏、沙发客，西北的秦腔、兰州牛肉面、羊皮筏子等，以及多地民族风采……对这些外国年轻人而言，中国之行就是一场发现之旅。从摩登现代的北上广到中国西部的甘肃、青海、新疆，从东北三省到云贵川渝，再到两湖两广，他们不断触摸到真正的中国文化，真正的中国。终于，对于东方古老而神秘的中国文化的扁平想象在眼前清晰、立体而意蕴深长，每一段"看中国"的影像里都承载着一个他们眼里和心中的中国。

"我敢肯定，当他们回到家乡时，那些有关中国的故事将被人们复述。"以色列特拉维夫大学教授阿瑟夫·西波说："就像古时商人走过的那条横贯中西的丝绸之路，我们用数字电影的图像和故事搭建了一条新的丝绸之路。这一次，促使我们漂洋过海的不再是丝绸和香料，而是中国故事。就像那些闪烁的篝火，让远在地球另一端的人们凭此去想象中国，进而想到中国实地走一走、看一看。"

三、在记录和发现中心意相通

古老神秘的中国文化吸引着外国青年们，同时当下的中国也让他们产生了强烈的好奇。当踏上中国的土地，去走访去深入了解，从宏观的族群文化表象进入到细腻的个体生命接受，中国这片土地和生活在这里的人民给他们带来了深切的震撼。

来自英国的海莉用短片《大国工匠》聚焦中国的新名片——高铁，展现了中国第一代高铁工人、高铁焊接大师李万军坚守岗位、突破创新的感人故事，揭示了"中国速度"背后的大国工匠精神。同样被震撼到的还有来自克罗地亚的尼基卡·兹杜尼齐。当他走进湖南的制造企业中联重科，他才知道什么叫"中国制造"。他的短片《瞬间解构》记录了他的见闻：在如梦如幻的机械王国里，看身着蓝色工装的工人如何将一个个小小的零件拼装成大吊车；走出大门，走向外面的世界，看巨型吊车如何吊起庞大的物体，建起高楼大厦。

他们的镜头对准当下飞速发展的中国，生动地传递出大国形象后面千千万万个中国人真实的力量和温度。生生不息的活力、革故鼎新的创造力，中国以其独特魅力和昂扬姿态不断刷新着青年们的认知。

他们的发现和触动还不止于此。从宏大的气象到各地的气质，社区、家庭乃至细腻的生命个体，中国人生活的更多侧面，透过他们的镜头，被次第徐徐展开。

墨尔本大学讲师海伦·盖娜说："西方媒体报道的21世纪中国的形象主要是大城市和大的建设项目。某种程度上，有些侧面在公众面前没有被表现出来。我们在汶川看到的那些景象远远超出了一本书或者电视新闻。"

2018年，来自以色列的梅拉米德和他的制片人搭档——北京师范大学艺术与传媒学院的孔雪同学——一起前往塞罕坝，用镜头追寻属于塞罕坝林场的青春记忆。从20世纪80年代起，为了恢复塞罕坝被破坏殆尽的植被与绿色生态，几代塞罕坝人奉献了他们的青春。抵达塞罕坝，梅拉米德首先便被它的广阔林园和壮美景色所震撼。他决定按拍摄计划运用采访的形式挖掘几代塞罕坝人心底的故事，还原历代塞罕坝人在这片土地上奉献青春无私奋斗的艰辛。梅拉米德说："选这个题目是因为我想通过塞罕坝这样一个融合了中国历史、生态与自然、人的青春与记忆的特殊地方去挖掘一些有意思的东西。"

外国青年们的身影遍布中国各地。他们透过山水和环境，逐渐了解其中孕育的中国人的气质和精神面貌。印度青年导演萨沙·邢说："天津是一个温暖和悠闲的城市。人们的生活不匆忙，热情而善良。在天津，我看到很多人在跳广场舞。从公园、公共场所到街道的拐角到处都有他们快乐的身影。"新加坡青年导演伊维特说："长沙轻松的氛围让人联想到澳大利亚的墨尔本和美国的旧金山。这里天气很热而且潮湿，蝉的鸣叫一直不停歇。但当地人民一直保持着轻松欢快。什么是幸福的秘密所在？长沙人告诉我，总会有一些东西让你去感激每一天。"在深入了解拍摄对象之后，导演格蕾塔将《乐享舞蹈》的英文片名从直译的 *Square Dance* 改为了 *Happy Dance*：广场舞不仅是广场舞，更将社团、家庭、朋友联系得越加紧密。《苏州之声》的导演卡门为评弹艺术所吸引，不仅自费为选题升级拍摄器材，甚至跑遍了当地的"评弹码头"。

黄会林教授说："最初我们没有为学生们设定主题，也不对他们拍摄的内容做要求。但巧合的是，所有的影片都在聚焦中国文化。"

外国青年们发现，他们在发现和记录中国的同时，不但离真实的中国越来越近，也在中国的文化内核里看到了与自己民族和国家的相通性。正如阿根廷国立电影实验与制作学院瓦·胡安·克鲁兹教授说："我们飞行了三四十小时，越过海洋，越过几十个国家，经停了里约热内卢、迪拜和北京。在甘肃，在谜一般的历史里，我们找到了自己。"

作为指导老师，阿瑟夫·西波曾经告诉学生们，"中国就是我们要寻求的故事"，却被学生提问"如何跨越半个地球，到一个陌生的地方讲述自己的故事？"他的回答是：亲身去体验，亲手去触摸。"因为不论你在哪里，你的眼睛注视何处，你所讲述的永远都是自己的故事，你自身的斗志、恐惧、希望和快乐"。

人类的命运和情感是相通的。来自塞尔维亚的指导教师普雷德拉格·韦利诺维奇一语道出："电影是人类世界的共同语言，不需要翻译就能让人与人之间心生互信。'看中国'项目用世界通用的语言——电影—将不同的文化紧密地联系在一起。在地球上的某个地方，我们通过电影结识的朋友会永远与我们心意相连、情意相通。"

透过镜头，青年们观察记录着中国，同时也看到自身。

2014 年，一部名为《年龄身高学历》的短片获得了当年的金目奖二等奖。它记录了上海、苏州公园内老人为孩子征婚的场景，展现了中国现代都市快速发展过程中，两代人婚姻观念的冲突与磨合，以家庭为切入点，看当下中国古老与现代交融的文化现象。获得最佳文化发现奖的巴西圣保罗大学青年导演佩德罗·尼西则奔赴新疆，拍摄了《有一个地方只有我们知道》，通过讲述一个锡伯族小女孩和她身边人的故事，探寻一个普通锡伯族女孩的内心世界，展现锡伯族人对民族语言与文化的继承。2019 年，获得了第六届金目奖一等奖的《观茶》，通过意大利青年安德里亚·瓦莱罗的讲述，徐徐铺展了一幅重庆交通茶馆里光影茗香、众生百态的画卷。"人类的丛林，生命的赞歌。"安德里亚总结道。

青年们的异国身份渗透其中，却又与他们镜头中的主人公情感相依，文化和情感的相通让他们对差异的尊重和理解更为深刻。

四、让跨越国界的青年友谊充满活力和希望

世界的美好未来寄望于青年一代。为青年的成长创造更为广阔的舞台和更良好的环境是大学的重要责任和使命。作为"看中国·外国青年影像计划"的发起者和主办方，北京师范大学始终致力于中外文化交流与国际合作，有力地推动了世界各国和相关地区教育文化的沟通、交流与合作。十年来，北京师范大学对活动的成长和发展给予了充分的关注和支持。

"虽然只有很短的时间，但是我相信来自国外的各位青年们对这段在中国的经历可能会铭记一生。"北京师范大学校长董奇曾这样寄语各国大

学生们，"'看中国'对中外青年们更好地认识自己和他人、了解本国和他国都是非常重要和难得的体验和机会。希望这个计划能够为推动中国和世界各国大学生相互了解，进而通过你们促进世界各国的友谊以及世界和平发挥更大的作用。"

正如其所愿，纪录片的拍摄工作完成后，通过"看中国"项目连接的中外青年、师生、院校之间的友谊在不断生发成长。

意大利青年雅各布在中国之行中结交到了好朋友。回国后，他开始跟当地孔子学院的中文教师学习汉语，希望将来能再次前往中国。用影像记录了布依族人民生活的亚历山大已经毕业，被学校推选到印度国家广播电视局工作。他选择了与上海国际电影节对接的工作，希望未来能为印中文化交流做出自己的贡献。刘韵妮老师三度带领新加坡南洋理工大学青年分别赴湖南、甘肃、四川参加"看中国"之后，辞去了南洋理工大学的工作，成为一名独立电影人。巴西青年佩德罗·尼西的《有一个地方只有我们知道》在国内外多个重要电影节获奖，也因为此片，他获得了第二笔基金，并被业界猎头发现，由此开启了他的导演之路。他由衷地称"看中国"改变了他的人生命运。

2019 年，作为对"看中国"项目的感谢，厄瓜多尔高等影视技术学院启动"中国青年看厄瓜多尔"项目，邀请历年参与活动的优秀中方志愿者中的两名同学陈佳洛、周嘉泰前往参加；两人合作的影片《此岸、竹笛与皓帕察》在第 13 届深圳青年影像节和第 10 届学院奖中都获得了亮眼的成绩。在全球新冠肺炎疫情最艰难的时刻，"看中国"的老友们纷纷发来问候和关切。2019 年，影片《你我皆星辰》的阿尔巴尼亚导演门特·塞尔马尼以"在疫情期间聆听阿尔巴尼亚大自然的声音"为主题创作了新影片，以此对"看中国"的伙伴们致以深切问候。

"可以说，'看中国'项目已经成为承载外国青年进行文化交流的'直通车'，以文化包容的态度和人际沟通的善意，很好地削减了不同国家和民族之间的隔膜与障碍，在中外青年之间架设起一座充满活力和希望的国际友谊桥梁。"黄会林教授说。"看中国"在中外青年们的心中埋下了种子，而这些种子终将成长为中外友好交流的参天大树。

五、学术与实践并行，微观与宏观相映

从 2014 年起，为了让更多外国青年了解和参与"看中国"项目，黄会林教授和她的团队开始出版"看中国"年度主题图书，让"看中国"通过文字与图片进行展现与传播。

自 2017 年以来，"看中国"项目开始出版系列专题图书。2017 年，先后出版了《民心相通——"一带一路"看中国·外国青年影像计划》和《民心相通——"金砖国家"看中国·外国青年影像计划》，两部专题图书分别走进了"一带一路"国际合作高峰论坛会场和 2017"金砖国家"峰会会场。2018 年 6 月出版《印象·改革开放——看中国·外国青年影像计划》，选择了集中体现改革开放四十年来中国在经济、文化、社会、生态方面发展的 63 部纪录短片。2019 年 5 月，集结往届项目成员感想、手记、采访的《体验中国看中国·外国青年影像计划》被国务院新闻办选入"亚洲文明对话大会"专门用书，在会议现场进行展示。系列丛书为中英双语版，主要内容不仅包括短片情况概述、海报、内容简介、学生关键词与感受，还附有视频二维码，通过手机"扫一扫"功能便可随时观看所有作品。这一系列"看中国"图书图文并茂地对"看中国"活动成果进行了介绍，具体形象地呈现了近年来"看中国"项目与外国青年文化交流共建的努力，探索和积累了当代中国文化影响力生成的宝贵经验和有益模式。除此之外，"看中国"代表国家对外传播突出成就，在 2017 年"砥砺奋进的五年"大型成就展以及"一带一路"沿海城市智库联盟理事大会中作为重要影像资料进行呈现。

"看中国"坚定不移地扩大项目的持续影响力。从 2016 年起，开启大规模海外展映，同时启动"看中国"学术专题研讨活动。迄今为止，已在 28 个国家举办 44 次展映活动，与各国高校加强联系、加深友谊，从而拓展"看中国"的学术深度和学理外延。

六、十周年的里程碑：后疫情时代文化交流新模式

"十年积跬步，足下至千里。十年，是'看中国'承前启后、继往开来的里程碑，也是中国文化国际传播研究院凝心聚力、再创辉煌的新起点。'看似寻常最奇崛，成如容易却艰辛。'"北京师范大学副校长周作宇在"看中国·外国青年影像计划"10周年图片展揭幕、2020"看中国"收官展映以及大电影《路：外国青年看中国》首映式上总结道。

2020年，全球新冠肺炎疫情严峻。"看中国"项目不仅没有停摆，反而焕发出了更大的活力，取得了更耀眼的成绩，为疫情背景下的文化交流互通模式打通了新思路、开辟了新实践。在身居海外的外国青年无法来到中国本土拍摄影片时，2020年，"看中国"以"在华外国青年看中国"和"远程外国青年看中国"两个子项目为支撑，充分发动在华外国留学生的能动性，创作能够融入他们在中国生活的观察、感受和思考的纪录片；利用新媒体技术，开辟全球性纪录片影像合作新范式，同时邀请往届优秀的"看中国"外国青年导演以"看中国"的经历为主题创作影片，继续深挖"看中国"项目意义。

俄罗斯导演阿莉萨·帕什科娃已经三度参与"看中国"项目，和曾经合作过的制片人、教师都有着长久的联系。在2017年《贯通》和2018年《珍珠海》两部佳作后，阿莉萨携《透过我的双眼》回归。"回看过往，我们的确非常勇敢，"她说，"电影《透过我的双眼》映射了我过去最平常不过的生活，是我脑海中最好的回忆。"

"看中国"十周年之际，国内外线上线下媒体联合发力，形成多语种、跨平台立体传播矩阵，"看中国"品牌效应进一步扩大。自2019年12月起，"看中国"正式登陆北美，在覆盖全球3500万受众的美国城市卫视及下属多媒体平台进行展播，在北美主流观众群体中收获了热烈反响，仅美国城市新闻网官网点播人次就已超过200万，网络点击量超1000万；迄今共收到观众反馈200多条，逾3.1万字的留言反馈。其中不仅有对内容的讨论，还有观众自身的感悟。洛杉矶郡前郡长迈克尔·安东诺维奇

（Michael D. Antonovich）在看过《盆中风景》后，感叹"中国人民有巨大的智慧，中国的艺术家们更是有巨大的创造力"。福乐屯市市议员克里斯·怀提克认为，"'看中国'为各国青年架设起了一座充满活力与希望的友谊之桥"。

"看中国·外国青年影像计划"从北京师范大学起航，经过十年的孕育发展，以自己的方式塑造了国家形象，搭建了友谊桥梁，展现了立体传播，创新了交流模式，培养了友华青年，拓宽了外交路径，如今，它已经走出象牙塔，把国内各省市自治区高校和近百所国外高校连接起来，成为北京师范大学对外文化交流的一个重要品牌活动。"看中国"凝聚了来自国内外不同地域、不同行业的人群，共同探索出了一种向世界讲述中国故事的新方式。

而为此付出巨大心血的项目发起人黄会林教授及其团队依然葆有初心。"世界是属于青年的。"黄会林教授在"看中国"十周年活动中衷心祝愿"看中国"项目能为各国青年的交流往来做出更多积极的贡献。"我们希望外国青年看中国之'路'走得更宽广，以博大的胸怀欢迎友好的外国青年们'走进来'，也推动优秀的中国文化'走出去'。"

中央财经大学：打造立体式对外传播格局

李爱民　张　萌

国际化视域下的高校宣传工作本质上是跨文化交流与文化交融背景下的思想宣传工作。这就需要按照文明多样性和文化多元性的要求，在平等对话、求同存异、开放包容的前提下开展工作。中央财经大学以"建设成为有特色、多科性、国际化的高水平研究型大学"为战略目标，通过打造全媒体传播格局、组织国际招生招聘宣传、开展国际科研合作、发挥海外校友组织作用积极扩大影响力"四招并举"，形成了富有特色的对外宣传工作格局。

2015 年以来，中央财经大学国际化总排名呈现上升趋势，除中外合作办学和科研国际化外，来华留学生、教师的国际交流、文化交流、国际显示度四个方面的排名均有不同程度的提升。2017 年，中央财经大学大学国际化水平总排名在原"985""211"建设大学中居中并呈逐年上升趋势。在单项排名中，教授国际交流方面表现突出，进入参加排名高校的前 30%。

一、加强英文网站建设

为完善中央财经大学海外网络传播体系建设，提高学校海外传播能力，促进学校"双一流"建设和发展战略目标实现，学校建设中央财经大学英文网站，同时搭建"校英文网站+院英文网站"的对外宣传平台，聚焦宣传和服务，发布贴近国际关切和国外受众的学校新闻，内容包括学校教学科研成果、学校建设发展中的大事、人才培养取得的成绩、主办的国际学术研讨会、学校教师参加国际学术交流活动等。

学校制定《中央财经大学英文版网站管理办法》，加强对英文网站的统一管理。其中，宣传部负责学校英文版网站整体架构规划、信息内容体系规划、日常内容更新等工作，以及负责筛选确定适合在学校英文版网站新闻栏目进行宣传的中英文稿件，提供给外国语学院翻译或审核，并与外国语学院合作开展学校英文版网站建设与对外传播力研究。外国语学院组织由专业教师和英语专业学生构成的新闻翻译专业团队，负责对新闻进行英文翻译、校对，并且在此基础上建立专有名词词库。国际合作处负责从外事政策和外事纪律的角度对学校英文版网站和各单位、部门英文版网站发布内容进行监管，并向宣传部提供校级层面有关外事活动的相关信息。教务处负责对外国语学院翻译团队参与英文版网站建设提供激励和支持。网络信息中心负责提供技术支持。

中央财经大学英文网站采用"栏目信息来源单位负责制"，各相关单位、部门负责提供学校英文版网站中相应栏目的中文信息并及时更新有关数据，以便国外受众能方便快捷地找到自己需要的相关信息。学校每季度还会定期对各学院二级英文网站的更新情况进行检查，确保英文网站信息的即时更新。

二、做好外宣工作

习近平总书记曾于 2013 年全国宣传思想工作会议上强调，要胸怀大局，把握大势，着眼大事，精心做好对外宣传工作，创新对外宣传方式，着力打造融通中外的新概念新范畴新表述，讲好中国故事，传播好中国声音。为营造持续有利的国际舆论环境，塑造正面向上的国际形象，需要学校提高国际认同感，有体系、有步骤、有策略地讲好中财大故事。

中央财经大学正稳步推进对外宣传工作，积极推动与国家主流媒体的交流和合作，与《中国日报》等主流媒体进行合作，搭建传播中财大声音的舞台。同时，在及时报道动向性新闻的基础上，加强对学校历史、文化、精神、人物内涵的深度挖掘，丰富宣传主题，塑造丰满的国际形象。

中央财经大学积极推进传统媒体与新兴媒体融合互补战略，构建全媒体宣传格局。要充分发挥传统媒体较高的内容生产力和新闻报道更具深度、广度和高度的优势，同时充分利用官方微博、微信等新媒体地域广、受众多的优势，在宣传的时、度、效上狠下功夫，精心设置宣传主题，及时发布学校发展过程中的重大事项和师生关注的问题。

通过网络、报纸、新媒体等多种手段，多角度、全方位进行宣传报道，辅之以宣传片、宣传折页等多种手段，促进了媒体融合，形成了媒体合力，进一步提升了学校的影响力和美誉度，从而在新时代更好地向世界讲述中财大故事，塑造中财大形象，传播中财大声音。

三、国际招生与人才培养国际化

2018 年，中央财经大学首次参加由中国国际交流协会、国家留学基金委、北京高教委国际交流中心等在海外主办的教育展，积极主动进行招生和宣传工作，同时在马来西亚、泰国、韩国、越南等生源地进行主动招生宣传，展示学校形象。

中央财经大学高度重视教育对外开放战略，积极完善区域战略布局，进一步拓展合作领域，切实提高开放与合作的层次和水平。通过引入高水平外方资源，中央财经大学进一步完善本科、硕士、博士层面的中外合作办学体系，不断提升中外合作办学项目质量，目前学校已经形成覆盖本、硕、博三个教育层次、办学特色鲜明的中外合作办学特色。截至 2017 年底，学校共有 3 个合作办学项目、共 4 门教育部来华留学英语授课品牌课程、8 个教学项目获得 6 个国际学术组织认证。在"一带一路"国家和地区新增印度管理学院（印多尔）、印度理工学院（孟买）等合作伙伴。

此外，作为孔子学院的承办学校，中央财经大学承办的巴西伯南布哥孔子学院正式进入全球示范孔子学院行列，下设的两个孔子课堂和汉语教学点教学成果丰硕。学校积极申报国家汉办各类项目，至今已举办四届孔子学院夏令营，邀请来自孔子学院的优秀学员来校学习交流，充分发挥孔子学院的桥梁和纽带作用。2016 年，中央财经大学成为孔子学院奖学金招收院校。

四、学生海外交流学习项目

学生海外交流学习项目对学生的国际能力和综合素质有很高要求，是扩大学生的国际视野、提升学生的全球化素养、展示学校形象的重要渠道。通过在校生赴海外交流学习、参加学术会议，中央财经大学全面推进人才培养国际化。目前，中央财经大学共设有 64 个海外交流学习项目，其中包括 4 个国家公派项目和 60 个学校项目。学校成立海外交流专项资金，专门用于资助自费赴海外交流学习的学生，其中还设立了贫困生海外交流项目。2017 年，31 名优秀本科毕业生在国家留学基金委和学校涌金奖学金项目的支持下赴海外留学，其中超过 1/3 的本科毕业生曾参加过学校学期和暑期海外交流学习项目。2016 年，中央财经大学首次举办"海外高水平大学学生来访学习项目"。

中央财经大学学生海外交流学习推广形式多样，内容丰富。除了继续通过传统媒体和官方网站发布学生海外交流学习项目的信息之外，还充分利用新媒体方式开展推广活动。2017 年，学校首次采用"海外学习教育展"的新形式举办第四届中央财经大学海外学习推广系列活动，吸引近千名学生参加，参展方包括外国驻华使馆教育部门以及美国明尼苏达大学、英国华威大学、法国 ESSEC 高等教育商学院等海外 20 多家知名高校，教育展还为往届海外交流项目参与学生专门设置了学习经验交流平台。学校于 2017 年 9 月成立国际交流协会（SICA），以增强学生海外学习交流推广活动的自主性和积极性。此外，中央财经大学首个学生海外学习基地项目——AZSA 监察法人总部——正式启动，学校在 GfK 公司德国总部设立的学生海外实习基地也已经完成第三届学生选拔工作，学校在澳大利亚成立的海外科研中心——中央财经大学-维多利亚大学商学和经济学联合研究中心——在澳大利亚召开联合研究中心第一届学术会议。

学校要进一步完善在校学生海外交流项目，培养国家急需的创新人才和非通用语人才。通过与国际以及区域组织开展合作，加大国际组织人才的培养力度。完善学校暑期班课程体系建设，打造具有品牌效应的中央财经大学国际交流平台。学校将进一步加强国际学术项目体系和服务体系建设，打造"留学中财"品牌，完善在校学校海外交流项目。完善学校暑期班课程建设，打造具有品牌效应的中央财经大学国际人文交流平台。

五、海外招聘与师资国际化

中央财经大学着力在全球范围内平台式引进大批海外优秀人才，聘请了一批国内外著名学者担任学院领导和学术带头人，例如，诺贝尔经济学奖获得者劳伦斯·克莱因（Michael D. Antonovich）、约瑟夫·斯蒂格利茨（Joseph Eugene Stiglitz）、罗伯特·恩格尔（Robert F. Engle）、埃里克·马斯金（Eric Maskin）、罗杰·迈尔森（Roger B. Myerson）等担任学校学术委员、名誉教授、客座教授和兼职教授，为学生授课。通过"丝路奖学金"和"一带一路奖学金"，中央财经大学积极引进"一带一路"国家的高端人才。

中央财经大学以"聚天下英才而用之"为原则，通过"引进来"与"走出去"相结合，大力推进教师队伍国际化建设工作。学校落实"双百计划"——"外籍专家百人计划"和"海外优秀留学人才引进百人计划"，完善现有引智项目体系，优化项目管理流程，简化项目申报程序，提升学院与教师对各类引智项目的参与度，完善国际化后备师资制度建设。通过引智项目，学校引进了数百名包括美国哈佛大学、斯坦福大学、康奈尔大学、英国伦敦政治经济学院等国际知名高校专家学者，引进高水平海外专家和海外优秀博士生与学校教师共同开展学术交流活动。2017年，中外合作办学项目引进澳大利亚维多利亚大学的16门商学学士学位专业课核心教程和20位教师，引进美国史蒂文斯理工学院10位教师讲授8门专业课程。

中央财经大学一直致力于建设优势学科全英文教学师资团队、世界一流的科研团队、通晓并理解国际事务的管理团队等三大团队，加大教师出国出境研修交流的支持力度，加大教师国际能力提升的培训力度；鼓励教师出国访学，组织教师参加美国经济学年会等国际学术组织的活动；鼓励教师们积极申报国家公派高级研究学者项目、青年骨干教师出国研修项目、留学基金委高等教育教学法项目以及博士生导师出国研修项目等。截至 2017 年，中央财经大学拥有出国访学项目（三个月及以上）经历的专任教师 466 人，占专任教师总人数的 43.5%，教师赴海外参加会议、短期访问、参加学术交流和研修等达到 323 人次。

中央财经大学立足现有学科优势，在世界范围内拓展教育对外开放与合作的领域，提高对外开放与合作的层次和水平，全面提升国际影响力和知名度。截至 2017 年 12 月，学校海外合作伙伴累计达到 170 家，其中，美洲 38 家、欧洲 57 家、澳洲 11 家、亚洲 59 家，另有 5 家国际组织机构。海外合作伙伴分布在全球 35 个国家和地区。学校将在拓展新的海外对象的同时，以原有合作关系为基础，进一步拓展合作领域，开展有计划、有内涵的深入合作。

六、拓展国际科研合作渠道

为落实《中央财经大学哲学社会科学繁荣计划实施方案（2011—2020年）》，拓展国际合作渠道，提升国际交流层次和水平，推进中央财经大学有特色、多科性、国际化的高水平研究型大学建设进程，科研处设立国际学术交流支持计划，助力学校科研人员"走出去"。

"国际学术交流支持计划"自 2014 年开始实施。2016 年，"国际学术交流支持计划"共资助 11 个科研单位的 17 位教师及科研人员，先后参加了 14 个国际学术会议，资助金额达 33 万元。会议举办地点遍布六大洲，会议交流内容涉及经济学、财政学、公共政策、心理学、气候变化等多个学科领域。学校鼓励教师赴海外参加学术会议、短期访问、学术交流，在海外发表学术成果，开展国际合作科研、参加高水平国际学术会议、参与国际学术交流等，以推进学术研究国际化。

通过资助，中央财经大学的一批青年学者在美国经济学年会、国际公共政策年会、信息技术与量化管理国际会议、国际心理学大会、制造与服务运作管理国际会议、联合国气候变化大会等国际重要学术会议上与国际高水平科研机构和科研人员交流科研成果、拓展合作研究渠道。科研处还专门制作宣传折页，方便学校教师外出交流访学时对学校进行宣传。

为落实《中央财经大学一流学科建设高校建设方案》，营造浓厚的学术氛围，中央财经大学设立中央财经大学专题学术讲座项目。该项目是资助科研人员围绕"双一流"建设方案，紧扣学校学科建设方向，以某一学科领域为主题，邀请国内外知名专家到学校召开系列学术讲座。学术讲座涵盖的领域包括马克思主义理论、国际贸易理论和应用、资本市场会计与财务、劳动经学、发展经济学、区域经济学、经济心理学、国防经济、保险经济学理论与实证、税收理论与政策、组织行为与人力资源管理、人工智能技术、大数据、建设工程管理、国际金融、金融计量、金融数学、金融市场与风险、公共部门战略管理、新媒体传播、公法、国际法等。

此外，为加强教师国际学术科研能力建设，增强教师参与国际合作科研的积极性，提升中央财经大学的学术声誉和国际知名度，学校设立"学校引智项目——中央财经大学教师邀请海外学术伙伴来校开展合作科研项目"和"国际学术交流支持计划""科研能力提升计划——英文学术论文润色项目"，形成多样化的学术科研国际化支持与保障体系。

下一步，学校计划通过与国际性或者区域性经济组织合作，开展区域研究；组建国际合作研究机构，形成拥有雄厚研究能力和较强国际影响力的合作研究网络平台；加强科研能力建设，拓展教师国际学术视野。

七、教师国际能力发展培训

为提高教师的教学能力，紧跟国际教学前沿理论，中央财经大学教师教学发展中心建立高等教育教学法海外高级研修项目和高校教师国际能力发展培训项目，就教师关注的重点问题赴加拿大进行培训。至今已分别举办 4 期和 5 期，培训渠道涉及课程讲授、师生座谈、教师工作坊等多种形式。

研修期间，研修团队成员实现了从教师到学生的角色转换，他们适应国外高等院校教师的教学风格，深度理解主题，谦虚求教问题，积极参与课堂互动，并根据自身教学实践，结合教师教学环境，在问题上主动思考，在思路上主动对接，实现了教授与学员、学员与学员之间的全面探讨。

在学习之余，研修团队还亲身体验了相关高校教育教学文化环境、大学生实践与创业环境等实践场所，从课程学习与实践感受两个层面加深对财经特色创新创业教育教学思维培养与教学发展能力提升的认识与理解。

高等教育教学法海外高级研修班于 2014 年启动。该项目自实施以来，得到了参训教师的一致认可，受到了全校教师的广泛关注。据了解，参加项目的教师年龄跨度从 30 岁到 53 岁，其中 36~40 岁人数最多，整体职称水平较高，副教授占 71%。多于九成的学员表示，回国后用到了培训所学，尤其案例教学设计和调动学生积极性的应用最为频繁。问卷调查分析结果显示，培训给各位教师带来了各方面的影响，不仅增加了同事之间的交流，还让大家有了重新认识教学、提高教学能力、分享教学经验的机会，开阔了视野，感受到了国外文化。同时，作为学校的一张名片，在学习与交流的过程中，展示了中央财经大学教师的形象，增强了中财大海外知名度。"作为'财经黄埔'的中央财经大学，本次培训也是我校同加国高校深入交流的过程。"一名法学院教授在总结中如是写道。

八、借力海外校友组织

海外校友会已经成为沟通校友的重要平台。中央财经大学通过建立海外校友会组织，鼓励海外校友充分利用平台优势为母校建设贡献自己的力量，对提升校友凝聚力、弘扬中财精神以及扩大新时代学校海外影响力起到了重要作用。

校友总会致力于全球校友组织体系的建设。截至目前，校友总会已经在海内外成立了 80 个校友会组织。其中，校内建立了校院两级校友基金工作体制和校友工作联络人制度，成立了 20 个专业分会，在校生成立了校友工作志愿者协会，成为校友工作的有力支撑；校外成立 45 个地方校友会，9 个境海外校友会，6 个行业联谊会以及中财茶友会，以及中财健步走俱乐部等多个校友兴趣组织，聘任了 400 余名校友大使，形成了上下结合、内外互动、同心协力、齐抓共管的良好工作局面，全员、全方位、全过程、全社会、全心全意地服务全球校友。

以中央财经大学北美校友会为例，2017 年 5 月，恰逢北美校友会成立十周年，北美校友会在罗格斯大学商学院举办 2017 年年会暨第三届大樟树北美投资论坛（SFCC）。该活动得到全球校友的积极响应，来自加利福尼亚州、德克萨斯州、伊利诺伊州、华盛顿 DC、波士顿、纽约等地的校友与来自加拿大和中国的校友欢聚一堂，参会校友人数逾百人。

自 2007 年成立以来，在北美校友会理事会的带领下和海内外校友的共同努力下，北美校友会不断健全组织体系、完善服务平台、创新校友活动，特别是成功打造了"北美大樟树"这一具有广泛影响力的经典品牌学术活动，校友工作取得了创新性的突破和辉煌的成绩。大樟树北美论坛具有鲜明的特色和独特的价值，是中财大樟树论坛的一个重要组成部分，为中财北美和大陆校友之间架设了一座中美互助、投资融资、商务协作的桥梁，也促进了中美校友在投资领域的了解和发展，成为国际化财经领域学术交流的典范。

中财海外校友会群策群力、团结高效，积极筹备并举办各类活动，在将校友会打造为海内外校友交流合作平台的同时，也成为中央财经大学重要的海外宣传名片，是国内高校借助校友会平台展开深度对外宣传的典范，也必将助力学校，进一步提升中央财经大学对外宣传的执行力、穿透力和影响力。

上海外国语大学：多语种全媒体讲述中国故事

衣永刚　顾忆青

围绕"多语种+"和"互联网+"两大支撑点，上海外国语大学紧密结合办学特色和人才培养目标，于 2014 年 12 月在全国高校中率先打造多语种外文门户网站群，并已开通 28 种语言版本，用多语种、全媒体讲述中国故事。

自网站运行以来，在理念定位、阵地建设和运营机制等方面已探索出卓有特色的办网育人模式，在海外传播和国际影响等方面初见成效。上海外国语大学互联网域名在 Alexa 世界网站访问量排名中始终保持上升态势，并进入美国和德国的地区排名，在教育部直属高校中最高曾名列第十一位，在语言类高校中始终位居第一。

一、提升国际传播的精准性和有效性

上海外国语大学基于学校外国语言文学学科专业特色和在跨文化研究领域的学术资源优势，利用大数据分析，面向不同目标受众的来源分布、文化惯习和浏览需求，提高网站内容的针对性，让世界各国受众通过自己的母语认识精彩中国。

围绕上述定位和目标要求，上外切实发挥学科专业特色和跨文化研究的学术资源等优势，利用大数据分析，面向不同目标受众的来源分布、文化习惯和浏览需求，提高网站内容的针对性。目前已在两个方面初步形成国际传播力。

上外多语种外文网站定位于打造成（1）促进中国文化传播与交流，弘扬中国优秀文化的窗口；（2）增强中国话语国际传播力，成为影响国际传播主流的路径；（3）促进中国高等教育"走出去"，成为提高影响力和认识度的渠道；（4）营造高等教育改革新动态，优化宣传思想工作的阵地；（5）学者发表观点与学术成果，提出新概念、新范畴的平台；（6）学生专业学习与社会实践，提升专业实践能力的基地；（7）教师课程教改与课外拓展，提升课堂教学效果的抓手；（8）增强学校海外网络影响力，提高知名度、美誉度的载体。

上海外国语大学党委书记姜锋说："外国语大学不仅要讲好中国的故事，更要用中国的观点讲世界的故事，不是说仅仅从中国的角度来看世界的制度是怎么样的，而在放在世界的角度里看世界的秩序是怎么样的。"

在网站筹建过程中，上外党委书记姜锋作为主要负责领导，反复强调办网的定位和工作理念要对接中央精神和国家需求。他说："讲好中国故事，一是要从世界发展和人类文明进程的角度讲述中国故事；二是善用世界案例和全球素材，表达中国观点，提供中国解读。只有兼具中国自觉和国际意识，才能形成既具中国特色，又能全球有效传播的话语体系。"

中外学生以原创作品的方式共同讲述中国故事。一是通过话题策划，引导学生书写身边见闻。网站除了发布学校常规资讯和面向外籍师生的服务信息之外，还重点开设了多个互动性强、显示度高、受学生喜欢的特色栏目，如观点与评论（Opinions）、特写故事（Feature Stories），不仅发布校园新闻，更关注上海见闻、家乡变化、中国发展等话题，鼓励中国学生用所学语言专业、来华留学生用自己的母语讲述身边的故事，已发表近2000篇外文多语种作品，所发表的文章都由中外学生原创。如上外德语网先后策划了关于中国春节习俗、中国二十四节气的系列学生创作活动；上外西班牙语网与中国贸促会合作组织学生走访民营企业，将撰写的调研报告编译后连载；俄罗斯、乌兹别克斯坦、日本等国家的留学生撰写了关于中国文化体验项目的亲身感受并发表在上外多语种外文网站上。二是改变宏大叙事方式，采用全媒体方式进行表达。多语种外文网站除文字之外，还发布学生的多语种外文原创微视频、多语种音频译配和朗诵、多语言可视化数据与图表等，以学生视角观察和书写所见所闻，改变宏大叙事方式，形式更加丰富多样，让中国故事在多语种的表达和全媒体传播中更生动、更鲜活。

智库专家以在专栏评论的方式传播中国声音。上外党委高度重视把语言文化研究优势转化为咨政和传播优势。对内，着力打造国际关系研究智库，在国际热点问题上快速做出响应，及时向中央有关部门建言献策；对外，充分整合区域国别研究和教育、管理、跨文化、新闻、法律等领域的智力资源，在多语种外文网站专设评论专栏，建立了一支强有力的专栏作者队伍，由知名智库专家学者引领，青年教师和研究生参与，通过互联网快速传播与多语种传播优势相叠加，让世界更好、更快地了解中国声音。一年来，这支队伍已就重大国际舆情事件先后发表多语种评论。如上外俄语网就乌兹别克斯坦总统大选发表的多篇评论文章被乌方外交部通讯社转载；上外德文网等也有多篇文章被新华网德文版、人民网德文版、德国电视一台等转载或引用；上外多语种俄文网已与东方网（eastday. com）英文版和日文版建立合作关系，共建上外多语种外文网评论专栏，所发布的师生评论文章同时在东方网两个外文版署名转载。同时，双方合作共建东方网俄文版。学校将继续参照这一模式，与更多国内外文媒体和海外媒体开展共建合作，将上外多语种外文网站的优质资源进行共享，从而扩大社会影响力和海外传播力，向世界阐释中国理念，表达中国立场。

上外还鼓励学者和教师积极通过网站传播中华优秀传统文化。上外西班牙语专业副教授陈芷老师自费投入 10 余万元人民币在 2011 年创建了全球唯一用西班牙语传播中国文化的慕课网站（http：//www. programasol. com）。"SOL"在西班牙语中意为"太阳"，象征着中国文化像太阳一样启迪心智、温暖人心，SOL 也是 Serenidad（宁静）、Oasis（绿洲）、Libertad（自由）三个单词的首字母，意思是中国文化可以带给人内心的平静、精神的绿洲和自由意志。陈芷老师的博士论文就与中国文化传播有关，她在马德里孔子学院院担任过中方院长，网站上关于中国传统文化的视频课程也基本围绕这些主题而展开，介绍阴阳、五行、释道儒的基本含义以及对于现代人生活的意义。西班牙语国家的大使及教育参赞，包括塞万提斯学院、西班牙商会等都对这个项目表现出浓厚兴趣，越来越多西班牙语国家的人关注到该网站。

二、丰富多语种外文网站的内容

主动借力海外媒体和驻外机构拓展传播路径。上海外国语大学已在脸书、推特、Youtube 和 LinkedIn 分别开通了官方账号，鼓励海外校友和留学生将上外多语种外文网站的优质内容在海外社交媒体平台进行分享传播。同时，上外开始组织师生撰写维基百科词条，目前已创建英语、俄语、日语、法语、德语、挪威语、塞尔维亚－克罗地亚语七个外文语种词条，从而扩大海外用户访问渠道，提高学校的国际声誉和海外传播力。

经过一段时间的探索，上外多语种外文网站已初步形成了主动借力海外媒体和驻外机构拓展内容传播路径的新模式。以上外俄文网为例，自上线以来，累计发布俄语资讯近 400 条，并获得海外俄语媒体和中亚地区的关注。其中，乌兹别克斯坦外交部世界新闻通讯社（JAHON）、乌兹别克斯坦《人民言论报》（议会机关报）摘编转载上外俄语网报道近 60 篇，从转载选题来看，较关注反映中乌关系，乌兹别克斯坦经济、政治、社会、外交、文化问题的深度报道和专家评论，如摘编上外俄文网文章《上外在乌兹别克斯坦撒马尔罕建立孔子学院将为当地培养汉语人才》《乌兹别克斯坦纪行系列：马哈拉——乌兹别克公民社会管理模式》《上海外国语大学开设乌兹别克语课程》等。

今日俄罗斯通讯社（Russia Today）、俄罗斯驻上海总领事馆、乌兹别克斯坦塔什干国立东方学院等机构的外交官、媒体记者、学者、企业、政界、商界、媒体界、文化界等人士通过社交媒体转载、引用上外俄文网的报道。

俄罗斯外交官和记者主要关注反映中俄文化交往类的资讯文章和评论，如俄罗斯导演担任上海国际电影节导演；圣彼得堡和上海市政府在上外联合举办"纪念中国人民抗日战争暨世界反法西斯战争胜利 70 周年图片展";上海举行俄罗斯文化艺术节等。乌兹别克学者关注中乌教育合作报道,如上外"一带一路"暑期学校印象系列征文、上外与撒马尔罕孔子学院启动双导师研究生培养机制等。中国驻外机构、国家汉办/孔子学院总部、人民网、新华网等也成为上外俄语网对外传播的重要渠道。中国驻乌兹别克斯坦大使馆、国家汉办、人民网和新华网俄文版等多次转载相关新闻,主要关注上外与乌兹别克斯坦高校合作、上外撒马尔罕孔子学院建设等报道。

上外新建了多语种教师主页、活动发布等专题网站促进学术传播与信息共享。SISU Faculty 多语种教师主页学术信息专题网发布更新全校在职教师的多语种个人学术简历、学术研究成果、在研学术课题和项目、学术交流信息等,从而加强中外学界学术传播与学术交流。教师可以通过学校统一身份认证账号在线发布多语言版的个人学术简历,包括学历履历、教学课程、科研成果等,增强学校教师在国际学界的影响力。同时,可以设定自己感兴趣的研究领域,在页面上显示中外文标签云,这样可以找到相近或互补的研究同伴,促进交叉协同科研。教师个人主页均可生成电子名片和二维码,并分享到脸书和推特等海外社交媒体,促进国际学术交流。

上外新建西索文景(Unique SISU)多语种校园活动发布平台,重点发布中外文讲座资源系统,打造校园活动发布平台,促进知识共享和教学反馈互动。该网站允许校内师生在线申报讲座,与学校中外文网站、微信、微博、校园多媒体电子屏终端等多平台无缝对接,通过 PC 端和移动终端进行预告、报名、评论、分享等,多字段发布讲座信息(双语、多语),建立中外主讲人数据库,便于后期跟踪。同时系统自动分析挖掘历史数据,有针对性地向访客推荐相关讲座。

上外全面升级和改版学校中文门户网站和新闻网,新版上外中文主页更注重用户体验,在新版 SISUTODAY 上外新闻网中更突出学术性、服务性、文化性,不仅增设繁体中文版本,促进港澳台地区教育机构合作,而且在版式 UI 设计、栏目布局、跨屏响应等方面都实现了质的飞跃。同时,新改版的上外中文网站（包括简体中文和繁体中文）与现有 21 个语种外文网站进行对接，实现信息资源的多语言切换，大大拓展了多语种网站的语种布局和传播范围。

上海外国语大学在实现多语言全媒体广覆盖上做出努力，海外传播初显成效。上外多语种外文网站秉持本地化（localization）理念，为海外目标受众提供更多母语阅读选择，目前已开通的外文版本包括英语、俄语、法语、西班牙语、阿拉伯语等联合国工作语言，以及德语、日语、希腊语、意大利语、葡萄牙语、韩语－朝鲜语、波斯语、泰语、越南语、印度尼西亚语、瑞典语、荷兰语、希伯来语、乌克兰语、土耳其语、印地语等主要非通用语种，并且正在筹建乌尔都语、匈牙利语、乌兹别克语、哈萨克语、波兰语、捷克语、塞尔维亚语、马来语、爪哇语、斯瓦希里语、普什图语、库尔德语等具有一定战略性的区域和国别语言，对接国家"一带一路"倡议，通过网站多语化，实现传播范围广泛覆盖。

截至目前，法国、德国、瑞士、瑞典、葡萄牙、荷兰、乌兹别克斯坦、哈萨克斯坦、意大利等国家的驻华使领馆和相关外交机构，以及日本、希腊、西班牙等国家的多所高校和教育机构均通过其官方网站或社交媒体报道了上外多语种外文网上线的消息或转载相关新闻评论。

2015 年 11 月，上外在英国在线教育平台 FutureLearn 开设《跨文化交际》（*Intercultural Communication*）慕课（MOOC），并引用了上外多语种外文网站链接，共享上外优质教育资源，目前已有来自全球 175 个国家超过 1.5 万多名世界各地的学习者修读了该课程。值得一提的是，上外互联网域名已进入美国和德国地区排名，产生了区域传播效应。

三、确保多语种网站的长效性和持续性

上海外国语大学提出"多语种+"卓越国际化人才培养战略，对接国家"双一流"建设战略。"多语种+"中的"多语种"指的是至少精通两门以上第二语言，具有出众的跨文化沟通能力；"+"指的是互通互联，即以基于多语言的跨文化沟通能力为前提，打破专业、学科壁垒，以人文通

识教育培养学生的价值观自觉，以社会科学方法论教学促进国别、区域研究意识，以问题研究导向提升学生在某一领域的专精；"+"不是"plus（简单相加）"，而是"&（and）融合"，强调的一是"通（融通）"，即通过开设大类课程、辅修专业、创新实践等贯通专业、学科；二是"化（lization）"将多语言能力通过"比较""贯通"等"化"为"领域"优势。① 上外将多语种外文网站建设作为实施学校综合改革的重要抓手，以多语种外文网站建设促进教学改革、创新人才培养机制、提高人才培养质量、拓展学科建设内涵，初步探索出把多语种外文网站建设与语言教学、专业实践、思政教育、学术研究密切结合的可持续办网道路。上外校长曹德明提出，"要把多语种外文网站建设融入学校的高峰学科（外国语言文学一流学科）建设、教学改革、学术研究、思想政治教育等工作中"。

上外多语种外文网站所开设的语言版本涵盖了学校现有全部教学语种。上外通过多语种外文网站建设强化中国学生的语言专业实践和社会实践，鼓励留学生表达中国文化体验，中外教师组成网络编辑团队对学生写作进行专业指导和修改。通过教师引导学生深入观察身边的故事，体验社区基层的变化，用所学语言表达所见所闻，既丰富了网站内容，又拓展了课堂教学。

学校积极策划"外国人看中国"等多语种外文网站内容专题，通过文字、视频等形式让留学生用母语讲述中国故事，既促进中外文化交流、加深留学生对当代中国的体认，又通过留学生的表达让更多的海外受众了解中国、认识中国。

上外多语种外文网站群建立了师生共同运营的管理机制。学校聘请各语言专业主课（精读课、写作课、国情文化课、翻译课等）中国教师担任网站主编，负责内容把关和审定发布，聘请外籍教师担任语言审校，组建了一支多达100余人的教师工作队伍。同时，聘请优秀师生担任副主编，负责组建学生（本科生、研究生、留学生）采编团队。

---

① MIIF（4S）：Multilingual Studies / International and Area Studies / Issue-oriented Studies / Field-focused Studies。

学校将多语种外文网站建设纳入学校外国语言文学一流学科建设重要内容。拓展外国语言文学学科建设内涵，以问题研究为导向，创新学科建设模式，以学科建设促进人才培养质量，提高学术研究水平。

学校将教师参与外文网站计入教学和科研工作量，纳入教学科研体系；将学生在外文网站发表的原创文章作为专业实践课程学分和德育评价的重要内容。学校多语种国际新闻专业研究生以多语种外文网站建设为平台，在研究生培养过程实行语言导师（多语网主编）与新闻导师双导师制，打破专业、学科壁垒和樊篱，共同提高研究生培养质量。

学校将多语种外文网站建设与《"中外时文选读"形势与政策》课、《当代世界经济与政治》等思想政治理论课有机融合。以多语种互联网媒体为渠道，让学生在大量中外文的媒体文本阅读中，通过中外比较进行价值观教育，开展理想信念教育，有意识培养"互联网+"时代学生的全球视野、中国自觉。

上海外国语大学以多语种外文网站建设促进学校管理体制机制改革。学校党委宣传部负责各语种网站的统筹管理，教务处和研究生部协调外文网站与课程建设，各语言教学院系、高级翻译学院作为直接负责单位，国际文化交流学院负责留学生参与多语种网站教学课程建设，国际交流合作处和孔子学院工作处将外文网站作为重要的工作职责，学生工作部和团委将思想政治教育、社会实践与多语种网建设深度整合，党委组织部门将多语种外文网站建设纳入各部门、各院系年终考核指标。学校师生共同参与，部门院系齐抓共管，上下动员，稳步推进，形成网站建设的长效机制。

四、提供可复制性和可推广的模式

上海外国语大学多语种外文网站注重外文网站建设的规范、体系与标准，构建中国高校在教育全球化和"互联网+"时代的数字化新形象，推动中国高等教育和中国文化"走出去"。

上海外国语大学建立外文网站编译规范与评估体系。上外多语种外文网站上线以来，发布了第一批中国高校专有名词译写规范，对中国高校专有名词如"党委书记""专有机构"（党委组织部、党委宣传部等）等名词组织专家进行了译写规范。在外文网站内容更新上实行本地化译写与原创表达。

在教育部、上海市教卫工作党委、上海市教委、上海市外宣办的大力支持下，上海外国语大学多语种外文网站总结运行以来的经验，努力为高校外文网站建设提供多方面可复制、可推广的经验，包括中国高等教育专有名词译写规范、通用栏目和内容表达规范、管理模式与运营维护规范等。学校还将研发高校外文网站评估指标体系，为高校外文网站建设提供科学规划和参照依据，根据不同高校的定位特点，提出相应的分类指导意见，协同推进中国高等教育的全球化。

华东师范大学：拓宽国际传播渠道[*]

刘金玉

在全媒体融合发展的时代语境下，利用外文门户网站和海外社交媒体做好对外宣传、塑造国际形象、提升学校国际影响力是华东师范大学在"互联网+"时代深化高等教育国际化战略、增强中国高校海外传播力的创新之举。近年来，华东师大以学校外文门户网站建设为基础，整合校内外多方资源，构建多渠道海外传播平台，在提升中国高校的国际传播力、对外讲好中国大学故事方面积累了一定经验，并形成了具有华东师大特色的国际传播理念与路径。

一、通过国际传播提升学校国际形象

党的十八大以来，以习近平同志为核心的党中央高度重视对外宣传工作，并就做好对外宣传、提升国家话语权做出了一系列重要部署和理论阐述。党的十九大报告明确指出，要"推进国际传播能力建设，讲好中国故事，展现真实、立体、全面的中国"。虽然大学不是专门的媒体机构，但在当前高等教育国际化逐渐呈现"双向开放"的新态势下，国内大学同样承担着向世界展示中国大学形象、传播办学理念、展现我国科技文化软实

* 此文是上海市委教卫工委、上海市教委和上海市教育发展基金会"阳光计划"项目"高校外文网在高校国际形象塑造中的作用及路径"等阶段性成果。

力等对外宣传的重任。另外，由于西方媒体长期对中国不公正的报道，有时处于不同意识形态下的海外受众会对中国官方媒体产生抵触。国内高校基于"互联网+"的多元化对外传播方式反而更容易为海外受众所接受，有时其国际传播效果能事半功倍。

为进一步推进学校"双一流"建设国际化战略，华东师大围绕"讲好中国大学故事"，以提升学校国际影响力为重点，对外讲好华东师大故事，让世界听到更多中国高校的声音，助力国家对外宣传工作新发展。

作为一所高度重视国际化战略的高校，华东师大非常强调通过国际传播提升学校国际形象，从而进一步推进学校国际合作交流。自 2012 年学校英文网站改版以来，华东师大就以推进国际化战略、扩大国际交流与合作、提升学校国际形象为目标，针对目标受众的特点，推出一系列国际传播策略，统筹协调校内外多方资源，及时有效地进行国际传播。在 2021 年初发布的《中国高校海外网络传播力报告（2020）》中，华东师大在 2020 年中国内地大学海外网络传播力综合指数排名中位列第十名。

二、打造立体式国际传播渠道

从 2012 年下半年开始，华东师大根据海外受众的需求和阅读习惯，对学校英文网站的页面设计和内容设置进行了全面改版升级，并根据学校与法国高校交流合作频繁的实际情况，于 2013 年 1 月 28 日正式开通法文网站，实现了中英法文网站新闻资讯的实时更新、信息共享。

在建设学校外文门户网站的过程中，华东师大采取了国内与国外、线上与线下相结合的多层次立体推广模式，与国内外相关合作伙伴建立了网站互访链接，同时精选学校外文网站优质内容，及时在微博、微信、脸书、推特、照片墙、Youtube 和 LinkedIn 等国内外社交媒体平台予以融合传播，并于 2020 年 1 月 1 日在上海高校中率先开通英文微信公众号。

如今，华东师大已形成了包括"两刊"（英文季刊 ECNU Circle 和月刊 ECNU Newsletter）、"两网"（英法文门户网站）、"一微"（英文微信公众号）、"五平台"（脸书、推特、照片墙、Youtube、LinkedIn）在内的国际传播媒体矩阵。通过主动策划相关专题报道，综合运用文字、图片、动画、短视频、音频等多种新媒体方式打造学校国际形象，华东师大国际传播媒体矩阵成功吸引了一定的目标受众，有效增进了外籍师生与海外受众对学校的了解。2020 年，华东师大海外社交平台粉丝数增长超过 7 万，华东师大英法文门户网站全年访问量近 40 万。华东师大在脸书、推特、照片墙、Youtube、LinkedIn 等海外社交平台上的影响力已在日渐提升，其粉丝数量也呈逐年增长态势。

与此同时，华东师大充分利用学校海外中国研究中心、海外合作孔子学院以及华美协进社等机构在海外举办各类文化艺术展览，面向重点对象国进行精准交流，大力提高学校的国际形象与声誉，提升国际传播的质量和内涵；借助海外招聘会、各类国际学术会议、大学校长论坛等活动积极宣传学校形象，展示学校风采，扩大国际影响力；增强与国际学术期刊、重要出版社合作，及时推介重要学术成果和学术代表人物等信息，推动学术成果"走出去"，为全球发展贡献中国智慧、师大智慧。

三、精选目标受众喜闻乐见的传播内容

要讲好"中国大学故事"，首先要明白"对谁讲""讲什么"，也就是通常所说的在国际传播中要清楚受众的文化取向和认知习惯。在国际传播过程中，华东师大立足学校办学特点，同时找准中国文化元素与目标受众之间的切合点，在学校外文网站与各种海外社交平台上精选传播内容、注意传播方式，以目标受众喜闻乐见的方式讲好中国大学故事、传播中国大学理念。

在海外传播过程中，华东师大先后多次对目标受众和欧美知名高校网站进行深度调研，并通过对学校外文网站访客和海外社交平台账号，以及英文公众号订阅账户进行大数据跟踪，分析其访问习惯，对学校英法文从网页设计、栏目设置、新闻选题和报道方式上进行大幅调整优化，力求页面简洁大方、配色合理美观、信息公正客观。为更进一步贴近受

众，华东师大英文网还特意设置了"Expats at ECNU"（华东师大的外国人）专栏，以记者采写和约稿的方式讲述外籍师生在华东师大学习、工作和生活的故事，增强了外籍师生对网站的关注度和参与度。同时，华东师大英文公众号和英法文网站还经常在春节、元宵、清明、端午、中秋、重阳等中国传统节日，结合学校开展的各种活动进行专题策划报道，使外籍师生更贴切地感受到身边的中国传统文化氛围。这些内容通常也会同步在学校海外社交平台账户和英文公众号等平台上予以发布。如2020年，除了日常新闻报道，华东师大海外宣传平台还结合抗击新冠肺炎疫情、浦东开发开放30周年、华东师大建校69周年、第三届中国国际进口博览会、中国传统节日等重大事件和重要节点策划专题报道，在内容可读性、思想引领性、传播时效性等方面提升海外平台宣传影响力。此外，华东师大还根据新媒体平台传播的特点，推出了大量视觉效果好、传播效果快的图片、动画、短视频和宣传片。其中，以华东师大吉祥物小花狮绘制的系列漫画、中国传统节日英法文海报，以及华东师大"春夏秋冬"四季宣传片、"助梦飞翔"教育扶贫专题宣传片在各海外平台点击率破万。

四、建立高效联动的传播运营机制

和以往大学国际传播仅依靠某单个部门如宣传部、信息办或国际交流处的常规做法不同，华东师大的国际传播工作以学校宣传部为主，同时联合学校国际交流处、国际教育中心、人文与社会科学研究院、科技处、信息办、人事处、校友会、国际汉语文化学院、外国语学院、国际关系与地区发展研究院、传播学院，以及设计学院等多个部门和院系的力量，组建了一支联动协作的高素质对外传播队伍。

在推进学校的国际传播工作中，华东师大注重加强与校外相关部门的合作互动，在国际宣传中凸显学校的地理优势和上海元素，在上海的国际推广中展示华东师大风采。如与上海市委对外宣传办公室建立合作，借助其强大的媒体资源助力学校提升国际形象。同时，发挥学校智库优势，为上海市对外宣传办公室提供重大事件专家解读建议，向中外媒体记者传递华东师大声音。

在实际运作中，华东师大组建了一支语言能力强、一专多能的对外宣传采编、设计、翻译队伍，以确保学校对外宣传产品的质量。华东师大海外传播队伍主要由专职编辑、外籍专家、中外学生志愿者专业团队维护，同时拥有一支由专业教师指导、50 余名中外学生组成的英文新闻社（E-News agency）。新闻社成员主要为学校英文杂志 *ECNU Circle*（季刊）、*ECNU Newsletter*（月刊）和海外传播媒体提供新闻采写和海外宣传片拍摄服务。另外，华东师大还与 *China Daily*、*Shanghai Daily* 和 *Shenzhen Daily* 等国内最知名的三家英文日报建立了长期友好交流与合作，并聘请资深编辑记者担任学校海外传播媒体和英文通讯社顾问，为师生进行业务培训并提供编译和咨询服务。

五、继续增强国际传播力

虽然华东师大海外传播取得了一定成绩，但距学校海外传播目标还有很大距离，和国际知名高校的海外传播力相比还有很大差距。根据国家对外宣传相关政策和高等教育国际化战略方针，华东师大将结合学校实际情况进一步加强和优化学校国际传播渠道和方式。

打造更完善的海外传播渠道。目前，华东师大主要基于外文网站建设，以及英文公众号、脸书、推特、照片墙、Youtube、LinkedIn 等网络社交平台进行海外传播。未来，学校还将通过编辑学校维基百科英文词条提高学校海外传播力。维基百科作为国际上最流行的网络工具书，许多用户也逐渐将维基百科视为重要的资讯来源。学校对维基百科的词条编辑得越完整，维基百科的用户对学校的了解就越全面。

制作更受用户满意的传播内容。在现有海外传播媒体建设基础上，开展目标受众满意度调查与深入调研，并根据调研结果对学校外文网站予以进一步改版与升级，打造服务功能更强、用户参与度更高、内容可读性更强的外文网，让学校外文网站为外籍师生提供更多服务功能。根据新媒体的传播特点，开发更多适合多元受众领域的海外宣传产品。

推广海外传播模式。随着中国高等教育国际化的进一步发展，国内高校越来越重视学校的海外传播力建设。自 2015 年起，北京师范大学每年发布的《中国高校海外网络传播力报告》都会引起国内高校的普遍关注。不少高校都在相关部门开设了海外宣传工作业务，其中，清华大学、北京大学和华东师大等高校还成立了专门的海外宣传办公室。华东师大将继续探索以外文网建设为基础、多渠道联合发力的海外传播模式，并计划联合更多兄弟院校一起探索提升高校海外传播力的有效路径。

对外经济贸易大学：海外传播工作的实践与探索

刘金兰

来华留学生教育是高等教育、教育对外开放的重要组成部分。随着经济全球化的不断深入，来华留学规模持续增加。如何更好地开展来华留学生教育工作，在培养知华、友华、爱华的高层次国际人才的同时，讲好中国故事、加强中外人文交流成为各高校留学生教育面临的一项重要课题。

对外经济贸易大学留学生教育始于1954年。经过60多年的发展，目前长期在校留学生数达3400余人，来自全球160多个国家。作为一所国际化特色鲜明的大学，多年来，对外经济贸易大学始终坚持"以教育质量为核心，以学生需求为导向，以特色与品牌求发展"的办学理念，不断打造来华留学生教育的核心竞争力，2016年成为首批通过中国教育部"高等学校来华留学质量认证"的院校。截至目前，本、硕、博各类学历生7000余人、非学历生2万余人从该校走向世界各地，为中外政治经济文化教育的交流发挥着积极作用，成为讲好中国故事、促进我国海外传播的一支重要生力军。

一、做好海外传播工作的重要意义

在中国共产党第十九次全国代表大会上，习近平总书记提出，要加强中外人文交流，推进国际传播能力建设，讲好中国故事，提高国家文化软实力。来华留学工作是培养高层次人才、服务国家战略的重要途径，也是深化中外人文交流、提升国家软实力的重要载体。做好来华留学生教育工作要围绕外交大局，服务教育对外开放，提升国际人才培养与国家战略需求的契合度，增强在华留学生对中国社会的融入感，提高来华留学生对中国的认同感，培育知华、友华力量，凝聚海内外校友力量，为社会经济发展储备国际人才，服务于中国企业的"走出去"和国家提出的"一带一路"倡议，在实现国家战略关键期中发挥重要的人才支撑作用，为国家对外开放大局、社会经济发展和教育改革做出新的贡献。

（一）国家对外开放战略的必然要求

2015年印发的《中共中央关于制定国民经济和社会发展第十三个五年规划的建议》指出，要加强国际传播能力建设，创新对外传播、文化交流、文化贸易方式，推动中华文化"走出去"；要顺应我国经济深度融入世界经济的趋势，奉行互利共赢的开放战略，坚持"引进来"和"走出去"并重，发展更高层次的开放型经济，提高我国在全球经济治理中的制度性话语权。

党的十九大报告中提出，优先发展教育事业，加快一流大学和一流学科建设，实现高等教育内涵式发展；要坚持中国特色社会主义文化发展道路，激发全民族文化创新创造活力，建设社会主义文化强国；推进国际传播能力建设，讲好中国故事，展现真实、立体、全面的中国，提高国家文化软实力。

（二）构建我国国家形象的有效途径

国家形象是国家软实力的重要组成部分，可以从一个方面体现这个国家的综合实力和影响力，良好的国家形象不仅能够提升一国的国际影响力，而且能够增强本国公众的凝聚力。

随着中国综合国力和经济地位的提升，对外开放战略的实施，尤其"一带一路"倡议的深入推行，需要畅通的话语沟通体系、良好的文化认同、安全的地缘政治环境，由此可见，良好的国家形象变得越来越重要。影响国家形象塑造的因素包括国家政治、政府制度、企业团体、历史文化、自然环境等，在全球化的语境下，海外传播起到了重要的推广作用，是树立、改善国家形象的有效途径。当前我国正处于实现中国梦的关键时期，也是利用海外传播塑造良好国家形象的机遇期，应该抓住机会及时发声，充分利用国家政策和现代科学技术，增强海外传播的主动性，创新海外传播的内涵，拓展海外传播的途径，将形象建构的主动权牢牢掌握在自己手中，构建符合国际期望和自身利益的国家形象。

（三）高校国际化工程建设的重要载体

为落实《国家中长期教育改革和发展规划纲要（2010—2020 年）》，加强中外教育交流与合作，推动来华留学事业持续健康发展，提高我国教育国际化水平，教育部于 2010 年 9 月出台《留学中国计划》。《留学中国计划》提出，到 2020 年，使我国成为亚洲最大的留学目的地国家；建立与我国国际地位、教育规模和水平相适应的来华留学工作与服务体系；形成来华留学教育特色鲜明的大学群和高水平学科群；培养一大批知华、友华的高素质来华留学毕业生。

对外经济贸易大学作为我国高等教育战线上一所国际化特色鲜明的高校，国际化是学校的立校之本、特色之源、发展之基。国际化、复合型的人才培养特色使该校毕业生在激烈的就业竞争中独具优势。由于服务国家战略的精准定位、独具特色的管理理念、不断创新的工作方法、以人为本的贴心服务、多层次的海外传播实践，该校留学生教育备受青睐。

二、留学生教育促进海外传播工作的探索

"十三五"期间，对外经贸大学积极探索海外传播工作，大力推进国际化工程建设，以培养德才兼备、善于创新、基础宽厚、专业扎实、具有跨文化交流能力和国际竞争力的高素质复合型人才为目标，建成布局合理的国际合作网络，在创新团队建设、国家急需人才培养等方面取得了突破；将来华留学生管理和服务纳入学校整体体制内，促进留学学历教育规模和质量的稳步发展与提升，成为全国高校来华留学生教育业界广泛认可的标杆单位，有效推进该校来华留学生教育从大校向强校转变，培养更多知华、友华、爱华的高层次国际人才。

（一）做好招生宣讲，提升国家形象，突出学校特色

为贯彻招生工作"走出去"的方针，进一步扩大该校的海外知名度，积极开拓海外市场，拓展新的生源渠道，在传统招生渠道的基础上，除积极参加上级教育部门组织的国际教育展，2014 年起，该校每年举办海外独立教育展，由校领导带队、国际学院和各培养学院共同参加，专程赴新加坡、泰国、印度尼西亚、马来西亚、俄罗斯、哈萨克斯坦、阿塞拜疆等国家的知名大学、重点中学访问，同时举办教育项目推介会，重点宣传我国来华留学的最新政策，该校学科特色、专业优势以及面向来华留学生开设的全英文授课项目等效果显著。

为吸引更多优质生源，自 2012 年起，学校联合北京市部分高中国际部于每年春季学期组织专题研讨会，寻求高中与大学在国际教育领域的有效对接，并于每年秋季学期组织 3~5 场面向外国学生的"校园开放日"活动。接待了马来西亚大学代表团、印尼师生代表团、新加坡理工大学代表团、韩国泰成孔子课堂代表团、北京四中、北京第 65 中学、十一学校、北京第 39 中、潞河中学、振华中高等国际学校等 20 多家国际高中及学校的上千名师生。系列宣讲活动在积极宣传该校教育项目的同时，通过校园参观和座谈等形式，让学生亲身感受 UIBE 校园的国际化氛围。

（二）建立多语网站，打造外宣平台，扩大宣传渠道

为扩大学校的国际影响力，2016 年，该校在原有中英双语网站的基础上又开通了俄语、法语、日语、韩语、西班牙语五个外语网站，涵盖 100多个国家的官方语言，打造覆盖面更广、内容更加全面的校级官方外宣平台；同时，作为学校来华留学生归口管理单位，国际学院 2016 年租用光纤专线完善来华留学生教育宣传网站，全新改版原有网站，丰富网站内容，设立了中文、英语、韩语、日语、法语、俄语、西语、德语、阿拉伯语的官方网站，专门负责该校留学生宣传、招生及网上报名等，全面介绍该校来华留学生教育工作；开通微信公众号，及时印发新开发的教育项目与新的授课专业彩页，适时更新招生简章，利用社会教育宣传网页等媒介进行招生宣传；在国内外电台、报纸、杂志、网络平台等多种新闻媒体上进行

学校及招生宣传活动；顺应全球信息化潮流，建立脸书、推特、照片墙、VK 等 UIBE 留学生学习、生活宣传平台，开拓了该校留学生招生宣传的现代网络传播渠道。

（三）夯实教学基础，改善办学条件，提高培养质量

学校高度重视来华留学生教育，不断创新教学、管理与服务理念，协调政策、师资与硬件资源，协助各学院依托其学科专业特色，完善留学生教育的各项规章制度，不断夯实留学生教学基础，逐步改善留学生学习生活条件，提高留学生培养质量，打造来华留学生教育的核心竞争力，增强其可持续发展能力。

加强师资队伍建设，优化师资队伍，提高教学科研水平。坚持引进国外优秀教师和培养精通外语与专业知识的本土教师相结合，优化师资国际化比例，引进高水平外籍人员参与教学管理，建立有效的激励机制，丰富教学资源，提高教师的国际化视野，充分调动教师参与留学生教学的积极性和主动性，逐步提升教师的教学和科研水平，切实提高人才培养质量，牢固树立起贸大来华留学的品牌。

按照大学国际化指标体系的相关要求，促进专业设置、课程内容与国际接轨，创新人才培养模式，建构独具特色的来华留学生教育发展模式，不断优化培养模式，提高教学、管理与服务水平，实现人才培养的国际化；修订培养方案，调整专业设置，丰富课程内容，开设中英双语课程，甚至开设用小语种讲解专业课程的选修课，增加实用性课程，培养复合型、实用性的高水平国际人才；独立开发并全面投入使用商务汉语自学系统，有效提升留学生的汉语听说能力；给予留学生到第三国交流学习的机会，拓展学生国际视野；调动各培养学院的力量，丰富中外学生共同参与的实践教学环节的内涵，增强留学生的实操能力，提高其就业竞争力。

根据 2017 年 3 月教育部、外交部和公安部联合下发的《学校招收和培养国际学生管理办法》，汉语和中国概况应当作为高等学历教育的必修课；政治理论应当作为学习哲学、政治学专业的国际学生的必修课。学校在汉语与中国概况教学的基础上，突出学科优势和专业特色，为留学生开设中

国经济概况、中国传统文化概况等相关课程，确保留学生对新时期中国特色社会主义有更加客观全面的认识，对习近平新时代中国特色社会主义思想有更加深入的理解。

提高全英文教育项目培养质量，各相关培养学院基于通识教育平台，结合自身特色建设英文授课专业，并做好优质师资准备；加强通识教育阶段师资队伍建设，提高教师英语授课水平；聘请海外著名大学教授任教，提升项目的国际影响力；强化项目专家小组的督导作用，促进教学法的不断优化和授课质量的持续提高；组织好"外出考察"实践教学环节，使之成为项目的重要闪光点；专门成立英文写作辅导中心，推进小班写作辅导工作，全面提高培养质量。

学校全面改造并重新装修留学生教学楼，更新现代化教学设备，开发涵盖招生、报名、入学报到、学籍注册、在学管理的信息化管理系统，独立研发并投入使用商务汉语听力自学系统，建成集教学、住宿、餐饮、休闲于一体的国际交流大厦，大大改善留学生办学条件。

2013 年以来，学校着手打造一个全方位、系统化、专业化的来华留学生支持服务平台，在招生咨询、学业指导、安全教育、心理疏导、岗前培训、实习就业、创新创业等方面给予留学生系统的支持辅导，为留学生提供从"入口""过程"到"出口"的"一条龙"服务，帮助留学生实现从入学的"普通外国人"到离校的"知华、友华、爱华的高层次国际化人才"的蜕变。

（四）做好校友工作，广泛联系校友，搭建发展平台

校友工作是学校的一张重要名片，而国际校友工作是该校国际化教育成果的重要标志，也是该校来华留学生教育向心力的重要体现。建校 70 年来，该校已累计培养了 8000 余名学历留学生、2 万余名非学历留学生，多数校友成为相关领域的栋梁之材，为中外政治经济文化交流牵线搭桥。

为积极做好国际校友工作，为国际校友提供全方位的支持和服务，该校国际校友会于 2012 年 12 月正式成立，截至 2020 年 12 月，已建立韩国、日本、越南、印尼、泰国、哈萨克斯坦、美国、法国、缅甸、沙特阿拉

伯、俄罗斯等 27 个校友分会。国际校友会成立 8 年多来，随着校友会的逐步发展壮大，工作稳步开展，为国际校友之间、校友与在校生之间架起一座交往与沟通的桥梁，也为中外校友之间搭建了一个互相交流、共谋发展的平台。国际校友会利用微博、脸书、微信、LinkedIn、推特、VK、照片墙等新媒体建立了广泛的校友行业群，为留学生校友之间的交流、校友与中国企业建立经贸往来、中国企业"走出去"进行属地化经营提供了强有力的支持；对促进学校事业的发展，提高我国高等教育国际化水平，培养知华、友华、爱华国际人力资源具有深远的战略意义。

（五）建立国际合作，加强国际交流，扩大国际影响

学校不断加强国际交流与合作。由于创新的教学理念、先进的教学方法、优越的办学条件、高水平的人才培养，不仅扩大了学校的声誉，提高了国际影响力，还吸引了来自世界各地的优秀生源前来就读。

国际人才培养硕果累累。来华留学生的低流失比率、高培养质量、高就业水平以及平安稳定的国际化校园氛围吸引了更多优质外国生源。

新专业开发成绩显著。创新项目是来华留学生数量增长的一个重要前提。2017 年度，该校共推出 11 个新的专业（包括方向），包括 2 个中文授课本科新专业（投资学、海关管理），4 个中文授课硕士专业（刑法学、诉讼法学、宪法学与行政法学、汉语国际教育硕士），3 个英文授课硕士专业（公共管理硕士、WTO 法与经济学硕士、海关管理硕士），2 个英文博士专业方向［劳动经济学、金融学（精算与风险管理方向）］；开设 2 个中文授课专升本的新项目（商务汉语、商务英语）。创新专业设置不仅保证了生源的持续增长，更重要的是结合人才市场的需求培养出一大批社会所需的高层次人才。

联合培养项目取得突破。2016 年度，该校首个留学生中外联合培养项目——与俄罗斯国际关系学院的英文授课双硕士联合培养项目世界经济专业——正式启动，2018 年度新增物流管理专业，为中俄经济类大学联盟项目的落地打下坚实基础。此外，与德国洛特林根大学的"2+2"本科双学位联合培养项目进展顺利，2018 年，与韩国釜山外国语大学签署的本科双

学位联合培养项目正式实行。创新来华留学联合培养项目不仅保证了来华留学生数量的增长，更为高质量、高层次的人才培养保驾护航。

孔子学院搭建良好合作平台。自我国创办孔子学院以来，已在全球140多个国家和地区设立500多所孔子学院和1000多个中小学孔子课堂。为进一步促进该校国际交流，服务"双一流"，积极参与"一带一路"倡议，该校将依托现有孔子学院平台，加强孔子学院协同合作，积极推进该校与国外高校之间的学历教育本、硕、博联合培养。

短期教育交流项目稳定发展。2018年，短期教育交流项目进一步发展，美国杜克大学、日本武藏野大学、韩国新京大学团、美国暑期学校、韩国庆南科技大学-交通大学团、德国大众集团培训团、澳大利亚维多利亚大学实习团、墨西哥大学交流团、意大利 Modena 大学培训团、以色列高端 MBA 短期培训团、印尼大学代表团、新加坡理工大学团等多个短期团队来访，与该校建立了各种项目合作。此外，该校即将与"南南合作促进会"签署战略合作框架协议，开展留学生资源共享和实习渠道。

（六）开办文化讲堂，打造文化基地，增加文化认同

多年来，该校不断丰富中外学生跨文化交流平台的内涵，开拓中外学生的国际视野。通过吸纳留学生进入中国学生社团，举办中外学生联谊、汉语角、语伴交流、体育比赛等丰富多彩的有中外学生共同参与的活动，中外学生交流的范围逐渐扩大，内涵不断延伸。校园的各项活动中随处可见留学生的身影，中外学生在与彼此的交往中加深了对异国文化的了解，开阔了视野，对该校国际化特色的强化起到了推动作用。

为更好地传播中华优秀传统文化，坚定"四个自信"，除继续开展好留学生传统文化活动外，2015年，学校划拨专门经费开设留学生"中国文化大讲堂"，内容涉及中国历史、"非遗"传承、书法、国画、民乐、烹饪、茶道等，聘请校外文化导师10余人，并在老舍茶馆、观复博物馆、东岳庙等地建立文化基地，将原有的自愿报名的授课形式转化为覆盖全体留学生的月例文化课程。截至2020年底，对外经济贸易大学"中国文化大讲堂"系列课程已经开课200余次，累计授课500小时，校外文化基地考

察 30 余次，覆盖留学生 3000 余人次。一系列丰富多彩的文化活动成为来华留学生了解中华传统文化的饕餮大餐，不仅丰富了留学生的课余生活，更主要的是帮助学生深入了解了中国文化，感受到了中华文化的魅力，增强了对中国的理解、认同和融入感。

为不断提高中外学生的综合素质和跨文化交流能力，每年均组织中外学生共同参与各项活动，包括国际文化节、偶像才艺大赛、国际文化沙龙等丰富多彩的活动。国际文化节自 2001 年首次举行以来，已经举办 19 届，是该校一年一度不可或缺的文化盛宴，每次都邀请到六七十个国家驻华使节 100 余人参加，包括大使寄语惠园、开幕式表演、各国文化展示、广场大联欢、大使与中外师生座谈、商务英语模拟谈判等系列活动，其中国际风情展设 100 多个展位，全方位展示各国文化，来自北京高校的上万名中外学生参加，成为北京高校的特色品牌活动，正可谓中外学子齐聚惠园，一年一度乐享文化盛宴。

（七）服务国家战略，开发高端项目，培养急需人才

该校积极开发全新学历教育项目，尤其具有更好社会效应的高端办学新项目。2017 年成功获批两个"一带一路"专项奖学金项目，分别是 WTO 法与经济学英文硕士、海关管理英文硕士项目，并招收首批近 40 名学员。同年 8 月，该校获批成为北京市 26 所"一带一路"国家人才培养基地项目高校之一。2018 年春季学期成功获批"丝绸之路"奖学金项目，即"国际商务与跨境电商专业"硕士项目，首批 9 名学员已入学。未来，该校将从人才培养和学科专业建设两个方面入手，吸引"一带一路"沿线国家硕士、博士等高层次优秀学员来该校学习交流，为"一带一路"沿线国家和我国培养更多急需人才，推动我国与"一带一路"沿线国家教育交流与合作，深化双边多边教育务实合作与互联互通，增进双方的相互理解和认知。同时，该基地还将推动我国与"一带一路"沿线国家教育模式互学互鉴，优势互补，扩大教育领域合作交流，增进相互理解和信任，为双边多边合作奠定良好的民意基础和人文环境，提升我国高等教育在"一带一路"沿线国家的影响。

目前高端援外硕士项目运行稳定。2017 年，教育部卓越奖学金项目（MIEC 和 AMIF）学员 36 名，商务部 IEMBA 项目 78 名，商务部专项奖学金项目学员 80 名；2018 年，规模再创新高，教育部卓越奖学金项目（MIEC 和 AMIF）学员 30 名，商务部 IEMBA 项目 86 人（其中包括新推出的全球价值链方向首批学员 15 人），商务部专项奖学金项目学员 106 人。

2015 年，该校获教育部批准，成为全国第十所中国政府奖学金预科院校。几年来，该校培养的奖学金预科生连续在国家留学基金委组织的全国统考中 100% 通过，在全国十所培养学校中位居第一。

（八）服务国家大局，丰富实践教学，推进就业创业

近年来，该校持续推进留学生就业创业工作，不断提高该校留华毕业生的就业竞争力。2012 年 4 月，该校成立专门面向来华留学生的就业指导中心，为在校留学生创造实习、就业机会；在此基础上，该校于 2013 年将留学生就业指导中心升级为留学生实习就业创业平台，带动留学生完成"学习—认知—深化—实战—评估—再学习"的良性循环；2014 年，该校进一步将留学生就业指导纳入全校就业指导工作体系，中关村东升科技园实习实践基地挂牌；2015 年起，承接韩国政府在华唯一支持的留学生创业培训项目，留学生就业指导中心升级为留学生实习就业创业平台，通过整合各种资源，利用课程培训、主题讲座、实践考察、模拟创业、企业实习、自测评估等模块，为项目学生搭建了一个集实习、实践、岗前技能培训、创业、就业指导为一体的综合平台，从而帮助学生提高其职业技能、就业技能、创业技能等；2016 年 5 月，该校来华留学生"一带一路"创新发展中心成立，2017 年 2 月，"对外经济贸易大学来华留学生创新创业基地"在深圳腾邦集团正式挂牌并成功申报中央高校教育教学改革专项。

学校依托该校留学生实习就业创业平台，为毕业班学生开设就业指导、创业讲座，开展职业技能、就业技能和创业技能培训，提高学生就业竞争力和创业技能；每年组织 10 余场中国企业面向该校留学生的专场人才招聘会，增加学生在华就业机会；与企业、机构合作，为留学生创造更多实习岗位和机会，做好留学生实习实践基地的建设工作，2017 年初，作为

首批与中关村"一带一路"产业促进会合作的高校,该校在中关村"一带一路"产业促进会的留学生实习实践基地正式挂牌,两年来,举办了包括非洲在华学生专场招聘会在内的多场留学生专场实习生毕业生招聘活动,为众多来华留学生提供了实习就业的机会,为更多的企业提供了人才储备,为促进中国企业与"一带一路"沿线国家的发展合作提供了广阔空间。

校友平台在招生就业创业等方面的作用日益明显。2017年底,国际校友会新设校友商业俱乐部,定期举办国际校友创新创业讲坛,为留学生创业创新人才培养搭建了国际化、多层次、宽领域的良好平台,同时实现了外籍校友及企业捐赠的突破,签订80万元捐赠协议;伊朗校友迈德毕业后选择自主创业,将其本国资源与中国本地资源相结合,创立了北京知名的波斯波利斯穆斯林餐厅和中工源合科技服务公司,年营业额达到上亿元。2015年,迈德主动向学校捐赠50万元设立迈德奖励金,将创业所得回馈母校,鼓励在校的中外学子勤奋学习、勇于创新,此举大大激励了该校留学生创业和回馈母校的热情。

近年来,每年学校有600余名本、硕、博学历留学生顺利毕业,其中近百名毕业生凭借较好的语言基础和专业知识就职于知名国企、驻华跨国公司、外资合资企业、驻华使领馆等。该校哈萨克斯坦籍留学生巴格兰毕业后赴哈萨克斯坦驻华大使馆工作,凭借出色的外语水平,多次担任两国元首会晤的现场翻译。

中国政法大学：全力打造国际化办学新格局

荀璐阳　张晓逸　张信璐　陈　硕　陈柳凤

长期以来，中国政法大学深入贯彻落实习近平总书记关于教育的重要论述，坚持以服务国家重大战略为导向，围绕建设中国特色世界一流大学为目标，树立国际化办学理念，创新国际化办学机制，实施"请进来"与"走出去"双驱动发展五项工程，对标复合型、应用型、创新型、国际型的"四型"涉外法治人才培养目标，全力打造高水平、全方位、立体式，彰显法大特色和优势的国际化办学格局。

一、乘着"111"计划之风，提高国际办学成效

中国政法大学在 2006 年成立了证据科学研究院。发展至今，证据科学研究院获得了国家重点实验室、国家级司法鉴定中心、高等学校学科创新引智计划（简称"111"计划）基地、高等学校创新能力提升计划（简称"2011"计划）等多项荣誉。在学校"双一流"的背景下，证据科学研究院正在搭乘优质国际资源的快车，抢做全世界的学科领头人。

证据科学研究院得以快速发展的一大助力是"证据科学创新引智基地"成功入选国家"111 计划"。"111 计划"是 2006 年起由教育部、国家外国专家局联合实施的旨在推进我国高校建设世界一流大学进程的高端项目。该项目瞄准国际学科发展前沿，以国家重点学科为基础，从世界排名前 100 位的大学及研究机构的优势学科队伍中引进、汇聚 1000 余名优秀人才，建设 100 个左右世界一流的学科创新引智基地。在"111"计划基地

的建设过程中，强大的海外力量加上年轻化、互补性的国内团队，使研究院在国内外的学术舞台上快速崛起。

此外，证据理论与科学研讨会、中瑞证据科学国际理论研讨会、事实与证据国际对话交流会等诸多研究院品牌活动都在国际上产生了广泛影响。这些会议还吸引了证据科学领域大量顶尖学者的参与和关注。

同时，"111" 计划平台建设的成果也惠及全校的师生。通过国家 "111 计划" 引智基地，学校引进海外知名教授来校开设国际课程，组成由中外法学名家和全球治理专家合作的创新团队，推动引智和跨学科研究有机融合，为全球治理提供中国智慧和中国方案。中国政法大学累计接待比利时鲁汶大学等 13 所欧洲大学来华授课和访学的专家 320 人次，成为全校国际化办学优质智力资源共享的重要平台。我校设立 "国际学期" 课程并出台《推进国际师资引进工作方案》，每年平均聘请外籍专家 240 人，开设国际课程近 500 门次，累计选课学生 1.5 万余人次。设立比较法专业硕博项目、中国法硕士项目等 6 个法学专业的全英文授课研究生学位项目，打造来华留学法学人才培养高地，在校外国法学专业学历生人数位居全国高校前列。

二、顺应全球化趋势，培养涉外法律人才

全球化的发展趋势对高等教育中的法学教育提出了新的要求，法学教育和法律人才在国际竞争中是否占据优势直接关系一国在国际竞争中的地位。2013 年，我校从全国 600 多所高校中脱颖而出，入选第一批涉外法律人才培养基地。在本科涉外人才培养上，学校在法学院、民商经济法学院、国际法学院、刑事司法学院四个学院先后设立了六年制法学人才培养模式改革实验班、涉外法学人才培养实验班、法学西班牙语特色人才培养实验班、法学学术精英人才培养实验班等，专门制订并实施特色化的培养方案。目前，六年制法学人才培养模式改革实验班共有学生 1096 人（含研究生），涉外法学人才培养实验班共有学生 220 人，法学西班牙语特色人才培养实验班共有学生 120 人，法学学术精英人才培养实验班共有学生

94 人。研究生阶段的涉外法治人才培养工作主要由国际法学院、中欧法学院和比较法学研究院承担。2015—2019 年，国家法学院共招收硕士生 365人，中欧法学院共招收硕士生 541 人、博士生 17 人，比较法学研究院共招收硕士生 290 人、博士生 24 人。

曾任国际经济法学院副院长的霍政欣从 2014 年开始负责涉外班相关工作。他介绍说："在学校的支持之下，2015 年开始实行招生改革。我们把其中一半左右的指标投放在自主招生，通过面试和笔试来录取一些综合素质较强、英语水平比较高的学生，带动涉外班的语言学习氛围。"而在国际法领域，法语也是一门不可或缺的国际语言。从 2017 年开始，涉外班开设第二外语法语，每年从学有余力的学生中选拔 15 人左右进行培养，并由此形成以法学这一学校的传统优势学科为支持，以法语等新设外语专业为助力，以国际法学院等现有本科人才培养经验为基础的涉外法学学科专业建设。

涉外班本科培养计划不同于一般法学培养，更侧重通过特色化的课程设置来实现国际法律人才培养目标，增大了国际法课程、比较法课程和外国法课程的比重。这些课程绝大部分是双语或者英语教学，锻炼了学生们运用英语学习法律知识和今后运用法律的能力。学院在师资配置方面也选择了具有国际背景、英语水平较高的教师，并由院长或副院长担任班主任。

第一批选入法语班的 2017 级学生于之浩表示，班级的导师制和置入课程让他们跟教师有了更多交流学习的机会，定期开设的主题班会和小班设置让学生之间的联系更加紧密，"涉外班六世同堂大群"微信群和"涉外班的那些人"公众号气氛都很活跃。

多元实践教学模式是我校探索培养理论结合实际、课堂教学结合国际竞赛的涉外法治人才培养的实践模式之一。通过参加模拟法庭竞赛、组织赛后观摩与现场讨论等方式来调动学生学习研究国际法的热情和积极性，同时给学生们带来了很多机遇。比如申请留学的时候，许多国外大学会青睐在国际模拟法庭上有过出色表现的学生，除此之外，国内很多大型律师事务所也经常在这些学生毕业之前就递来橄榄枝。

同时，学校依托"中国政法大学国际化人才实践基地"，每年派出 20 人左右的本科生参与致诚公益律师团队组织的国际联合暑期公益实习。在每年的专业实习和社会实践课程中，学校有重点地派出学生前往与涉外法律业务相关的法院、检察院、律所等开展涉外法律实习实践。2019 年，共向 23 个国内涉外法治人才培养基地派出了 50 余名法学本科生。学校还与国际组织和海外机构合作，设立实习基地，培养精通国际规则的高素质法治人才。每年选派学生到联合国总部、世界贸易组织等国际组织、政府机构、企事业单位等实习。数量众多的暑期国际游学项目和国际实习实践项目大大提高了法学专业学生的涉外法律实务能力。

三、瞄准国际学科发展前沿，培育国际合作平台

从不断磋商、成功竞标到各方协作、欣欣向荣，中国政法大学中欧法学院已经走过了十多年历程。作为唯一获得教育部批准的"中外合作办学"的法学院，中欧法学院是中国和欧盟政府间层面在华共同设立的三家"中外合作办学机构"之一，也是目前唯一获教育部批准的法学类中外合作办学机构。

谈起合作办学这些年，中欧法学院院长刘飞不无欣慰地说道："经过十年的发展，我们大家都基本找到了一条路径，在维护我们中方教育发展需求的基础上，发展中欧法学院，发展中外合作办学。"而这一条路径的实现得益于中欧法学院对于法学研究生特殊的培养模式。

中欧法学院的学生通常需要三年来完成培养方案，最终将获得中国政法大学和德国汉堡大学的双硕士学位。对于这一模式，就读于中欧法学院的周鑫说："中欧法学院的培养模式与我国传统法学教育相比，最大的特色在于研讨性与互动性极强。每一门课的每一课时都对应着一个专题，通过一个个专题研讨构建起学生对该学科的认识框架，深化学生对学科前沿和重点专题的理解程度。"这一极具特色的培养体系不仅使得学生较好地掌握了中国的法律，在对于欧盟法的系统学习中也突出了对法律英语的掌

握，深化对外国法律文化的理解，不断拓宽学生的知识和眼界。

正如刘飞所说，在经济进一步发展，国际交往进一步密切，涉外环境进一步复杂的情况下，年轻的中欧法学院如一汪泉眼，正源源不断地向国家人才缺口输送着高、精、尖的涉外法律人才，积极加入国家的法治建设中去。

四、以孔子学院为桥，提升国际办学影响力

为开掘教育资源，实现学校开放性和国际性办学目标，早在 2005 年，学校就经讨论批准国际教育学院设立汉语言本科专业，此后在孔子学院总部的大力支持和指导下，为进一步传播汉语文化，推进中外人文交流，学校高度重视孔子学院建设，结合学校优势和特色积极投身汉语国际推广事业中去。

经过多方的共同努力，自 2012 年以来，我校已先后在英国、罗马尼亚、巴巴多斯等国建成多所孔子学院及孔子课堂，以孔子学院为平台，学校积极推进与外方高校的多方面合作，在多个领域取得不俗的成果。在学生交流交换方面，除了常规的互派交换生项目，学校还积极举办孔子学院学生来华夏令营，从 2014 年开始，已接待几百位海外孔子学院师生来华开展交流学习活动；在教师互访教学方面，已经形成了法大教师学术交流团赴海外孔子学院参加国际学术会议、参加孔子学院主题文化活动以及布加勒斯特大学校长、布大孔院理事会理事长来校为暑假国际小学期授课、聘请班戈大学孔子学院原外方院长 David Joyner 为人文学院客座教授来校讲学等相对稳定的互访项目。此外，以孔子学院为基础和纽带，学校与多所外方院校共建法律研究中心。2014 年我校与英国班戈大学共建政府采购法律研究中心，2018 年，与巴巴多斯西印度大学凯夫希尔分校达成一致意见，拟在巴巴多斯共建中国—加勒比一带一路研究中心。融入法学特色，创新交流形式，我校建立海外孔子学院的举措在拓展国际办学方面成效卓著。

在办学发展的过程当中，合作举办模拟法庭，彰显法科强校特色；合

作互译出版文化经典，尽显浓厚文化底蕴。学校分别于 2015 年、2018 年派校艺术团赴巴巴多斯、罗马尼亚交流演出，在视觉与听觉的盛宴中传播中华之美。

在孔子学院搭建起来的中外交流的桥梁日益稳固的同时，我校的孔子学院工作也获得了更多肯定。2016 年，我校共建罗马尼亚布加勒斯特大学孔子学院外方院长白罗米教授荣获"全球孔子学院先进个人"；2017 年，学校海外孔院中罗马尼亚布加勒斯特大学孔子学院、巴巴多斯西印度大学凯夫希尔分校孔子学院两所学院同时荣获"2017 全球先进孔子学院"称号；2018 年、2019 年，我校连续两年获评"孔子学院先进中方合作机构"，全国仅 10 所高校及一个地方教育主管部门共 11 个机构获此殊荣，可以说，这是对我校孔子学院工作的充分肯定。

新时期中国政法大学高度重视国际合作办学，将与世界一流大学、顶尖科研机构建立实质性学术交流与合作纳入工作重点，寻求体量和质量的双提升，将以更宽阔的视野、更宏大的格局开启中国政法大学国际合作办学工作的道路。

北京外国语大学：走向国际舞台

彭 澍

西三环北路 2 号，历史与辉煌在这里积淀，文化与思想在这里交汇。七十多年来，这里浓缩了中华人民共和国外语教育的思考和探索，珍藏着共和国外交事业的宝贵记忆，成为孕育高素质国际化人才的摇篮。历经风雨洗礼，今天的北京外国语大学承担起中外交流的神圣使命，发挥自身独特优势，传播中国声音，讲述中国故事，亲历和见证着中华民族走向世界的光辉历程，为壮阔时代谱写崭新篇章。

一、世界了解中国的一扇窗口

2018 年 4 月 12 日，全世界见证了荷兰首相吕特的北外行程。首相用骑自行车这种荷兰方式参观了北京外国语大学校园，北外的校园美景出现在了世界各大媒体的照片中。北外 12 位学习荷兰语专业的学生也受到广泛关注。"首相与中国朝气蓬勃的少男少女们会面""学生们能够直接与吕特面对面，聊一些自己感兴趣的问题：中文、共享单车、中荷教育"等成为各大媒体竞相报道的焦点。

这已经不是北外第一次成为世界各大媒体的关注对象。在学校主楼东侧有一片树林，棵棵挺拔的树苗是由各国来访的首脑与北外人共同植下的友谊之树。葡萄牙总统卡瓦科·席尔瓦、乌拉圭总统何塞·穆希卡等多国首脑的名字镌刻在树下名牌上，见证着各国之间的友谊万古长青，也记录着多国首脑们在北外的难忘经历。

作为了解中国的一扇窗口，北京外国语大学正迎接世界目光的检阅。目前，学校与72个国家和地区的486所大学和文化机构建立了合作与交流关系。高频率、高层次、高规格是北外国际交往的鲜明特色，近三年来，接待来访团近700个，其中包括8个政府元首级代表团。

良好的国际形象、开放的办学理念、优越的学习条件为北外吸引了越来越多文化各异、志趣相投的国际友人。北外校园开放包容的环境也给来到北外的研究者们创造出不同层次的和谐，人们不分国界，都能够追求自己的梦想。作为中国研究学者，他们研究中国，探讨中国；作为普通人，他们向更多的人传播中国声音，讲述中国故事。

2018年4月17日上午，北外迎来了一位特殊的学生。斯里兰卡国会副议长迪兰格·苏马蒂帕拉正式成为学校"孔子新汉学计划"博士研究生。接下来几年中，他将在北外攻读博士，结合自身丰富的从政经历，深入研究中国的成功经验，为斯里兰卡政府决策提供理论参考，推动两国的教育交流合作。

苏马蒂帕拉是北京外国语大学承办的国家汉办"新汉学计划"所录取的博士之一。"新汉学计划"博士项目旨在通过资助国外青年学者来华学习，帮助世界各国青年深入了解中华文化，为世界文明的交流互鉴做出贡献。北外自2013年启动"新汉学计划"招生，迄今为止已经招收30多名"新汉学计划"博士生，他们分别来自欧洲、亚洲、非洲和南美洲的20多个国家。

学校为每一位学员制订单独的创新培养方案、开门办学，在学术资源共享、校际研究实践方面做出了有益尝试。

"请进来"也要"走出去"。作为世界了解中国重要窗口的延伸，北外承办外孔子学院将中国声音更直接地传递出去，让中国文化更无声地浸润他国文化。

沙米尔是来自马来西亚玛拉工艺大学的一名在读学生，他自幼便对汉语和中国文化有浓厚兴趣。去年，沙米尔在北外承办的马来西亚孔子学院举办的选拔赛中拔得头筹，获得代表马来西亚赴中国参加第十六届"汉语桥"世界大学生中文比赛的复赛资格并最终获得亚军。

2018 年是北外孔子学院工作处走过的第 11 个年头。11 年间，北外已与 18 个国家的高校和机构合作，承办了 23 所海外孔子学院，承办数量居全国高校之首。利用这一优势平台，我校承办的海外孔子学院每年都会开展精彩纷呈的活动，融皮影、中华武术、中医、书法、剪纸、乒乓球、中国文化知识问答等为一体，以文艺演出、主题讲座和特色文化体验等形式的文化活动推广中国文化，搭建人文交流的桥梁，同时充分展现了"将中国介绍给世界，将世界介绍给中国"的北外情怀，在全球各地掀起了学习中国文化的热潮。

二、走向世界的重要平台

讲好中国故事，要先讲好北外故事。在国际化、信息化快速发展的今天，各高校多语种网站建设已经成为对世界传播文化信息、讲好学校故事的重要渠道。

2015 年 11 月 15 日，北京外国语大学率先上线开通 50 个语种的外文网站，引起社会广泛关注。与此同时，学校各教学单位二级英文网站、外语类院系对象国语言二级网站也纷纷开通，形成了多层次、立体化的多语种网站群，对外宣传矩阵初步成型。

建设 50 个语种外文网站得益于北外强大的外语学科实力。北外是国内语种开设最多的高校，学校已开设 98 种外国语言，欧洲语种群和亚非语种群是目前我国覆盖面较广的非通用语建设基地，是教育部第一批特色专业建设点，目前已基本开齐 175 个与中国建交国家的官方用语，预计到 2020 年，外语语种数量将超过 100 种。

建设 50 个语种外文网站源自强大的组织保证。为建立长期稳定的网站维护、更新机制，学校聘请多名语种网站主编和中外教执行主编负责网站编辑工作。制定了《学校多语种网站日常更新流程》，明确了各语种的新闻更新频率和质量要求。

北外将多语种网站建设放在重要地位，提出不仅要将多语种网站打造成为开展国际教育和人文学术交流的重要窗口,还将充分利用使馆资源、校企合作等渠道,更好地服务国家对外开放战略,使其成为学校服务国家"走出去"战略的重要平台。

无界的网络将美誉传播,文化的交流将心灵拉近。北外充分发挥学科优势,鼓励北外学者主动"走出去",深度促进中外学术交流与沟通。

2018 年 6 月的德国杜塞尔多夫孔子学院和奥地利维也纳大学孔子学院两场讲座吸引了当地学者和民众的目光,北外法学院副院长闫冬副教授和德语系关海霞老师带来的《中国商业规则的传统与法制》和《中国新"四大发明"》讲座受到了两地学者和民众的欢迎。这是北外 2013 年策划的一个创新项目——"文化中国你我谈",目前已经举办了十三期。这个项目更好地发挥了北外综合文化交流平台作用,有效促进了中外学者交流和校际合作,产生了良好的社会效应,并赢得了各国听众的好评。

"文化中国你我谈"是学校坚持高端引领、整体推进的国际化办学思路的一个缩影。截至 2018 年,北外已经与世界上 83 个国家和地区的高校和学术机构开展交流,签订了 480 余份校际交流协议,与英国诺丁汉大学、英国伦敦大学亚非学院、法国国立东方语言文化学院、俄罗斯莫斯科国立语言大学、德国哥廷根大学、意大利罗马大学、匈牙利罗兰大学、波兰雅盖隆大学等国外著名高校建立了实质性的合作关系,北外已经成为中国走向世界的重要平台。

多元的文化氛围是北外的独特优势。中外学生相会于此,他们交流文化、碰撞思想,共同分享和体验中国的特色和成就。2018 年 4 月 5 日,一段"葡萄牙大学生眼中的当代中国"的视频在新华社客户端引起极大关注。这段视频由我校西葡语系大四学生游雨频等学生制作,是学校"国家级大学生创新创业训练计划——用外语讲述中国"项目的成果。

视频以被誉为中国"新四大发明"的高铁、网购、移动支付和共享单车作为话题切入点,对 7 名来自葡萄牙的在京留学生进行了采访。采访中,北外学子深入浅出地向留学生们展现了当代中国快速发展的社会风貌,葡萄牙大学生也在视频中表达了他们对生活在当代中国的高度认同和热爱。

视频经新华社客户端报道和播出后，新华网葡文频道和新华社葡文海外社交媒体账号也跟进推广，并在微博、微信等社交媒体上广为传播。截至 4 月 7 日，该视频在新华社客户端的浏览量已超过 100 万次，获得了良好的海外传播效果。

艺术无国界，文化有共识。即使双方语言不通、文化背景存在差异，也并不影响他们对彼此文化艺术上的深刻认同。正是深刻认识到艺术在对外交往、国际传播中的独特优势，北外学生艺术团不断组织编排独具特色的节目，让中华文化艺术扬帆远航，走出国门，用艺术的语言让更多观众了解到中国文化艺术的魅力，也展现了北外学生所代表的当代中国大学生的风采。

北外学生艺术团在国外每次演出的现场都洋溢着热烈的气氛。现场观众会用不太流利的中文表达对中国文化的热爱，看到武术互动环节，不少观众自告奋勇上台学习太极拳的一招一式，体会到中国功夫的神韵。这一段段生动场景充分体现了中外文化交融互动的独特魅力。

三、传播中国声音的人才重镇

"中国新一代战地记者涌入前线"（China's new generation of war correspondents hit the front line），这是 2018 年 4 月 26 日，英国著名媒体《卫报》（*The Guardian*）报道北外校友、新华社前驻加沙、巴格达记者陈序的标题。文章着重描述了陈序不惧危险投身战地报道的事迹。"从摩苏尔到米苏拉塔，中国国家媒体迅速拓展其国际存在……陈序就是这些中国战地记者中的一员，他们是一群年轻、受过良好教育的人，大多是男性，敢于冒险，奔走于全球各个冲突地区……他们旨在让全世界听到中国的声音。"《卫报》的文章刊登后，我国《新华每日电讯》《环球网》等主流媒体也据此介绍了陈序的事迹。

陈序是北外阿拉伯学院 2009 届毕业生，毕业后进入新华社工作，2011—2013 年任新华社驻加沙记者，2014—2016 年任新华社驻伊拉克记者。从巴勒斯坦到伊拉克近五年的战乱地区中，陈序毫无怨言地坚守在工作岗位上，取得了突出成绩。

陈序是北外优秀学子中的杰出代表。北外，这所被誉为"共和国外交官摇篮"的大学，承担起传播中国声音的光荣使命，将胸怀国家、服务人民的理念深深扎根办学历史之中，发挥多语种的特色和优势，成为兼具家国情怀、国际视野的国际化人才。

今天的北外已经将人才培养从单一的语言技能训练转移到语言和专业相结合，不断强化学生综合运用知识的能力。为此，北外学院、国际组织学院应运而生。

北外学院秉持的理念是交叉学科人才培养，学院将通过采用通识教育体系和教学方法，解决学生知识面窄、思辨能力弱等问题，利用完全学分制、开放式选课制度、自主选专业等机制来实现这一目标。

国际组织学院与北外学院同时成立，目标是培养和储备一大批国际组织急需，通晓国际规则，具有多语言能力、突出的跨文化沟通能力、跨学科知识的国际组织人才。未来，部分对国际事务感兴趣的学生将被选送到国际组织学院进行学习。

国际新闻与传播专业人才培养也是北外的特色。以英语学院国际新闻与传播系为基础，北外于 2014 年 7 月成立北京外国语大学国际新闻与传播学院。依托英语学院雄厚的师资和广泛的影响力，新闻学院采用英语语言文学和新闻传播学有机融合的非传统教学模式，着力培养当今社会紧缺的跨文化国际新闻传播高端人才，培养出的学生具有扎实的英语基本功、坚实的专业功底、较宽广的知识面以及良好的精神气质。

外向型的办学理念使国际化的人才培养模式得到了国际媒体的高度认同。立陶宛《论坛网》主编伊勒孜凯维丘斯是一位资深的媒体人，也是 15 个中东欧国家的记者组成的访华代表团的成员。他对北外高水平的人才培养模式赞不绝口，认为北外学生未来大有可为，将为中国与中东欧国家的交往做出贡献。在北外还有许多像伊勒孜凯维丘斯这样的国外媒体人，每年来自世界各地各国的媒体访问团络绎不绝。访问团来到北外，深入了解北外，了解中国。北外独特的人才培养模式、首屈一指的语言专业实力令各国的媒体人赞不绝口。而更令他们赞叹的还是校园多种文化交融的特点，这让许多媒体人珍惜在这里的学习进修经历，系统了解中国国情教育和专业的新闻业务培训，参与丰富多彩的传统文化体验活动，加深对中国历史、语言、文化、政治和经济社会发展等多方面的认识与了解，从而提高新闻业务能力和未来发展潜力，成为新一代媒体人中的"中国通"。

承先启后，面向未来。北外将继续秉承"兼容并蓄、博学笃行"校训精神，为国家对外战略提供学术支撑和智力支持，成为中国走向世界的重要助推力量。

中国石油大学：国际传播助力国际化战略实施

海 凤 华 南

　　"一带一路"是新时期我国深化对外合作的新的战略构想，从中国倡议发展为今天的国际共识，它带来的不仅是经济、贸易、金融等方面的互利共赢，也为推动区域教育大开放、大交流、大融合提供了广阔舞台。

　　教育具有基础性、先导性、引领性特质，既是"一带一路"倡议的重要组成部分，又为其提供了人才支撑。能源合作是"一带一路"倡议的先行产业，在"一带一路"倡议下，中国与沿线国家之间以石油为主的能源合作被赋予了更多历史机遇。在中国迈向建设高等教育强国的新征程上，建设世界一流大学、一流学科是中国大学在新时代的使命与担当，积极服务"一带一路"倡议，无疑为中国石油大学走向世界高等教育舞台中心提供了重要路径。

　　在这个新征程上，石油行业的领军高校中国石油大学（北京）站在了教育与能源非常难得的"交叉点"上。作为一所因油而兴、因油而强、与油共进的行业特色高校，学校围绕"建设石油石化学科领域世界一流研究型大学"的办学目标，始终以服务国家重大战略需求为使命，大力实施"国际化"战略，特别是近年来围绕做强教育与能源跨界这一"先天优势"，携手石油石化企业，在国际化人才教育和科技创新等方面积极参与、融入、服务"一带一路"倡议，不断拓宽国际交流与合作领域和范围，扩大国际影响。学校与"一带一路"沿线40个国家的93所高校和企业建立合作关系，签署了 132 份合作协议，获批"丝绸之路"中国政府奖学金项目、入选首批北京市"一带一路"国家人才培养基地项目、成立"一带一路"科技创新国际合作交流中心等，中石大发挥出行业特色高校在"一带一路"倡议中的重要作用。

学校在融入石油企业与"一带一路"沿线国家的能源合作的过程中，积极开展对外宣传，助力国际化战略的实施。学校通过"媒体传播+组织传播+人际传播"的"全媒介"传播方式，讲好中石大故事、传播中石大声音、阐释中石大特色，强化国际传播能力，扩大学校知名度，提升学校美誉度，增强了学校对外话语体系的影响力、感召力，使学校在"一带一路"舞台上把握话语权，唱响了中石大好声音。

一、聚焦宣传目标，从对接到融合

20 世纪 90 年代，党中央、国务院提出了充分利用国内外"两种资源、两个市场"的"走出去"战略，中国石油石化企业开启了海外油气合作之路。为石油企业"走出去"提供坚实的人才支持，"企业走到哪儿，服务跟到哪儿"成为中国石油大学（北京）上下的共识。

进入 21 世纪之后，面对全球科技、人才竞争和大学间竞争加剧，中国石油大学（北京）提出了特色化、国际化、人才强校三大发展战略。学校认为，国际化是高等教育的发展趋势，是中国石油工业国际化的必然要求，也是学校实现办学目标的内在要求。"一带一路"倡议无疑为学校办学战略的实施、办学目标的实现添加了一剂催化剂。

纵观国际化战略目标和任务，提升学生的国际竞争力、提升师资队伍的国际化水平、提升国际科研合作和学科建设水平、大力发展留学生教育是重点。如何在"一带一路"倡议中抢占先机，在世界范围内吸引更多高层次人才"加盟"中石大，培养更多石油石化领域优秀专门人才，与国内外政府、高校、企业等建立多层次、多领域、多渠道的交流合作关系，提升学校整体办学实力，这些都是学校在参与"一带一路"倡议中加强对外宣传、唱响中石大好声音的现实命题。

二、聚焦宣传内容，从魅力到情怀

在宣传中国石油大学（北京）服务"一带一路"倡议过程中，学校通过全媒介传播手段，寓理于事、融入情怀、浸润文化，增强宣传效果的吸引力、感染力、创造力。

（一）瞄准"大事件"

在全球化背景下，中国石油大学（北京）找准了世界能源大学的"公约数"——打造全球能源领域教育共同体，推动各个国家和地区大学之间在以石油与天然气为主的能源领域内开展交流合作。在宣传工作中，着力借助"大媒体"，让"大事件"成为"大新闻"，在挖掘新闻价值的同时，进行及时精准的海内外宣传。

2018年3月，中国石油大学（北京）倡议创立世界能源大学联盟。来自16个国家的28所能源领域高校代表共同签署了《世界能源大学联盟宣言书》。联盟成员将实现资源共享、互惠互利，协同促进能源行业的科学研究及教育事业的发展，并通过联盟成员交往带动学术、经济及人文交流，增进民心相通，为构建人类命运共同体而奋斗。中央电视台、人民网、《光明日报》等国内多家媒体以"世界能源大学联盟在北京成立"为题对大会情况进行了报道。联盟成员高校在各自学校媒体平台、所在国家主流媒体上对联盟成立等进行了多语种宣传，使全球能源领域教育共同体成为世界语汇、国际共识，也让中国石油大学（北京）成为媒体焦点。截至2021年6月，该联盟成员涵盖17个国家31所高校，中石大在国际能源教育、科研领域的话语权影响力进一步提升。

2018年6月，学校举办首届国际青年精英论坛，邀请来自13个国家的知名大学及科研机构的50余名青年学者围绕油气藏开发、纳米材料、新能源等热点交流探讨，做了58场学术报告。与会青年学者了解到学校人才政策、办学特色，以及学校为青年学者在科研平台搭建、团队建设等方面提供的政策支持，感受到学校引才、育才、举才的诚意。

学校举办"一带一路教育对话：研究、决策与创新——未来高等教育与学术流动"会议,邀请"一带一路"沿线国家的 80 多位高等教育领域的专家学者围绕"学术流动的背景与趋势"这一主题,从合作办学的理论与政策、实践与创新等方面展开深入研讨,为沿线国家教育发展提供方案,中国日报网(英文)以 *Dialogue on Education Cooperation for Belt and Road Held at CUPB* 为题对会议进行了报道。

学校举办促进"一带一路"倡议的各类学术论坛、讲座,在学术前沿发声,得到国际关注。中石大举办"碳捕集、利用与封存(CCUS)论坛",邀请来自 14 个国家的 300 余名专家学者共商碳捕集、利用与封存技术产业建设,中国日报网(英文)、人民网等媒体分别以 *CCUS Industry to Facilitate Karamay's Low Carbon Economy*、《服务"一带一路"建设 助力中国低碳经济发展》等为题对会议情况进行了详细报道。

学校举办"'一带一路'背景下俄罗斯欧亚主义与大欧亚战略"学术报告,并以在教育部备案的学校首个国家级软科学平台——"俄罗斯中亚研究中心"——为依托,举办"一带一路"能源安全与绿色发展国际学术论坛、2017·"生态政治经济与能源安全"国际会议,深化对俄罗斯、中亚和外高加索等国家和地区能源战略与外交的研究。

学校积极参加北京高科大学联盟—波兰技术大学校长联席会议校长论坛、中埃大学校长论坛,围绕"'一带一路'战略下的中东欧高等教育合作构想""高等教育的国际化推动了'一带一路'建设"等主题宣传国家方略和学校主张;组团赴土库曼斯坦、哈萨克斯坦访问,与当地高校、政府签署开展学生联合培养、教师交流等方面的合作协议,哈萨克斯坦国家电视台等当地多家媒体对此进行了采访报道。

当许多高校选择在东部、南方等经济发达地区建立分校或者新校区的时候,中国石油大学(北京)却将目光投向了距离北京三千多公里的西部油城——克拉玛依。克拉玛依地处丝绸之路经济带核心区的重要地理位置,在克拉玛依办学既是学校的战略决策,更是一种责任和担当。校区坚持"立足新疆、面向西部、服务全国、辐射中亚"的区域定位,将充分利用当地石油、石化、金融、信息等产业优势,为"一带一路"倡议及促进沿线国家的教育合作交流、提供人才和支持方面发挥积极作用，以更加优质的教育产品服务于"一带一路"倡议需求。学校以克拉玛依校区揭牌、启用、首批新生入学等重要节点为切入点，对校区建设情况进行密集宣传，让更多人的目光吸引到祖国西部广袤热土上这棵正在春风里"抽枝拔节"的"智慧树"上。

（二）展示"新成果"

中国石油大学（北京）找准"一带一路"倡议与石油高等教育发展的契合点与石油工业发展的着力点，宣传学校依托学科特色、人才特色、科研特色以及多年服务石油石化企业海外战略的实践积累，参与、服务、融入"一带一路"合作的情况，让世界看到行业特色高校在服务"一带一路"中的担当。新华社推出的《人才、技术、智库：首都高校助力"一带一路"教育发展》系列报道、《人民日报》刊发的题为《在服务'一带一路'中追求跨越发展》的报道、中国日报网（英文）发布的题为"China's Petroleum University to Aid Energy Cooperation along Belt and Road"的报道等都对学校服务"一带一路"倡议的"新成果"进行了宣传展示。

学校建立的多元化国际化人才培养模式是对外宣传报道重点。例如，学校设立全英语硕士生培养项目，采用与国际接轨的全英文硕士研究生培养方案、国际化的课程体系、全英文的授课方式及全英文的教材对主干专业新入校硕士研究生进行系统培养。学校还开设西班牙语、阿拉伯语等语言类特色班，使学生具备扎实的小语种语言基础，成为能够运用小语种从事相关工作的复合型、应用型人才。联合企业开展国际化"订单式"人才培养，培养符合石油企业海外业务需要的国际化人才，30 个国际化"订单班"累计为国际合作项目定向培养毕业生 260 余人。通过中国石化、中国石油设立了中俄联合培养国际化高级专门人才项目，为石油企业海外项目"订制"培养高层次国际化石油人才，输送 600 余名中国学生到"一带一路"沿线国家留学。

学校结合"一带一路"沿线国家油气生产实际，为当地油气工业发展提供技术支持。白国平教授的科研团队自 1997 年起对中东、中亚、俄罗斯等"一带一路"沿线地区和国家的油气富集区展开勘探开发研究，在油气层的形成与分布、油气富集规律和资源潜力评价等方面取得系列重要成果。邢晓凯副教授的"输气管道分析与控制技术"项目团队提供的管道管输损耗定位及管输损耗率的控制措施，为中国—乌兹别克斯坦输气管道安全高效运行提供保障，使输气损耗下降 0.08%，每年实现经济效益 5000万元。

人才、科技等方面的交流合作为学校赢得了"一带一路"沿线国家的专业信任，提高了学校的行业认可度，达到了良好的宣传效果。

（三）讲述"好故事"

中国石油大学（北京）用讲故事的方式传播中石大，讲中石大人追逐石油梦、中国梦的故事，以故事体现"一带一路"倡议影响下的中石大人，中石大人也在用自己的努力响应着"一带一路"倡议。

学校师生在北京电视台"一带一路捷足先登"专题节目中讲述"一带一路"动人故事。2012 级硕士研究生景茜讲述了自己赴阿联酋阿布扎比石油学院的留学收获；来自阿塞拜疆的 2016 级博士研究生古娜伊讲述了自己与中国丈夫"一带一路上的爱情故事"；来自土库曼斯坦的 2015 级硕士研究生若贺曼讲述了自己在中石大学习、生活的幸福感受；来自中油国际土库曼斯坦公司的员工贝尔讲述了来到中石大参加为期半年的语言与技能培训班的体会。特别是古娜伊，她说："大到国事，小到家事，我都切身感受到了'一带一路'倡议带来的积极作用。作为一名中国人的妻子，作为中石大一名来自阿塞拜疆的留学生，我愿做中阿友谊的使者。"中青在线还以"'一带一路'上的爱情故事"为题对古娜伊的爱情故事进行了报道。

中石大培养的国际型优秀人才也在以自己的实际行动，在"一带一路"沿线国家中体现中石大人的担当。2014 届油气田开发工程专业硕士研究生张翼飞目前担任中国石油哈萨克斯坦公司 PK 项目上游板块的开发部高级主管。此前，他参加了学校赴俄联合培养项目，在俄罗斯国立石油天然气大学留学深造毕业后，被派往 PK 项目上游板块工作至今。张翼飞对母校充满了感激："在俄罗斯学习让我有机会零距离学习和了解俄罗斯在石油勘探、开发等方面积累下来的先进理念和先进技术。这些所学所得都让我现在工作起来游刃有余。"

在由中华全国青年联合会主办的"'一带一路'青年故事会"上，青年教师宋泽章作为中国青年代表，讲述了自己作为国家留学基金委派出的留学生赴俄罗斯国立古勃金石油天然气大学硕博连读的经历，以及对于"一带一路"倡议提出后中俄学生加强互访交流的感受，向世界传递中石大青年的心声。国务院新闻办公室、《中国青年报》、新华网、海外网、中国网以"'一带一路'青年故事会在京举办"为题对活动情况进行了详细报道。

（四）传播"软文化"

在服务"一带一路"倡议中，中国石油大学（北京）注重以"软文化"宣传学校和中国的"硬实力"。

学校举办了建校 65 周年的系列庆祝活动，受到海内外师生校友和社会各界的热切关注。无论是发布校歌、举办新时代石油科技发展峰会暨石油科技成果对接会、建校 65 周年创新发展大会等活动，还是 65 周年校庆专题纪录片《我为祖国献石油》、纪念宣传片《信念》、校歌 MV、《京华山水之间期待最美遇见》海内外人才招聘宣传片、校庆宣传画册、校庆校报专刊等，都深深体现了流淌在中石大人血脉中生生不息的石大精神、石油文化，大大提升了学校的国际知名度和美誉度。

学校积极在留学生中传播中国文化。组织留学生参加"上海合作组织青年交流营"，增进留学生对中国改革开放及建设成果的认识；开展留学生"盘锦行·辽河情"实践活动，参加"一带一路"国际化青年人才交流座谈会和用工企业宣讲会，26 名留学生获颁"盘锦市对外交流青年形象大使"聘书，成为"一带一路"沿线国家的文化使者。

2011 年，中国石油大学（北京）就与厄瓜多尔基多圣弗朗西斯科大学共建孔子学院，以孔子学院为平台加强中厄文化交流，通过举办汉语夏令营等活动让青年学生学习汉语课程，体验书法、京剧脸谱、风筝制作等课程，体会中国博大精深的文化。

学校以文化为纽带举办国际文化节，留学生通过表演本国传统民族歌舞，展示特色建筑、民族服饰、手工艺品等异域文化，让中石大师生品鉴各国本土美食等形式，展示"一带一路"沿线国家的风土人情、特色文化，增进中外学生友谊。

（五）凸显"全媒介"

校内外、国内外的立体式宣传报道渠道，以及英语、俄语、阿拉伯语等多语种的宣传报道为中国石油大学（北京）打开了走向世界舞台中央的"超链接"。

除了注重媒体传播，中石大师生还通过在国内外的日常生活中、重要活动中以及制作各类语种的网站、视频、宣传品等"全媒介"形式宣传中石大。

例如，校领导通过海外出访宣讲学校办学成就、人才政策、办学特色等，让更多国外政府、高校、企业打开读懂中石大的"快捷键"。学校赴俄国家公派优秀中国留学生代表相华等参加国立古勃金石油与天然气大学85周年校庆，向俄罗斯总理梅德韦杰夫（Medvedev）以及俄罗斯学生代表阐述了中俄共同培养石油石化领域人才的观点。热爱中国、了解中国、熟悉中国的来自苏丹的留学生雅西在中国石油大学（北京）攻读硕士和博士学位后选择留在中石大工作，他研究中国书法，将中阿文化元素巧妙地融合在一起，使书法作品，不仅具有阿拉伯风情，也具有中国书法的古典韵味。在苏中建交50周年大会、中阿经贸论坛上，雅西通过展示自己的书法作品，让更多外国人了解了中国。作为工程技术研究人员，雅西还把中国科技工程投资项目介绍到国外，同时介绍外国朋友来中国交流学习考察。此外，学校还建设了英文、俄文官方网站，制作了多语种学校宣传画册等。

三、聚焦宣传效果，从人心到话语

长期以来，中国石油大学（北京）主动担当，奋发有为，加强与"一带一路"沿线国家的能源合作，在教育、科技、文化交流，高素质国际化人才培养方面取得显著成果。

人才培养社会贡献度不断提高。学校为石油石化领域培养了一批批优秀专门人才，为行业发展贡献了中石大力量。其中掌握专业知识、善于经营管理、熟悉国际规范的国际石油工程技术及管理的国际化复合型人才毕业后多从事海外项目技术服务工作，有效支撑了我国石油企业海外项目的人才需求，为当地油气工业的发展做出了贡献。

科学研究专业品牌形象牢固树立。学校瞄准世界石油科技前沿和生产实际需要，携手石油石化企业，将油气地质与勘探、钻井和集输等方面取得的多项重大技术创新成果成功应用于哈萨克斯坦、乌兹别克斯坦等中亚和中东"一带一路"沿线国家的油气勘探开发和油气集输中，取得了良好的经济效益和社会效益。

国际影响力日益凸显。近年来，学校培养了来自"一带一路"沿线近20个国家的留学生，其中仅哈萨克斯坦、土库曼斯坦在读和已毕业的学历留学生超过了1000名，目前在读的留学生中有80%来自"一带一路"沿线国家。

良好形象加深深厚友谊。学校配合企业加强资源国当地雇员的培训，培养了大量对中国充满感情的石油资源国当地雇员和官员，让他们更好地了解中国文化，提高了中国石油公司的国际美誉度，在为"一带一路"国家石油石化行业发展助力的同时，也对深化中国和世界各石油资源国人民友谊发挥了积极作用。

国际话语权不断提升。在世界多元化的话语体系中，在"传播"能力不断增强的基础上，学校的"话语"能力不断提升。融通中外之下是更多世界石油青年学子对进入中国石油大学（北京）深造的渴求，是世界能源大学对中国石油大学（北京）推进能源教育共同体发展的深切希望，是更多国家对与中国石油大学（北京）加强交流合作、携手多方共赢的期许。

中国人民大学：架起民心相通的桥梁

周　婕

改革开放以来，我国来华留学生数量日益增加，来华留学事业蓬勃发展。随着"一带一路"倡议的提出，来华留学的热度更是持续升温。作为国内外学术文化交流的重要平台，中国人民大学始终响应国家号召，把留学生事业放在重要地位，积极吸纳外国留学生来人大学习、交流。作为促进民心相通的重要桥梁，在中国人民大学学习的这些留学生已成为中国发展的见证者、务实合作的推动者和优秀文化的传播者。他们中的每一个人都是鲜活的亲历者，讲述着他们与中国、与人大之间的动人故事……

一、学无止境，身体力行

"现在中国发展得很快，变化也很大，在很多领域内的影响都是十分深远的。我觉得亲眼见证中国飞速的发展是很有意义的。"身着蓝色西装的留学生何铭，黑框眼镜下闪烁着睿智的光芒，谈起中国，仿佛在介绍一个亲密无间的老朋友："我想了解中国在当前的国际体系中起到的作用是什么、将来的角色是什么……而这些都要到中国本土了解一下才更直接。"

何铭是中国人民大学国际关系专业的博士生，来自德国，本科时在德国的大学学习当代中国专业，毕业后来到中国攻读国际关系，这一转变起源于他对研究当今世界体系的浓厚兴趣。于他而言，对当代中国的探索、挖掘，深入到以世界视角观察中国在国际体系中的担当与重任是从静到动的跨越，是从分析到综合的转变，是从"点"的研究进而转向"面"的纵览，更是对当代中国政治、经济、外交等多方面、多层次的整体把握。

中国文明古国的形象自小就在何铭心里留下了深深的烙印。兴趣与爱好是一方面，要想真正走进这个东方大国，他深知首先要解决的"痛点"是语言不通的问题："语言是文化的钥匙，从本质上来说，他们是密不可分的。"于是，从 2007 年起，何铭便开始在德国学习中文。

汉语独特的声调、繁杂的方块字、无甚章法的语法规则无一不令学习者抓耳挠腮。而在何铭看来，这些难处恰恰是汉语的迷人之处，对中国的浓厚兴趣更使得他在汉语学习过程中始终具有热情。何铭分享道："我觉得，一开始学习中文肯定有些不习惯的地方，但是因为我本身对中国有极大的兴趣，所以我经常跟中国朋友见面交流时说中文，并且我很喜欢看中国文艺电影，听中文歌。这对我学习中文帮助很大。我觉得如果对一个国家有一种总体性的兴趣的话，那么学它的语言并不痛苦，反而会很快。"与他进行交谈的人都不难发现，何铭的中文已经非常流利，无论是大段表达，还是经典俗语，他都能信手拈来，仿佛坐在对面的是一位汉语母语者。如果没有经过对汉语的持久深度学习，是很难达到这样的语言水平的。

"纸上得来终觉浅，绝知此事要躬行。"何铭在德国学习了多年的汉语和中国文化，发现自己越来越不满足纸上谈兵，最终他还是决定收拾行囊，来到中国，切身感受中国。

"纸面上的中国呢，好像只是一些数字，人口、GDP、PM2.5，无论它们是对的还是错的，都只能提供非常狭隘的角度。但是对我来说，要感受真实的中国，还是要多走走，这样我们所看到的中国比纸面上的中国会更加多元化。与现实有真正的接触是很特别的体验。"何铭笑谈。

在中国求学的日子里，何铭不仅专心学术，更是常在闲时四处游览，用足迹丈量中国的每一寸土地。何铭走过了许多地方，但其中有两个地方令他印象最为深刻："对我来说，一个地方是宁波，我在那里待过一段时间，很舒服很悠闲。另外一个就是重庆，那是座很有历史感的城市。可能是因为我自己老家也有很多山很多树，所以重庆对我来说感觉很舒服。在那里，不管是饮食、文化，还是人，我都很喜欢。我很喜欢在中国旅行。从喀什到上海，从海拉尔到香格里拉，我都去过。当然也有几个地方我没去过，也有人比我去的地方多得多……"

何铭就是这样一个充满不竭动力的学习者，他始终以睿智的目光和独特的视角观察中国社会、洞悉中国国情、了解中国发展。他栖息在自己诗意的国度，且歌且行，背起行囊走遍神州大地，读万卷书，更行万里路。

二、以文为剑，筑梦华夏

他来自亚美尼亚，怀揣着对文学的极度热爱与不懈追求而来到中国，在这片土地上洒下灵感的汗滴。无论外面的世界多么喧嚣，他心中总有一方属于文学的净土，在这里，他只做自己的园丁，经营着只属于自己的、关于诗歌与梦想的花园。他就是罗伯特，中国人民大学文学院现当代文学硕士生。

说到自己与人大的故事，他笑道："一是热爱，二是缘分。"2011年，罗伯特在亚美尼亚结束了为期两年的军旅生活，想给自己的生活一个重新开始的机会。于是他报考了亚美尼亚当地的大学，在那里攻读语言学和心理学。大二时，他在学校修读了一些中文课程，透过这扇窗户，他对博大精深的中华文化、文学产生了浓厚兴趣，他决定对这个国家以及这门古老的语言进行深入了解。随后，他毅然加入了亚美尼亚孔子学院，在那里打磨自己的中文功底。有了一定基础后，他先后前往包括北京语言大学、沈阳师范大学在内的中国高校进行短期访学。这些经历加深了他对中国的热爱。而后，他来到中国，正式开始了留学时光。

最初，罗伯特是在人大文学院汉语语言班学习，期间，他曾偶遇一位学识渊博的长者，与其就一本文学作品展开了深入的交流探讨，并由此结下了一段忘年之交。学者深厚的文学素养和谦和的待人方式给罗伯特留下了不可磨灭的印象，"当时我想，这就是我梦想中的老师啊！"他回忆道。随后罗伯特才得知，这位和蔼可亲的学者正是著名的王家新教授。那一次邂逅后，王教授给罗伯特留下了自己的联系方式。半年后，罗伯特决定申请中国人民大学文学院的硕士研究生继续求学。而他也顺利联系到王家新教授，如愿以偿地成了他的学生。"那天是周日，为了给我写一封推荐信，王教授特意从家赶来了学校，这让我非常感动。"罗伯特回忆道。

"来到人大是我做过最正确的决定。"罗伯特如是说。与王教授的相逢是珍贵的人生体验，而在人大文学院，罗伯特的收获不止于此。在追梦的旅途中，他结识了许多令人敬重的教授教师、真诚乐观的同学伙伴，他们每一个人都给予了罗伯特或多或少的帮助，这些灵感指引着他前进的道路。他说："我的内心始终充满无限感激。"在这里，他和大家一起探讨文学，共同成长、共同进步。

在亚美尼亚的日子里，罗伯特就养成了每日阅读并创作的良好习惯，文学已经成为他生活中密不可分的一部分。

罗伯特在文学殿堂中邂逅的第一位也是最令他钦佩的中国诗人翟永明。这位当代女诗人曾说过："最能够给我带来快乐的还是诗歌。生活中有各种各样的变化，个人是无法控制的，唯一能够自己控制的就是写作。"罗伯特的想法与她不谋而合。对文学、对诗歌的爱好，罗伯特与她一样，都是纯粹的，他们从不把它当作现实物质生活之外的消遣或附庸，从不认为诗歌是革除时疾的良药，也并不赞同给诗歌强加一些时代与历史的重任。"诗人写诗不应该用脑子，而应该用心。"罗伯特坚信，诗歌应当用心灵感受，任何理性、现实的考量都会使其失去真味。

另外，罗伯特也不会无条件盲从文学世界，对于文学作品中一些个人的主观倾向，罗伯特总会再三审视："作家表达的内容不一定就适合你，比如有一些作家写作时的精神状态本身就值得再三商榷。"

与很多爱社交的外国留学生不同，罗伯特更乐于享受独处的快乐。他喜欢待在属于自己的角落，沉心感受阅读带来的静谧与舒适。

这个简单、质朴的外国大男孩不远千里来到中国追寻文学梦想，寻求内心的自由。在与文学为伴的精神旅途中，他从未感到孤独。

三、追根溯源，精益探索

身着长款定制锦绣唐装，高贵、古朴而又典雅，来自英国的宋佑兰在外国留学生中显得格外引人注目。

宋佑兰是中国人民大学哲学院的在读博士生，研究方向是老庄思想。2015 年，她通过"孔子新汉学计划"，被中国人民大学录取，开始了她的中国哲学之旅。

老庄哲学对于很多中国人来说都十分晦涩难懂，而宋佑兰不惧怕困难，反而有自己的独到见解："西方不是黑就是白，但中国有阴阳五行，很不一样，我太好奇了！"她从高中起就对国古代文化痴迷不已。东方哲学世界的玄妙色彩始终吸引着这位来自大洋彼岸的姑娘，在中国古代哲学典籍中追问世界与生命起源也让她充满好奇。"我在中国学习的每个阶段都很享受，这些东西研究一辈子都不够。"每每提到自己所学的专业，宋佑兰那深邃的眼眸总能焕发无限的光彩。

在课堂学习之余，宋佑兰也常常参加各类学术活动以增长阅历、磨炼技能。2018 年 6 月，她参加了由中国人民大学与国家汉办/孔子学院总部汉学处联合主办、文学院和汉语国际推广研究所承办的 2018 "孔子新汉学计划"博士生论坛，来自北京和天津高校的 16 名"孔子新汉学计划博士生"提交论文并参与论坛。在论坛上，宋佑兰创造性地以中西之间的"比喻交织"为课题，进行了深入浅出的探讨，赢得了大家的热烈掌声。说起未来职业规划，宋佑兰希望毕业后能继续在中国学习中国哲学。这位来自大洋彼岸的英国姑娘愿意将她的绚烂年华全数奉献给古奥玄幽、充满生命智慧的中国古代哲学。不用说，这一定是文化碰撞开出的最美丽的花朵。

四、学以致用，知行合一

深邃的眼眸似是含有一汪清泉，蕴含着理性与平和。布满面庞的络腮胡显出成熟庄重的气质。笔挺的西装、淡定从容的表情与姿态，一切都彰显出这个大男孩不同于同龄人的非凡气质。他是来自巴西的亨利，现在中国人民大学国际关系学院攻读博士学位。

提到亨利，身边的教师和同学都不禁赞叹道："亨利很优秀，他永远奔走在各种学术论坛和会议之间。"在人大国际关系学院学习的这几年，亨利不满足仅从课本、文献中获取专业知识，而是更希望在广阔的学术实践中将自身所学发挥到极致。在他看来，如果不能学以致用，那么所学知识将变为一潭死水。

关于印象最深刻的学术活动，亨利提到了如下两次：一次是在2018年11月18日，他参加了金砖国家智库国际研讨会、第二十六届万寿论坛暨第六届新兴经济体智库圆桌会议。会议期间，他与许多业内知名专家学者共同讨论金砖国家的合作。"这个机会非常难得，能够跟高级研究者研讨国际形势也促使我拓宽自己学习的维度。"

另一次是由中国人民大学与国家汉办/孔子学院总部汉学处联合主办的2018"孔子新汉学计划"博士生论坛。会上，亨利梳理了中国和巴西贸易合作的历史及当下遇到的挑战，并对两国未来的关系发展趋势做出了预测。亨利认为，这是他学习国际关系专业以来最想探讨和解决的问题。"在目前的国际形势下，我特别希望看到中国和巴西两国继续友好合作，共同促进经济繁荣和维护国际秩序平稳良好。"亨利不无憧憬地谈到。

在未来，亨利想要对国际形势有更透彻的理解和把握，最终能通过自身所学给当今世界带来一定的启发和思考。"这还需要我更进一步学习和钻研，我会加倍努力的。"亨利依然是笑笑，他深邃的眼眸中透露出自信而笃定的光彩。

五、来自西方，读懂中国

他来自西方，带着自身的文化视角和知识背景一步步走进中国，想要理解当今中国的国情形势、发展状况以及在国际体系中的定位，了解这样一条"东方巨龙"如何在新的发展形势下找到自身与其他国家的利益契合点。

出生于1991年的土耳其大男孩欧坤有着1.95米的大高个儿，面部时常挂着清朗的笑容。也因为其开朗外向的性格，所以大家总叫他"阳光大男孩儿"。

选择来中国学习，欧坤最大的动力来源于希望了解中国和中东地区的国家如何在发展中寻找利益契合点，以及中国又会依据这些契合点制定怎样的政策。他希望可以从在中国本土学习中国制度开始读懂中国。于是，他选择中国人民大学国际关系学院的"当代中国研究"英文硕士项目。

近年来，土耳其广泛受益于"一带一路"倡议，迎来了就业率的增长以及经济的繁荣发展。欧坤常常思索：近年来中国如"一带一路""亚投行"等举措确实惠及了一系列发展中国家，但这些项目会给中国带来什么好处呢？一开始，欧坤无法理解，他认为这些政策更像是对"一带一路"沿线国家的慷慨帮助；后来，他在教师的指点下翻阅了相关资料并找到了中国倡导双赢以促进自身发展的治国经验，才逐渐了解其中的真谛。

转眼间，欧坤已经在中国生活了两年。现在，对他而言，初来时各方面的种种不适应已变得游刃有余。他开始习惯这里快节奏的生活，习惯紧张而富有挑战性的学习，习惯从现实的中国社会汲取灵感，从而更好地研究当代中国。谈到学习成果，欧坤可以说是受益匪浅："我就像那西天取经的唐僧，我是来遥远的东方取'治国经'来了。"这两年里，欧坤从宏观到微观、从整体到局部，全方位、多角度地对中国社会进行了深层次的把握。

志合者，不以山海为远。在中国学习和生活的经历不仅让外国留学生有机会深入理解中国，更为世界了解中国、走进中国打开了一扇窗。求和平、谋发展、促合作、图共赢是人类共同的愿望和责任，而我国留学生事业也必将继续繁荣发展。

北京理工大学：8500 公里外的绽放

赵　琳　王　征　王朝阳

　　"感谢全球孔子学院大会将该项奖励颁发给萨斯喀彻温大学孔子学院，它是无价的，是珍贵的，萨斯喀彻温大学作为中加文化交流的桥梁，也将担起肩上的责任，同北京理工大学一起携手促进中加友谊。"这是加拿大萨斯喀彻温大学副校长 Karen Chad 在第十二届全球孔子学院大会上的一段获奖感言。

　　Karen Chad 溢于言表的激动源自对北京理工大学共建的萨斯喀彻温大学孔子学院秉持努力奋进的学术态度和精益求精的教学追求的自豪。萨斯喀彻温大学孔子学院于 2017 年获评"全球先进孔子学院"称号，在全球 525 所孔子学院中，仅有 25 所获此殊荣，时任国务院副总理、孔子学院总部理事会主席刘延东亲自为获奖学校颁奖。

　　北京理工大学—萨斯喀彻温大学孔子学院于 2011 年开始筹设，历经近十年的奋斗，取得了显著的办学成绩，不仅见证了两校"旗舰"合作伙伴关系的发展历程，也成为北理工办学国际化的一颗闪亮之星。

一、国际化，携手育明珠

　　孔子学院是中国在世界各地设立的推广汉语和传播中国文化的机构，旨在为发展中国与世界各国的友好关系，增进世界各国人民对中国语言文化的理解，为各国汉语学习者提供方便、优良的学习条件。自 2004 年首家孔子学院在韩国创建以来，目前，中国已在 162 个国家和地区建立 541 所孔子学院。从中国北京到加拿大萨斯喀彻温省，相距8500多公里，北京理工大学与萨斯喀彻温大学能够携手打造一所全球先进的孔子学院，这离不开北理工多年来对国际化战略的深耕细作。也正是在打造萨斯喀彻温大学孔子学院的品牌过程中，十余年来，两所学校携手合作，结下了跨越太平洋的"旗舰"友谊。

北京理工大学与萨斯喀彻温大学于2005年正式签署合作协议，在不断深化的交流中，两所大学共建一所孔子学院的愿景逐渐清晰起来。2011年，两校达成共建萨斯喀彻温大学孔子学院协议，于2012年6月启动孔子学院建设，校党委书记赵长禄作为时任分管国际化建设的副校长，亲自带队赴加拿大出席了开幕仪式。

从零开始创建一所符合中加两国交流合作需求、符合两所研究型大学发展的孔子学院需要面对很多实际的问题与挑战。实现萨斯喀彻温大学孔子学院的本土化运营，首先需要建立健全各项规章制度。根据加拿大政府规定，孔子学院的运营必须符合当地政策法规的要求，既要设计与当地社区需求吻合的实用性课程，也要根据所在地政策和社会状况来执行教学。比如在组织太极课的授课时，当地政府关心学生是否有可能受伤、孔子学院是否给学生买了保险等。北京理工大学派出的管理团队在深入了解加拿大社会的特点和制度的基础上，建立了完整的管理和教学制度，完善了教学和课程体系，确保孔子学院的运行有章可循。在与萨斯喀彻温大学各级管理机构和学术组织沟通的过程中，中方团队熟悉了萨大的工作规范、办事流程和工作节奏，与外方团队一起有效配合，合理安排孔子学院的日常管理和教学工作。

二、铸品质，建设更优秀的孔院

建设一所优秀的孔子学院，实现其设立的初衷，发挥它对学校国际化战略的支撑作用，就必须要把办学质量放在首位。无论是在中国，还是外国，人才培养始终是一流高校的工作重心。

萨斯喀彻温大学孔子学院始终将教学质量放在首位。"教师对于孔子学院的建设至关重要，我们把教学得法作为对孔院教师的首要要求。"现任萨大孔子学院中方院长的刘宁博士不仅是这样认为的，在工作中更是以身作则。刘宁曾经是北京理工大学外国语学院大学英语部主任，拥有三十多年丰富的大学一线教学和管理经验。在孔子学院的管理工作中，他要求教师针对教学工作，要"知其然，亦知其所以然"，不仅要教好课，还要不断总结、剖析教学过程，帮助学生理解语言学习的理论和规律。

　　孔子学院的汉语教学要求在教材的基础上拓展授课范围，指导学生进行大量的课外延伸阅读，传授给学生更丰富的文化知识，培养汉语学习兴趣，突破文化隔阂。孔子学院的教师们都十分注重提高业务水平，不仅进行广泛研究，及时掌握国内外汉语教学领域的前沿信息，还要博览群书。正是在这样的氛围下，萨大孔院的教师在深耕汉语教学事业中，践行促进文化交流、讲好中国故事的初心与使命。

　　出色的教学质量为汉语人才培养贡献了累累硕果。在萨斯喀彻温大学孔子学院，高二学生 Seth Isaac Teichroeb 学习汉语的故事总是令人津津乐道，印象深刻。2017 年初，年仅 18 岁的他得知萨大孔子学院面向当地公众开设汉语课程，便主动来到孔子学院上课。孔子学院志愿者教师出色的汉语教学水平让他热情高涨，风雨无阻。Seth 的家住在距离孔子学院很远的小镇上，每两周一次的课程都是父母驱车 3 小时送他前来，往返一次就需要 6 小时，而这样的奔波求学，他竟然持续了一年多。经过一年多的不懈努力，Seth 已经顺利通过了国际汉语能力标准化 HSK 四级考试。作为全球最权威的面向外国人的汉语水平评价标准考试，HSK 四级意味着具备就比较广泛领域的话题进行讨论的能力，并且能够比较流利地与汉语母语者进行交流。

　　学生们的认可和成绩是对孔子学院办学水平最好的肯定。刘宁说："有这么热爱汉语和中国文化的学生，我们觉得自己的事业是值得全力投入的。"

　　萨大孔子学院出色的教学质量得益于北京理工大学"汉语国际教育"专业硕士学位点的建设。2014 年，根据国家汉办的要求，为支持学校共建孔子学院工作的可持续发展，学校设立了"汉语国际教育"专业硕士学位点，并于 2015 年开始招生，目前已有 8 名毕业生，在读学生 37 人，其中包括国际学生 12 人。来自北京理工大学"汉语国际教育"专业硕士学位点的志愿者教师们以优秀的专业素质和国际交往能力为基础，以汉语教学和中国文化为媒介，将汉语爱好者、华人社团、企业人士和萨斯喀彻温省不同民族的加拿大人民源源不断地吸引到孔子学院的教学和文化活动中来。2017 年，萨斯喀彻温大学孔子学院共开设各级汉语课程 85 个班次，学员人数 1956 人，比 2016 年增长 12.5%；开展各类文化活动 60 场，41260 人次参加，比 2016 年增长 43.8%。2019 年，萨斯喀彻温大学孔子学院的学生贝安成代表加拿大赛区参加第十四届"汉语桥"世界大学生中文比赛，取得世界前十五强。

三、重交流，书写文化精彩新篇章

孔子学院的使命既体现在汉语教学与推广、做好中国文化的传播上，也包含搭建文化交流桥梁的责任。由北京理工大学和萨斯喀彻温大学共建的孔子学院始终践行文化交流的理念，不仅与萨斯喀彻温大学各学院及行政管理机构建立友好合作关系，也注重与当地社区特别是当地中小学、华人社区及各团体的友好协作，同时通过创设一系列中国文化特色活动，让中西文化更好地交流互通。

孔子学院的汉语教师和当地志愿者结合中国语言与文化，注重趣味与特色，"以乐促学"。从 2014 年开始，萨大孔子学院每年举办"复活节中国文化营"，吸引了 150 余人次儿童学员参加。手工、剪纸、书法、国画、中文歌曲和中国地理等活泼生动的文化课程帮助小学员加深了对中国和中国文化的认识和了解。除此之外，孔子学院的"新年之夜"联欢会和一系列不定期举办的中华美食文化体验活动都受到当地社会的欢迎，既扩大了孔子学院的影响，也让更多加拿大人了解和喜爱中国文化。

除了建设具有本土化特色的传播中国文化和高水平中文教学平台之外，北京理工大学也力图将萨斯喀彻温大学孔子学院打造成服务学校国际化建设的多元化交流平台。在 2014 年孔子学院年度理事会上，两校领导达成共识，萨斯喀彻温大学孔子学院将积极发挥文化桥头堡的作用，推进两校文理学科的交叉融合、扩大学生交流。从 2015 年起，两校共同建立了科研种子基金，推进在生命科学、水处理、数据安全、城市可持续发展等方面的交叉研究；多次组织师生互访，为北理工国际化战略提供了有效支持。2016 年，孔子学院争取到萨大的经费支持，成功组织了萨大原住民学生中国访学团和萨大高管访学团，萨大师生在北京学习汉语课程的同时，还与包括北理工在内的部分国内高校及机构进行了交流。2017 年，孔院组织了萨大体育生中国访学团和萨大高管访学团。通过这些高水平的交流活动，很多参与访学、访问的萨大师生深受触动，回到加拿大后，纷纷成为中国文化的粉丝，带动身边更多加拿大人关注、喜爱中国文化和传统，主动传播中国文化。

萨斯喀彻温大学孔子学院先后组织"中—加""中—加—非"高等教育国际研讨会，并组织编写《加拿大太平洋海岸第一民族的历史与文化——原住民文化与汉语学习》等本土化汉语教材。2017 年 8 月，萨斯喀彻温大学孔子学院举办题为"国际化、教育、社会发展"的国际研讨会，来自中国、加拿大的一百多位专家学者参加了研讨会，中国时任驻加拿大大使、教育公参、加拿大 10 所孔子学院的 10 余位中加双方院长、萨省政府代表、萨斯卡通市政府代表、萨斯喀彻温大学校长、副校长和北理工校领导出席了本次研讨会。研讨会取得了巨大成功，双方达成共识，要让基于孔子学院平台的教育国际化研讨会成为两校推进"旗舰"合作伙伴关系、加强教育合作的共享、共进、共赢平台。

中国海洋大学：与澳大利亚合作培养高质量海洋人才

盛立芳

2018 年 6 月 28 日下午，中国海洋大学 2018 届本科生毕业典礼暨学位授予仪式在崂山校区综合体育馆举行。20 名海洋科学（中外合作办学）的学生从校长手中接过毕业证书，开启了新的人生征途。

2010 年，《国家中长期教育改革和发展规划纲要（2010—2020 年）》第一次以政府文件的形式写入了"教育国际化"，明确提出要扩大教育开放，引进优质教育资源，鼓励和支持办好若干示范性学校和一批办学项目。

为适应国家海洋发展的战略需要和国际化办学要求，引进海外优质的教育资源，创新培养模式，拓宽人才培养途径，培养具有世界视野的优秀人才，并且在相关领域与处于国际领先水平的大学进行全方位合作。2014 年，经教育部批准，中国海洋大学与澳大利亚塔斯马尼亚大学合作开办海洋科学专业的本科教育项目。这是国内第一个海洋科学高等教育国际合作项目。中国海洋大学是教育部直属综合性大学，是国家 211 工程、985 工程重点建设单位，海洋科学、水产科学是学校特色学科。塔斯马尼亚大学是澳洲四大历史名校之一，其海洋类学科在澳洲全国排名第一。双方在海洋类学科领域是强强合作。

经过充分协商，中国海大与塔大成立了项目管理委员会，商定了在中国海大开设的国际课程，明确了"4+0"的培养模式以及学生在自愿的基础上选择"2+2"模式的培养方案。

项目的落地单位分别是中国海大的海洋与大气学院和塔大的海洋与南极研究所（IMAS）。海洋与大气学院是国内最早一批的海洋学系、海洋研究所、海洋学院，是国家首批 15 个"理科基础科学研究和教学人才培养基地"之一，其海洋科学的教学与科研水平在国内独具综合优势，在历次海洋科学一级学科评估中均排名全国第一，在世界软科学科排名中名列第六。在海洋学科领域，塔斯马尼亚是澳大利亚海洋科技中心，是南极科考的门户城市，拥有澳大利亚 40% 的海洋学家和 60% 的南极研究人员。IMAS 突破了传统科学和社会科学的界限，致力于增进对环境的了解，促进可持续发展，造福澳大利亚和全世界。他们在南极科学研究领域有重大贡献，其海洋学被《泰晤士高等教育》评选为全球前 30 强。

双方依据优势专业强强联合的原则，联合制订人才培养方案和教学计划，引进塔大原版专业课程，由塔大教师全英文授课，让学生在国内接受国际化体系培养，以及全面系统的学术英语训练和专业教育。

课程在学生的知识构建过程中起着重要作用，也是学生综合能力培养的基础。课程内容要做到基础深厚、知识广博，才有助于学生的未来发展需求。在课程设计方面，项目充分吸收中国海大长期积淀的优秀课程体系内涵，又根据合作办学需要，有针对性地引进一定数量的课程，为学生开设了包括物理海洋、海洋生物、海洋化学等在内的宽泛专业课程，打破了原来相对单一的专业课程体系，从深度和广度两个方面满足人才培养的需要，有利于学生将来不受专业限制、自由切换到自己感兴趣的学科方向从事高层次研究，有能力解决在海洋预报、观测、灾害评估等方面出现的问题。项目采用两年制大约 600 课时的进阶式学术英语课程，中外教师联合授课，从基础英语到学术英语，再到语言直通课程，着力于学生语言能力的逐步提高。

每年，两个学校之间都有不同类型的师生交流活动。教师交流内容包括业务学习和教学事务商讨等。学期内，外方教师到中国讲授专业课程；暑期中，中方教师到外方学校参加专业课程培训，学习课程的设计方法、授课方式和网络教学资源的综合运用等。2014 年以来，每年有 1 名中方教师到塔大进行课程培训，十几名塔大的教师到中国海大教授专业课程，另外有十几名塔大派出的英语教师到海大讲授学术英语。

学生在完成了两年的基础课程并具备英语能力后，可以自愿申请到塔大进行后两年的学习。学生在塔大就读期间获得的奖学金包括 AMOS 政府奖学金、ARCSS 荣誉项目奖学金和夏季实习奖学金等。因表现优秀，第一届出国的 21 名学生全部获得塔斯马尼亚大学荣誉学位奖学金，在专门为他们配备的导师的指导下开展了项目研究及撰写了毕业论文，其中 12 人获得了优秀毕业论文一等荣誉称号。这些学生还乘坐澳大利亚海事国家设施"调查员号"研究船从澳大利亚南部霍巴特港到东北部布里斯班进行了为期 8 天的科考航行。他们分别由不同的专家教授带队，教会他们学会使用 CTD、声学多普勒电流剖面仪以及 Triaxus 等先进仪器和海洋数据处理方法，

受澳大利亚政府"走进亚洲计划"的资助，2017 年 11 月和 2018 年 11 月，塔大分别派出 10 名学生到中国海大进行为期 2 周的学习交流与文化体验活动。塔大学生与中方学生一起上专业课，一起进行课堂测验，共同举办澳大利亚文化节和体育比赛，提升了学生在国际环境中跨文化沟通合作的能力。

合作办学项目不仅是教学的合作，而且是多方位的深度合作办学。除了本科人才培养层面的合作，双方在科研和研究生培养领域同时进行着积极探索。在实验室层面，2016 年 12 月，青岛海洋国家实验室与澳大利亚联邦科学与工业研发组织签署协议，建立了国际南半球海洋研究中心。这是我国首个在澳大利亚设立的中澳海洋联合研究中心，也是我国在世界发达国家和海洋强国设立的第一个科学研究中心。在研究生层面，双方教师在交流过程中根据科研契合度，找到彼此的合作伙伴，联合培养研究生。中国海大为塔大的生物学教授 Andrew Mcminn 教授申请到了国家外专局短期"千人计划"，以推动实验室建设和研究生联合教育。2018 年，有 2 名物理海洋专业的研究生进入联合培养渠道，在 IMAS 学习。

中澳合作办学以来，已初步建成了一支高效精干的师资队伍。有国内专职教师 11 人，专职学术英语教师 3 人，其中，博士生导师 3 人，教授 3 人，副教授 6 人。塔大为本项目配置了 12 名专职教师和多名学术英语教师，其中，专业课教师全部为在国际知名高校获得博士学位的科研及教学人员。

鲜明的国际化办学特色和突出的办学成绩得到了两校、学生、家长以及社会单位的高度认可。在第一届毕业生中，近 70% 的学生获得过奖学金、各级各类竞赛及多项荣誉称号，出国的 20 名学生全部获得塔斯马尼亚大学荣誉学位奖学金，1 人获得澳大利亚政府奖学金及科研项目资助，并作为第一作者在国际高水平 SCI 期刊上发表了学术论文，成绩十分突出。第一届选择"4+0"培养模式的 23 名学生中，4 人获得了推荐免试攻读研究生资格，其中 2 人分别保送至北京大学和华东师范大学；8 人获得本科毕业论文优秀等级、2 人获校级优秀本科毕业论文。2018 年 6 月毕业季，中国海洋大学官方网站首页对第一届中澳班进行了专题报道。2018 年 9 月，《中国科学报》对中国海大学生的第二校园学习经历进行了报道。

第一届中澳班学生认为，中国海大为他们奠定了系统扎实的理论基础与知识体系，塔大则为他们提供了将理论知识上升为科学的渠道以及接触前沿科研成果和独立研究的众多机会，拓展了视野，开阔了思路，学生从中外合作办学中获得了各方面的迅速成长和巨大进步，取得了可喜的成绩，对该项目给予了充分肯定，也得到了家长的高度认可。

截至 2018 年 9 月 30 日，海洋科学类（中外合作办学）项目共有在校生 302 人，其中，2015 级 40 人，2016 级 75 人，2017 级 92 人，2018 级 95 人。在校生规模呈逐年递增趋势，体现了该项目日益增加的社会认可度。2018 年，项目通过了教育部学位与研究生教育发展中心的评估，进入第二个五年期继续建设，是学校"双一流"建设和国际化办学的重要组成部分。

北京建筑大学："京味足"
"建筑味足"的国际化之路

汪洋海容

2020年6月，中国卫星导航定位协会国际时空信息综合服务专业委员会秘书处落户北京建筑大学。在北建大的积极参与下，这一基于北斗导航定位系统、以服务"一带一路"沿线国家地理信息和卫星应用需求为目标的行业组织将推进全球时空信息综合服务研究工作。

近年来，北京建筑大学坚持立足首都北京、发挥专业特色优势，积极开展国际交流与合作工作，用高校的基础研究、人才培养和科技创新成果，为解决国际社会共同面临的城市发展难题与挑战输送"北建大智慧"，贡献"北建大力量"。

一、"一带一路"联盟朋友圈越来越大

在全球化时代，有无高水平的国际交流与合作成为衡量一流大学的重要标志，而深刻领会党和国家对外方针政策和重大决策部署是高校做好国际交流合作工作的根本保证。

2017年10月，为积极响应国家"一带一路"倡议，深入贯彻落实首都北京加强国际交往中心建设规划，北京建筑大学发起成立"一带一路"建筑类大学国际联盟，与"一带一路"沿线国家建筑类高校围绕构建人才培养共享机制、推进协同创新研究，以及服务"一带一路"沿线国家基础设施建设等工作，开展富有成效的国际合作。

北京建筑大学成为北京市首批"一带一路"国家人才培养基地，入选北京市外国留学生"一带一路"奖学金项目，使越来越多的沿线国家留学生有机会来到中国，走进北建大留学深造。

学校于 2018 年起开设的"一带一路"建筑土木工程师研究生班共计招收 68 人，涵盖建筑学、土木工程、环境工程、人工智能、工业机器人五个专业方向。

"'一带一路'是中国的机会，也是我们的机会。"来自土库曼斯坦的拉西木在北建大学习建筑学专业，他希望自己毕业后能够为中国和土库曼斯坦的经贸发展做一些工作。

"这个做法好！"在成立之初，北京市委书记蔡奇做出批示，对"一带一路"建筑类大学国际联盟给予了充分肯定，这极大地鼓舞了北建大人推动联盟向更高层次、更高水平发展，提高学校向国际化迈进的决心和信心。成立至今，联盟先后在北京建筑大学、马来西亚理工大学、俄罗斯莫斯科国立建筑大学连续三年举办联盟会议暨校长论坛。2019 年，北京建筑大学当选联盟主席单位，校长张爱林当选联盟主席，联盟秘书处常设北建大。2020 年 10 月，联盟召开 2020 年会议暨校长论坛，来自 12 个国家 26 所高校的 150 余名中外建筑类高校校长、专家学者"云端相会"，聚焦"构建'一带一路'建筑教育共同体"主题，共同探讨建筑工程领域创新人才培养与交流合作，以及全球新冠肺炎疫情常态化背景下，把握新机遇、迎接新挑战，推动构建全球建筑领域高等教育共同体。大会期间还揭晓了由联盟主办的首届"'一带一路'建筑类大学国际联盟大学生建筑和结构设计竞赛"评选结果，这是联盟进一步创新成员间合作方式、为各国学生搭建切磋专业技能平台的又一有力措施。

如今，在"一带一路"倡议的推动下，联盟"朋友圈"不断拓展，涵盖来自 27 个国家和地区的 64 所高校，成员遍布全世界。北建大的国际生源进一步丰富，现已接收了 20 余个沿线国家和地区的国际学生，其数量占到全体国际学生的 2/3 以上。

二、建筑领域国际化的实践者

"实事求是、精益求精"的校训精神是北建大人血液里辉煌的基因，一代代北建大人敢为人先，开辟了学校国际化发展新局面。

2001年成立的"北京建筑大学——中法能源培训中心"是学校首个中外合作办学机构，也是学校开展的第一个国家政府间教育合作项目。中心引进欧洲先进能源技术和能源管理方式，以及本科职业技术教育理念方法，以学历教育和继续教育形式，为国家培养能源技术类工程技术人员。

经过近20年的合作，中法能源培训中心已建设成拥有14个采用欧洲标准，有关再生能源、节能减排、环境保护等专业方向的建筑能源综合利用技术平台和1个国家级虚拟仿真实验教学示范平台。学校共派出20名教师赴法培训，完成国内200余名教师、5000余名企业工程师的培训工作，并安排300余名本科生和研究生进行实践教育。同时，中心还为中法两国的100余家企业提供了技术研发与咨询服务。

现在，"北京建筑大学——中法能源培训中心"已成为中法两国教育合作的典范。法国3位驻华大使分别来校访问中心，并评价中心是中法两国在职业教育领域开展的第一个大型合作项目，是中法友谊的纽带。在2017年11月召开的中法高级别人文交流机制第四次会议"中法高水平应用型人才培养合作"论坛上，校长张爱林受邀做主题发言，中心承载两国友谊和智慧向更高层次的国际舞台迈进。

三、构建全方位、国际化人才培养体系

始终坚持立德树人的根本任务是高校国际交流合作工作的出发点和落脚点。经过数年的项目设计与实施，北建大逐步构建起"中外合作办学+中外联合培养+暑期国际学校+筑梦远航计划"交叉运行的全方位学生交流体系。

2003年11月，国务院学位办批复同意北京建筑大学（原北京建筑工程学院）与美国玛赫西管理大学合作开展工商管理及计算机科学与技术两

个专业的学士学位教育，这是北建大获批的第一个中外合作办学项目，自此翻开了北建大中外合作办学新篇章。

2012年6月，教育部批准学校与美国奥本大学合作开展给排水科学与工程"2+2"本科合作办学项目。自2013年招生以来，项目累计派出学生五届64人，其中有一半以上的学生毕业后选择在美国知名高校进行硕（博）士研究生阶段学习，考研率超过70%。

高质量的国际交流项目和品牌活动为培养国际化高素质人才提供了重要补充。从2016年开始，北京建筑大学在暑期举办国际学校，以建筑和土木两个学科开设课程，兼顾专业知识和语言文化交流实践，邀请建筑大师胡越、崔恺等国内外著名教授来校授课。同年，北建大举办首届北京城市设计国际联合工作营，聚焦北京城市建设发展实际问题，采用"真题真做"的形式，邀请哈佛大学、密歇根大学教授带领学生开展实地调研，完成项目设计。"筑梦·远航"计划——世界一流大学暑期学术交流项目让心怀世界名校梦的学子有了实现理想的可能，北建大先后向美国加州大学伯克利分校、英国剑桥大学、意大利乌迪内大学、中国香港大学在内的4个国家和地区的9所院校派出41名学生。

除此之外，北建大积极拓展校企合作，借助行业知名企业的资源，为学生创造海外实习、就业的机会。从2008年起，北建大与北京建工集团合作开展国际工程人才，并逐步形成了学生海外工程实习的长效机制。"海外实习经历让我有机会接触到国外同行的工程标准、施工技法，为毕业后继续从海外项目工作积累了宝贵经验。"郁海杰是国际工程方向研究生，在校期间，他参加了为期6个月的马来西亚工程项目实习，并结合实践经历完成了硕士毕业论文。

四、让国际化成为鲜明的标签

教师是学生成长的引路人，也是学校国际化发展的践行者。由此可见，高校的国际化最终要体现在师资队伍的国际化上。近年来，北建大持续推进"师资队伍国际竞争力提升工程"，通过各种形式丰富教师海外经历。目前，教师中拥有留学、海外交流互访等背景的人数比例超过80%。

北建大针对不同群体教师设置了海外培训和进修项目。选派教师赴英国南威尔士大学等地进行双语教学进修，着力提升教师队伍全英语教学水平；选派管理干部赴香港理工大学等地进行教学法和大学管理培训；承办北京市外办委托的"首都建筑领域外事人才培训班"。近十年来，像这样的海外培训和进修项目，北建大共完成373个团组、792人次的因公出访任务。

学校不但加大了教师派出力度，还高度重视外专引智工作。2019年入选中国工程院外籍院士的荷兰污水处理技术专家Mark van Loosdrecht教授长期以来与北建大保持着密切合作关系。2002年，Mark van Loosdrecht教授受聘为北京建筑大学兼职教授。2016年10月，Mark van Loosdrecht教授成为北建大北京"未来城市设计高精尖创新中心"国际咨询委员会委员。在他的推动下，荷兰代尔夫特理工大学与北京建筑大学、北京首创股份有限公司共同创建"中—荷未来污水处理研发中心"，探索出一条国际化产学研结合发展的成功典范之路。

五、体制机制创新注入强大动力

有完善的体制机制作为保障，才能在国际化进程中不断创造新的成绩。回顾历史，北建大不断完善外事工作机制，优化相关机构设置，以国际化的规划为学校整体事业的发展注入强大动力。

在"十四五"的关键时期，北建大进一步整合校内国际交流合作资源，于2020年7月正式成立国际化发展研究院，作为推动学校高质量内涵发展的大引擎之一。

北建大国发院是面向世界科技前沿和国家重大需求，围绕服务首都"四个中心"功能定位，紧扣"一带一路"倡议和"人类命运共同体"意识，抓住"新型基础建设"和"新型城市化发展"契机成立的全新机构。北建大国发院以提高国际化合作、教育、服务能力为核心，以完善国际化发展机制环境、搭建国际化创新平台、推进深层次国际交流、提升国际教育能力与水平为手段，以"一带一路"沿线国家为重点，拓展合作领域、创新合作方式、提高合作成效。

国发院成立后，将依托学校现有基础进行机构改革和资源整合，组织构建"大国外交"工作格局。以"一带一路"城市国际化创新中心为核心，围绕建筑遗产保护、未来水技术、城市时空信息、应急减灾、医疗建筑等工程需求，重点打造"1+N"个高端国际创新合作平台，推进国际科技合作、成果孵化与产业转化、技术与产品输出和培训。

2020年7月，北京建筑大学正式加入中国—中东欧国家高校联合会。12月，由国发院牵头，北京建筑大学与塞尔维亚诺维萨德大学联合申报的"基于人工智能的中欧班列沿线城市生态环境遥感监测"项目成功入选"2020年中国—中东欧国家高校联合教育项目"，成为"优先资助项目"之一。

作为北京地区唯一一所建筑类高校，北京建筑大学积极融入国家"一带一路"倡议、首都国际交往中心功能建设和首都北京"大外事"工作格局。学校将继续坚持"北京味十足""建筑味十足"的办学特色，充分利用国际化发展工作，不断提升学校的办学特色与水平，用好国际语言，讲好中国故事和北建大故事。

长安大学：创建留学生讲好中国故事的平台[*]

张 伟 陈 希 李西建

"讲好中国故事，传递中国声音"是习近平总书记近年来在多次出访、会谈、演讲中提到的宣传任务。从 2013 年起，习近平总书记就指出在全面对外开放条件下做宣传思想工作，一项重要任务是引导人们更加全面客观地认识当代中国、看待外部世界。

2017 年 10 月，在中国共产党第十九次全国代表大会上，习近平总书记代表第十八届中央委员会向大会做的报告中提出，要加强中外人文交流，以我为主、兼收并蓄。推进国际传播能力建设，讲好中国故事，展现真实、立体、全面的中国，提高国家文化软实力。

目前，已有研究较多探讨如何使国内媒体、影视作品、高校中国学生甚至出国留学的中国学生及海外华人中讲好中国故事，较少探讨如何在来华留学的外国学生中开展"讲好中国故事，传递中国声音"。

2019 年，我国来华留学工作稳步有序推进，留学生规模持续扩大，生源结构不断优化，来华留学事业发展态势总体良好，向高层次、高质量发展。留学生群体也应该并可以成为讲好中国故事，传递中国声音的力量，在国际交往中，将中国故事和中国声音传播到更广泛、更远的地方。

长安大学自 1956 年开始招收留学生，迄今已有 60 多年的历史，是教育部批准的首批招收获得中国政府奖学金的留学生院校之一，也是我国最

---

* 此文教育部人文社科西部项目（17XJC190009）的阶段性成果。

早承担援外教育和首批招收港澳台学生的高校之一，先后培养美国、德国、日本、澳大利亚、越南、坦桑尼亚、也门、哈萨克斯坦等110多个国家和地区的留学生7000余人。

长安大学以理工科为学科特色，60多年来，长安大学逐步发展成为以工为主，理工结合，人文社会科学与基础学科协调发展，以培养公路交通、国土资源、城乡建设等专业人才为办学特色，为国家培养各类毕业生25万余人。除了学校已有的专业以外，从2010年起，学校针对留学生开设了本科土木工程英文授课专业（建工学院）、国际经济与贸易英文授课专业（经管学院）、电子信息英文授课专业（信息学院）。2017年，学校开设了MBA、结构工程、建筑学、测绘科学与技术（研究方向为大地测量学与测量工程）、测绘科学与技术（研究方向为地图制图学与地理信息工程）、交通信息工程及控制、物流工程与管理、信息与通信工程等27个硕士和博士英文授课专业，接收中国政府奖学金生和自费留学生。2018年，增开机械工程专业英文授课课程。截至2020年，长安大学共开设了13个英文授课本科专业、35个英文授课硕士专业和23个英文授课博士专业。

来我校深造的学历留学生占留学生总数的70%以上，以工科专业为主。2020年，国际教育学院在校留学生人数为1608人，分别来自巴基斯坦、俄罗斯、乌兹别克斯坦、刚果（布）、塞内加尔、厄瓜多尔等115个国家。其中学历生人数为1051人，占比65%，学历生留学生的课程以专业学习为主，课程多、实习任务重。因此，从课程培养计划和专业学习方面能够提供给学生学习中国文化的机会有限。

留学生来华学习要面临文化适应问题，需要解决语言、环境、专业等各方面问题，极易产生"文化休克"问题，这就需要学校提供相应的引导帮助留学生度过文化适应期。同时，也能使留学生毕业回国时，不仅掌握扎实的专业知识，而且有深层次理解中国文化的能力，将中国的知识与文化同时带回自己的国家，实现真正的中外文化交流与传播。

欧洲理事会于2001年出版了关于语言学习、教学及评估的整体指导方针与行动纲领——《欧洲语言共同参考框架：学习、教学、评估》，框架特别强调了语言学习者跨文化能力的发展和跨文化意识的培养。学校结合此书提出"认真考虑学习者体验目标文化需要做什么样的准备；学习者不要充当怎样的文化媒介角色与功能；在充当文化媒介时，学习者能获得什么样的机会"等问题，从实际出发，探索出了"五位一体"的文化培养平台，多角度、系统化培养留学生学习汉语和理解中国文化的能力。

一、扩大接触面，立体式感知中国

留学生在来华留学之前对中国已经存在一定的了解和认识，也不可避免地存在一些刻板印象，对中国文化、中国人容易进行"模式化"和"贴标签"的理解。刻板印象是跨文化交际中普遍存在的心理与态度之一，在我们进行过的写作练习和课堂讨论中，留学生对中国人的普通印象是会功夫、勤劳、会吃很多动物等，这些刻板印象主要来源于周围人的影响、大众传媒和个人的真实经历。刻板印象使人不能客观地观察另一种文化，这就可能会导致交际误解、失败甚至冲突，而且"一旦我们接受关于某人某种刻板印象，就不会对其背后的复杂性进行深刻的思考。……刻板印象会复制繁殖，并传染给其他人"。[①] 留学生来华留学，改变刻板印象的有效方式之一就是扩大留学生与中国文化的接触范围。而个人接触的范围往往是有限的，很难使人对一个文化群体有比较全面的认识。"刻板印象无处不在，这就是为什么回国的旅行者对于他所带回国的东西的解释将会是一个有趣的故事"。[②] 对于国家来说，文化认同变得日益复杂，于是，避免文化刻板印象也就成了一个重要而迫切的任务。

首先，通过举办各种活动、比赛、文化实践等引导留学生走出课堂、走出校园，扩大与中国人、中国社会的接触面，为留学生提供与中国近距离实际接触的机会。学院举办各种活动和比赛，包括"长安大学国际文化

[①] ［美］B·库玛：《文化全球化与语言教育》，邵滨译，北京语言大学出版社，2017，第37页。

[②] ［美］B·库玛：《文化全球化与语言教育》，邵滨译，北京语言大学出版社，2017，第45页。

节""长安大学留学生趣味运动会""长安大学一带一路国际学生赴商南'大道之行 感知中国'暑期社会实践"等精品项目。同时，每年定期举行多次留学生专题文化实践活动，带领留学生前往陕北、陕南、四川、上海、山东、大连、北京、广州等地，了解中国不同地域的历史、自然、民俗。

这些走出课堂的实践活动为留学生提供了大量了解中国的机会，留学生在实践中的"所闻"为讲好自己与中国的故事提供了大量素材。这些素材不同于书本、网络或者他们自己印象中的中国，而是通过自己亲身体验看到的最新、最真实的中国。

二、课堂引导，深化思考——所思

跨文化交际领域经常将文化分为客观文化和主观文化，即"大写 C 字母文化"和"小写 C 字母文化"。斯图尔特（Stewart）与贝内特（Bennett）对这两种文化的定义是"客观文化是指文化的社会制度及人工制品。主观文化是指文化的心理特征，它包括观念、价值及思维方式"。① 客观文化具体可见，容易识别；主观文化一般存在于人的头脑中，难以观察、理解。跨文化交际中的误解主要与主观文化相关，一些交际的障碍和冲突多来源于价值观或思维模式的差异。学习具体可见的客观文化可以增加文化知识，学习主观文化能够提高跨文化交际的能力。我们将文化体验类的实践活动放在"五位一体"教育平台的第一步，使留学生能够在实践活动中学习中国文化，接触到真实、多样的客观文化，但不能止步于实践活动，还应对接触到的中国文化进行深层次的理解和学习。回到课堂，在教师的引导下，有针对性地、及时地对中国文化进行深层次的思考，理解客观文化背后的深层主观文化，提高留学生的跨文化交际能力。

留学生把从实践文化体验活动得到的素材放在课堂上讨论，经过思考和深化书写成文。在国际教育学院的汉语生课程设置中，特别单独设置了

① 祖晓梅:《跨文化交际》，教学与研究出版社，2015，第30页。

写作课和文化课。写作课上由教师引导留学生撰写自己的中国故事，文化课设置专题讨论，学生分小组进行专题汇报。

学院从 2016 年开始定期举办留学生汉语写作比赛。写作比赛面向全体留学生，以"我的中国梦""我和中国的故事""留学在西安""一带一路一家人""我眼中的中国文化"等专题征稿。除了学校的写作比赛之外，学校还鼓励留学生参加校外的写作比赛和征文活动，如 2013 年 9 月全国挑战中国通有奖征文大赛、2015 年 5 月西安日报副刊"留学生在西安"专栏的征文比赛、2018 年西安晚报"城事"版面"古城里的洋故事"专栏征文等。

三、用留学生做榜样，成为文化交流的桥梁——所感

培养优秀留学生榜样，用留学生自己的所感来影响和带动其他留学生了解中国。如我校乌兹别克斯坦留学生伊力哈穆因为热爱中国文化，所以把《论语》翻译成乌兹别克斯坦语，这是第一个乌兹别克语版本的《论语》，在乌兹别克斯坦出版并再版，成为中小学乃至大学学习的教材。除了《论语》，他还翻译了《孟子》，编写了中国文化故事、汉乌词典等，他还将继续翻译中国传统文化的经典书籍。中国优秀传统文化的传播离不开像伊力哈穆这样的留学生的影响力，同时在伊力哈穆的努力和影响下，乌兹别克斯坦甚至其他国家的留学生对中国传统文化产生了浓厚兴趣，也不再觉得中国传统文化是离自己遥远而不可理解的。伊力哈穆用自己的力量讲好了中国文化的故事、中国城市的故事，他把对中国文化、汉语的感情传递到了自己的祖国。

学校还面向全体留学生推选留学生大使，由每个国家的留学生推选本国的留学生大使，这些留学生大使不仅要宣传自己国家的文化，还要向自己国家的留学生宣传中国文化。特别是在每年的国际文化节期间，这些留学生大使就成了自己国家的代表，向留学生和中国学生宣传本国故事，分享他们眼中的中国。这些留学生大使是中外文化的桥梁，推动了不同文化间的交流和互动。

四、我的演讲传递中国声音——所讲

(一) 讲中国故事

美国传播学家卡迈恩·加洛 (Carmine Gallo) 在他的《会讲故事才是好演讲》中指出人的大脑天生喜欢故事,讲好故事是"拥有不可抗拒力量的战略工具",你的故事会从根本上改变与他人的工作和生活。深入人心的观点往往被包裹在故事中,这样你的故事就能改变世界。由此可见,讲故事的重要性。而"讲故事"和"演讲"密不可分。

实践活动积累故事素材、课堂引导深化对中国文化的理解、写作记录下自己的感悟,通过这三个环节留学生可以获得自己的中国故事,可是仍然需要第四步——用演讲的方式"讲"出中国故事。演讲是一种高级言语输出活动,演讲者通过演讲与听众交流互动,将自己的故事讲给听众听;听众在聆听演讲过程中将所听与自己的思考结合交流,内化为自己的经历和感受;演讲者在准备演讲的过程中反复与自己的故事交流,与指导教师和其他参赛者交流,互相学习。这些活动都能够使所讲的中国故事更有影响力。

(二) 讲好中国故事

留学生不但要能够讲出中国故事,而且要讲好中国故事。讲好中国故事除了平时的学习和练习之外,还需要在比赛舞台上练习讲好故事的能力和技巧。2012 年 11 月学校举办长安大学第一届外国留学生汉语演讲比赛,至 2019 年 5 月共举办了五届留学生汉语演讲比赛。

除了校内留学生演讲比赛之外,学校还指导留学生参加面向全体大学生的朗诵比赛,如 2017 年 4 月 23 日"世界读书日"、长安大学"四月芬芳·诗意长安"研究生诗歌朗诵大会,留学生与中国学生一起比赛,我院留学生安娜、阿里的《当你老了》参与了与长安大学全体研究生朗诵比赛的角逐,得到了全场师生的一致好评,终获优秀奖。

此外,学校还组织留学生走出校园,参加省级乃至全国的演讲比赛,如 2013 年 11 月陕西省第八届外国留学生中文演讲比赛、2014 年 12 月

"留学路·中国情"陕西省第九届外国留学生汉语演讲比赛、2016 年 5 月 "汉语桥"西安赛区预赛、2016 年 12 月西安交通大学"缘聚中国 激扬青春"为主题的汉语朗诵比赛、2017 年 6 月中国路桥公司在北京举办的"追梦中国,智力非洲"第一届留学生汉语演讲比赛、2017 年 6 月华南理工大学"一带一路助我圆梦"留学生朗诵比赛、2019 年 5 月 28 日我校承办的中国路桥公司第二届留学生演讲比赛。这些演讲比赛将我校留学生的中国故事传递到了更多、更广的舞台上。

五、拓宽传播渠道,分享中国好声音

(一) 利用新媒体传播中国故事

黄楚新、王珏在文章中引用了《2015 年度中国国家形象全球调查分析报告》的统计调查数据,"对海外受访民众而言,当地的传统媒体(62%)、新媒体(51%)和使用中国产品(35%)是其最主要的中国信息了解渠道,且相比 2014 年比重分别提高了 5 个、11 个和 4 个百分点。从不同年龄群体来看,年轻群体更多地通过新媒体(如社交媒体、网络媒体)渠道获取中国信息,中老年群体则更多地通过当地的传统媒体(如图书、杂志、广播、电视、电影等)渠道来获取中国信息。不难看出,尽管当地传统媒体依然是海外民众了解中国信息主要途径,但新媒体尤其社交媒体渠道所占比重呈现快速增长的趋势,并更多地为年轻群体所接受,新媒体不仅是中国走向世界的有效途径,也成为世界了解中国的重要窗口"。①

学院通过微信公众号、网站等新媒体发布留学生的中国故事。同时,学院也向其他媒体的微信公众号和企业微信公众号投稿,例如,我校"校企合作"联合培养留学生的特色模式培养了大量专业人才,企业和大使馆的媒体也会宣传长安大学留学生的留学故事,搭建起中外文化沟通的桥梁。

---

① 中国外文局对外传播研究中心课题组:《2015 年度中国国家形象全球调查分析报告》,《对外传播》2016 年第 9 期。

（二）利用信息化教学手段传播中国故事

除了利用新媒体扩大中国故事的影响力之外，在教育教学手段上，我院也开始了信息化尝试，即利用"互联网+和智能网络教育平台"更新教学理念和手段。"互联网+和智能网络教育平台"的功能之一是将课堂教学和活动录制成视频储存在云端，以供学习者和教师随时使用。首先，使用智能教学系统录制一批中国文化、汉语写作、中文演讲等精品课程，供留学生自己学习这些课程，扩大了课程的受众面，而且打破了课堂教学的时间限制。其次，留学生利用这一系统可以自己录制文化专题视频、讲述中国故事的视频、演讲比赛的同步直播等，留学生可以使用手机或电脑将视频链接分享给自己国家的家人、朋友、老师，不仅能够提高留学生学习和讲述中国故事的积极主动性，而且能够使得中国故事更具直观性和影响力。

21世纪是全面信息化、数字化的新时代，大数据、移动互联网、物联网等信息技术已成为推动国际教育事业发展的重要工具。《国家中长期教育改革和发展规划纲要（2010—2020）》明确指出，要加快教育信息基础设施建设，促进教学内容、教学手段和方法的现代化，充分利用优质资源和先进技术，创新运行机制和管理模式，整合现有资源，构建先进、高效、实用的数字化教育基础设施。因此，这一信息化教学系统的建立也应该成为讲好中国故事的有力的手段之一。

（三）不能忽视传统媒体的作用

除了使用新媒体、新技术之外，也不能忽视传统媒体的传播作用，如积极向报纸投稿，刊登留学生的中国故事；参加广播访谈节目，让留学生自己在广播中讲述中国故事。我院也将历年来留学生的中国故事结集成书出版。这些文集可以将留学生的中国故事保存下来，成为留学生讲中国故事的纪念成果。出版后的文集，不仅可以让留学生带回国，而且可以成为写作课堂、阅读课堂、留学生写中国故事的重要参考。

六、校企合作培养模式助力

随着"一带一路"倡议的推进与落实，"一带一路"相关国家来华留学人数持续增加，并成为当下来华留学的重要增长点。国家对各领域国际化人才培养的需求持续增加，为新形势下校企合作带来新机遇，也对人才培养特色化和专业教育国际化提出了新的要求。在此背景下，长安大学结合在校留学生专业特色、借鉴德国"双元制"培养经验，探索校企合作新模式，着力打造符合工科学校人才培养特色的校企合作平台，并取得了初步成效。

学校积极与有海外业务的国内大中型企业合作，争取设立企业专项奖学金以吸引国际学生。2011年，学校与中国路桥公司签署了培养来华留学生合作协议，中国路桥公司全额出资资助刚果（布）、塞内加尔、马达加斯加青年来华留学，长安大学承担来华留学生的培养和管理，截至目前，已有130余名留学生学习公路和桥梁专业，其中100人已顺利毕业。刚果（布）共和国总统德尼·萨苏－恩格索分别于2014年和2016年在北京和上海亲切接见了长安大学刚果（布）留学生代表，对学校为培养本国留学生付出的辛勤工作表示赞赏，对学生的成长感到欣慰。长安大学将继续积极探索留学生校企合作培养新模式，为签约企业和国家专项培养行业领军人才和优秀技能人才。

2018年5月，学校与陕汽集团签订了《陕汽集团长安大学"一带一路"国际化人才培养战略合作协议》。本着"优势互补、平等合作、互惠互利、共同发展"的合作原则，建立全面的校企合作关系。集成双方优势资源，提升创新能力和科技水平，把科研成果转化为生产力，同时提高教学质量和科研水平，在实践中培养高科技人才，促进学校、企业和社会的共同进步。2018年6月，我校与丝路商会合作培养"商请"留学生，"一带一路"沿线国际学生培养进入新阶段。

为进一步扩大合作范围，学校与中国土木工程集团有限公司深化合作，自2018年8月起签署合作培养尼日利亚留学生项目协议，培养模式为"1+4"，即1年汉语预科，4年专业学习。该项目共同为尼日利亚培养国家建设所需专业人才累计 120 名。此项目将为非洲友好国家输送基础设施建设人才，为中非人才联合培养和土木行业发展做出新的、更大的贡献。

校企联合培养模式是一种以培养学生的综合素质与就业竞争力并重的教育模式。我校秉承"从实践中来，到实践中去"的原则，选拔优秀留学生在合作公司进行假期实习，深入体验岗位，从而使留学生在校内学习专业知识之后，及时参与到实操技能培训与生产一线实践，广泛接触企业前沿技术与先进设备。通过校外实践检验课堂所学，将理论知识内化为专业素养，从而成长为优秀的复合型人才。我校定期组织留学生参与各类文化实践活动，例如"感知中国"社会实践，带领留学生走遍中国南北各地，参观国内重要道路、桥梁施工现场。除此之外，借助校企合作培养的优势，鼓励学生积极参与公司商务年会、海外市场推广、工厂实训实习、专业技能比赛、文娱体育比赛等中外交流活动。在丰富多彩的实践活动中逐渐认同企业文化、融入企业氛围，增强求职意愿与归属感。

这种合作模式能够给留学生提供更多专业实践和接触企业的机会，在这些活动中，留学生得到不同的了解中国、认识中国企业、掌握中国技术的机会，从这些机会得到有特色、有专业特点的中国故事素材，与学生的专业学习结合紧密，更能激发出留学生传播中国故事、让中国技术"走出去"的热情。

七、"五位一体"教育平台的效果

"五位一体"教育平台的建设弥补了语言课堂教学在跨文化交际方面的局限性。文化理解的复杂程度需要我们更新教学理念，寻找系统性的支持手段来帮助留学生理解文化。"五位一体"的教育平台弥补了我校工科专业留学生文化教育方面的空白，使我校留学生在学习专业的同时，深层次认识了解中国，讲好中国故事，传递中国声音，成为拥有扎实专业知识的知华、友华人才。在 2017 年 6 月中国路桥"追梦中国，智力非洲"第一届留学生汉语演讲比赛，我校塞内加尔留学生马婷和刚果（布）留学生马伟分别获得初级组和高级组的冠军。2017 年 6 月，在华南理工大学"一带一路助我圆梦"留学生朗诵比赛中，乌兹别克斯坦留学生伊力哈穆获得二等奖。在全省、全国大型征文比赛中，留学生的稿件作品也获得了一等奖、二等奖的好成绩。伊力哈穆的事迹得到中央电视台、《西安日报》《西安晚报》、陕西卫视、西安电视台等各个媒体的报道，影响力逐渐扩大。2020 年 5 月，我校组织国际学生参加中国日报、二十一世纪英文报与北京圣陶教育发展与创新研究院联合主办的第三届"致经典"双语诵读会"一带一路"选拔区初选比赛。越南籍硕士留学生李曜苍从 20 多个国家和地区的几十万选手中脱颖而出，获得"一带一路选拔区"全国总决选冠军。学校来华留学教育成果得到了各大媒体的报道转载，国际文化节等活动也被媒体的纷纷报道。这些成绩的取得与"五位一体"的培养方式密不可分。

山东大学：海外传播的探索与实践

谢婷婷　车慧卿　鞠　晗

　　"推进国际传播能力建设，讲好中国故事，展现真实、立体、全面的中国，提高国家文化软实力。"党的十九大报告对新时代我国文化事业发展做出重要论述。习近平总书记在 2018 年全国宣传思想工作会议上强调，要完善国际传播工作格局，创新宣传理念、创新运行机制，汇聚更多资源力量。

　　大学是国际文化交流的窗口，承载着文化传承创新的重大使命。随着我国国力持续增长和国际交流日益频繁，在我国大学"双一流"建设的大好契机下，如何提高海外传播能力，塑造学校国际形象，在全球化背景下体现中国学术的国际影响力成为在世界一流大学建设进程中每个大学致力解决的问题。

　　山东大学自 1901 年建校起，就具有国际化的基因。身处齐鲁大地、孔孟之乡，居于中华传统文化的重要发源地，依托"文史见长"的研究根基，山东大学有着得天独厚的文化资源优势。以海洋强省为建设目标的经济文化大省山东更为山东大学的海外传播提供了难得的地域优势。乘着实现中华民族伟大复兴中国梦的东风，山东大学在海外传播实践中为推动中华传统文化"走出去"、促进中华文化与世界文明交流互鉴贡献了山大智慧。

一、重视媒体联动　海外大家引进来

2015 年 8 月 23 日至 29 日，由中国史学会和山东大学共同承办的第二十二届国际历史科学大会在济南举行。该会素有"史学奥林匹克"的盛誉，是 115 年来首次走进亚非拉国家，国家主席习近平为大会专门发来贺信，时任国务院副总理刘延东亲临大会现场并发表讲话。大会成为中国史学界和山东大学的荣耀时刻。

为了做好大会的筹办工作，山东大学从申办、筹备到会议举办的各阶段都高度重视海外宣传。大会设立了中英双语的专题网站，及时发布会议议程及相关资讯。学校与新华社、《人民日报》《中国日报》《光明日报》《香港大公报》《大众日报》等国家级和省市外宣媒体紧密合作，与各媒体同人信息互通、资源共享，并在《中国日报》海外版设立国际历史科学大会专版，与中国日报网英文版合作推出大会的英文新闻专题网站，从新闻、影像、视频、采访、预告、咨询等方面多角度、立体化地报道大会盛况。学校的英文主页新版也于大会举办前上线，以学校的学术科研、人才培养、国际化建设等为主体内容，设置新闻、预告、国际合作、校园生活、微博、微信等 20 余个栏目和专题，致力于"讲好山大故事，传播山大文化，提升国际影响力"。网站还推出大会英文版新闻专题，聚焦学者们"全球视野下的中国"等史学热点研讨，推动大会的海外宣传。

通过多渠道的共同努力，这次大会取得了显著的传播效果。各级外宣媒体在会议期间推出多篇外文报道，此外共有 150 多家海外英文媒体及网站报道此次大会。大会开幕 48 小时内，海外英文转发、报道信息条数达到33 万条，150 多家海外媒体、大学网站、学术期刊查询网站、研究机构网站及社交网站对本次大会给予报道和关注。法国、英国、美国、澳大利亚、俄罗斯、印度、波兰、德国等国家的历史科学研究机构均做了大会报道，消息来源主要转发《中国日报》海外版、新华社英文消息、海外媒体编译及自采等。大会的宣传报道组织工作也得到了所有参加媒体的高度肯定，成为重要活动海外宣传的生动实践。

由全国人大常委会原副委员长、山东大学儒学高等研究院院长许嘉璐先生倡议发起，以中国古代伟大的思想家、教育家孔子诞生地尼山命名的"尼山世界文明论坛"是加强以儒家文明为代表的中华文明与世界其他文明交流与和谐发展的知名国际对话平台，对于促进世界不同文明之间的交流互鉴、推动建设和谐世界、增强中华文化在国际上的传播力影响力发挥了重要作用。

山东大学作为"尼山论坛"的理事会成员单位，组织山东大学儒学高等研究院、人文社科研究院专家学者深度参与了论坛的大量筹备工作。在论坛举办前，学校向国内外大学和科研单位，特别是与学校保持合作的学者发出邀请，专程登门拜访重量级学者，并通过设立专题网站、与各级外宣媒体合作等方式加大宣传。以第五届尼山论坛为例，有来自中国、美国、奥地利、巴基斯坦等 27 个国家和地区的 260 多名学者出席。在历届论坛中，山东大学负责主题论证、学者邀请、议程设置、论文审核及翻译等工作，为论坛提供了重要的学术支持，也与世界其他文明研究团体建立了密切联系。世界著名哲学家、美国夏威夷大学哲学系终身教授成中英在参加由山东大学主办的第三届尼山论坛期间，曾专门向学校品牌栏目"山大日记"投稿表达感谢："在所有我看到的大学里，山东大学应该是最热心、最有人情味的大学。"

与尼山世界文明论坛齐名的还有同在曲阜举办的世界儒学研究及传播高端平台——世界儒学大会。在第八届世界儒学大会上，来自海内外各地的 600 余位儒学专家学者共同研讨"儒家思想与人类命运共同体"。山东大学作为会议主承办方之一，加强与中央及地方各级外宣媒体联动，对大会进行了全方位、多角度的宣传，与《中国日报》海外版合作推出第八届儒学大会专版，并在学校英文主页及时发布和转载儒学大会英文专题网站的相关报道，以增强大会的传播力和影响力。

二、搭建传播桥梁，中华文化"走出去"

中华优秀传统文化是中华民族的文化根脉，其蕴含的思想观念、人文精神、道德规范不仅是我们中国人思想和精神的内核，对解决人类问题也有重要价值。山东大学正积极建设世界文明复兴的东方中心和儒学研究重镇，把中国古典学术作为冲击世界一流水平的核心学科领域予以重点建设，致力于办成中国传统文化传承与创新最具代表性的大学，传播中华传统文化是学校当仁不让的责任。

除了论坛和研讨会，山东大学搭建的另一个文化交流桥梁就是《文史哲》杂志。从 2014 年起，素有"中国文科学报之王"美誉的山东大学《文史哲》杂志与具有 330 多年历史的荷兰博睿学术出版社合作，在海外发行《文史哲》英文版 *Journal of Chinese Humanities*。在与《文史哲》英文版首发式同期举办的学术研讨会上，中国学界自改革开放以来首次探讨"学术走出去"。《文史哲》英文版以"世界文明对话""早期儒家思想"等专题形式，致力于向世界介绍中国人文研究最新以及最富有代表性的成果。为了保证学术质量，英文版设立了由世界一流学者及国内权威学者组成的编委会。用最高的学术标准、最高的质量要求、最纯粹的国际化取向，把英文版办成在国际学术界影响广泛、并能使国际学术界从整体上了解中国当代人文学术发展成果的窗口。为了跨越语言障碍，让外国人像读母语一样读《文史哲》，编辑部除了聘请深谙中西文化异同的中外学者担任执行主编和副主编外，还组建了一支高水平的翻译队伍，成员主要是长年在中国学习、了解中国古典学术的外国人。

《文史哲》英文版面世后不久，哈佛大学终身教授、著名中国学研究学者包弼德（Peter K. Bol）即发来贺词："恭喜博睿出版社和山东大学通过翻译工作将当代中国人文研究成果带给了广大的海外人文学者！"斯坦福大学人文科学名誉教授王靖宇也将其评价为"研究中国文学、历史、哲学的珍贵的第一手材料资源"。创刊至今，《文史哲》英文版得到了国际汉学界的广泛接受和认可，海外订户逐期递增。《文史哲》主编王学典说："我们力图使《文史哲》英文版成为海外学者观察中国大陆人文学术变迁的最佳窗口，同时使中文版成为大陆学者观察西方中国学研究变迁的最佳窗口，以《文史哲》的中英文版搭建起中西方学术交流的桥梁。"

以雄厚的文史研究特别是古籍整理力量为基础,以海内外众多协同单位为支撑,山东大学启动了一项"为往圣继绝学"的宏大工程。2010年以来,以山东大学郑杰文教授为首席专家的学术团队承担起了国家社科基金重大委托项目——《子海》整理与研究,率先实现了与台湾学界和图书馆界的深度合作,并以此为基础提出实施"全球汉籍合璧工程"的设想。截至目前,山东大学先后与英国国家图书馆、法国国家图书馆、俄罗斯国立图书馆、俄罗斯科学院、日本国立国会图书馆等全球20多家图书收藏单位签约合作,美国耶鲁大学、英国剑桥大学、法国索邦大学、日本东京大学、韩国成均馆大学、中国台湾大学和香港大学已签约作为创盟成员并创立全球汉学联盟。2017年4月,李克强总理到山大考察时,听取了该项工程进展情况汇报,并指示山东大学继续做好流失海外汉籍的搜集工作,为传承中华民族优秀传统文化贡献力量。2018年底,全球汉籍合璧工程正式获批为国家重点文化工程。

传播中华传统文化的另一典型事例就是孔子学院。山东大学是国内首批建设孔子学院的大学之一。孔子学院在促进中外人文交流、展示中国形象、传承创新优秀文化等方面做出了积极贡献。山东大学在海外先后建有8所孔子学院、1所独立孔子课堂和10余所下设孔子课堂,形成了布局合理、层次较高的山东大学孔子学院全球格局。学校先后获得15项"全球先进孔子学院"及"全球孔子学院先进个人"表彰,并2次获得孔子学院先进中方合作院校奖。

山东大学海外孔子学院面向社会人士开设各类汉语课程并通过下设孔子课堂、拓展教学点等方式同所在国当地近百所中小学建立稳定的合作关系,长期为其提供汉语课和中华文化课程,将中文教育延伸到所在国基础教育领域,融入当地国民教育体系。

山东大学与海外各孔子学院精心策划并打造了一批品牌项目,有力提升了汉语和中国文化在当地的影响力以及山东大学的知名度。如新加坡南洋理工大学孔子学院在本土汉语师资培养和教材研发方面持续发力,设立了汉语国际教育专业文凭班,出版了系列教材,是新加坡中华语言文化传播与推广的中心和文化交流平台，并辐射亚太地区，成为有一定国际影响力的语言文化研究、教学、传播推广的基地；法国布列塔尼孔子学院以"文化孔院"为特色，持续打造多系列的文化品牌活动，每年春节期间联合雷恩市政府举办的大型"美食街"项目已成为当地市民翘首以盼的节庆活动。

孤木不成林。中外媒体的广泛宣传对山东大学海外孔子学院的高质量发展起到了积极的推动作用。以蒙古孔院为例，无论是蒙古孔院建院十周年活动，还是首届大型中蒙友谊歌会，各项文化活动都邀请了新华社、《人民日报》、中国国际广播电台等主流媒体及《蒙古消息报》、蒙古国教育电视台等蒙古国本地报刊、电视、电台、网络媒体开展全方位报道。在蒙古国极具影响力的蒙古教育电视台与蒙古孔院合作开办了电视汉语教学节目，邀请蒙古国本土汉语教师和中国汉语教师为蒙古国汉语爱好者讲学，把汉语学习送进了蒙古国千家万户。2020 年 11 月，蒙古孔院学员获第十九届"汉语桥"世界大学生中文比赛全球季军，得到媒体广泛报道。法国布列塔尼孔子学院与《法国西部报》《雷恩人》等媒体保持密切联系，定期报道孔子学院的重要活动，法方院长主动接受法国电视台专访，向法国人介绍孔子学院活动。澳大利亚阿德莱德大学孔子学院在脸书、推特上开通了账号，积极宣传孔子学院颇具中国传统文化特色的活动，吸引了许多海外用户的关注、点赞，还在微信、微博、抖音等国内自媒体平台上发布孔院在海外弘扬中华文化的内容，让更多人了解孔子学院。独具特色的文化活动与紧密的媒体宣传让山东大学海外孔子学院的合作成果落地开花，为中外文化交流做出山大贡献。

三、构建多级平台，扩大海外影响力

地处以海洋强省为建设目标、拥有全国 1/6 海岸线的山东省，为山东大学的海外交流提供了区域优势和特色。

从 2015 年开始，学校与友好院校合作，先后主办了三届中美创新创业大赛、国际创新创业大赛，并结合海洋特色，举办了三届国际海洋创新创

业大赛，与学校品牌视频栏目"百微山大"合作拍摄双语宣传片，活动曾在美国、加拿大、德国、法国、英国、中国等地举办，成为中外创客的一项盛事，进一步扩大了学校的海外知名度。

除了高质量国际比赛对海外人才的宣传和聚合作用，学校海外校友会在海外宣传中也发挥了重要作用。目前，学校已在美国、加拿大、德国、法国、英国、日本、新加坡、澳大利亚等多地成立海外校友会，发挥海外校友会作用，扩大政策宣传、人才推荐、拓展合作，并结合海外人才交流会等活动，为学校人才引进工作增添新的活力。

为了进一步加强海外推介，学校制作了英文版的学校介绍手册作为接待国外来访团组和访问海外大学、参加论坛、展会等外事活动的重要外宣资料。国际学生学者中心制作了多语种招生及奖学金信息材料，在重点国家和地区扩大宣传。国际教育学院重视周边国家的招生宣传，通过参加教育展、参加"汉语桥"活动、到中学招生宣讲、给"优秀生源输送基地"揭牌、与当地大学共建孔子学院或孔子课堂等形式，韩国、蒙古国、泰国、印度尼西亚、菲律宾等地形成了多项长期合作关系。学校英文主页不定期刊登举办国际师生采访及征文摄影比赛等活动的信息，师生在中国日报网英文版及欧洲版、美国版发表文章，扩大了学校的影响力。

正如《山大校友之歌》所说："凡我在处，便是山大。"在加强校内外海外宣传联动的同时，使每个与海外大学师生及合作伙伴接触交流的个人成为传播山大文化的形象大使，提高每个人讲好山大故事的信心和能力是山东大学海外宣传的努力方向。

北京舞蹈学院：用舞蹈讲好中国故事

刘菲　黄欣园

在北京海淀区风景秀丽的紫竹院公园北侧坐落着我国舞蹈教育最高学府——北京舞蹈学院。

作为中国唯一一所专门化的舞蹈教育高等学府，北京舞蹈学院是当今世界规模最大、专业设置全面的舞蹈知名院校。

学校始建于 1954 年，在 60 多年的发展中，一代代北舞人在舞蹈艺术教育领域辛勤耕耘，培养出众多优秀的艺术人才，创作了一大批经典舞蹈作品，被誉为"舞蹈家摇篮"。

由于苏联专家的援建和第一任校长戴爱莲先生的传奇人生，北京舞蹈学院从建校之初就植入了一支国际血脉，这所富有独特艺术气质的学校为国家文化建设做出了不可替代的贡献，在中国对外文化交流史上书写了浓墨重彩的一笔。

一、履行文化外交的历史使命

20 世纪 60 年代，东方歌舞团是中华人民共和国最负盛名的国家级艺术团体。它由北京舞蹈学校东方音乐舞蹈班（以下简称东方班）组建而成。周恩来总理曾为东方歌舞团作快板诗：东方歌舞一枝花，决心学好亚非拉，一心要听党的话，誓把一生献给她。这生动地表明了东方歌舞团作为文化外交生力军的政治属性。

1958 年 9 月，文化部部长茅盾和印尼驻华大使亲自观看了东方班学员的汇报演出。北舞学生身着印尼传统服装,演奏甘美兰乐器,配合舞蹈队的各位师生,表演了集体舞、双人舞和单人舞等十个节目。在欣赏演出过程中,印尼大使不仅称赞了东方班演员们的精湛舞技,更是因为看到"第一次完全由外国人演出的'厘舞'",而真切体会到了两国人民之间的深厚情谊。

因此,北舞的青年演员从艺之初便深刻认识到艺术工作的政治意义,这种高度的政治责任感渗入到北舞师生艺术创作和表演的血液里,代代传承,成为"爱国、爱校、爱舞蹈"的舞院精神的最好诠释。

二、为国家文化建设做出不可替代的贡献

1978 年,经国务院批准,北京舞蹈学校转制提升为大学教育,正式成立北京舞蹈学院。在高等教育的事业征程中,学校始终牢记艺术使命,积极承担国家领导人出访的随访演出,代表国家参加各类国际艺术节和展演等,服务于国家和北京市的重大活动,将中国优秀的舞蹈文化传播到世界各地。2015 年,国务院副总理刘延东同志视察学校,称赞师生无数次出色完成文化交流任务,为国家文化建设做出了不可替代的贡献。

细数近年来国家和北京市的重大活动,在文艺演出的舞台上从不缺少北京舞蹈学院师生的身影。学校先后圆满完成 2008 年奥运会、残奥会、国庆 60 周年、上海世博会、纪念建党 90 周年、抗日战争胜利暨世界反法西斯战争胜利 70 周年、第十五届世界田径锦标赛、G20 杭州峰会、"一带一路"国际合作高峰论坛、2017 年厦门金砖会议、美国总统特朗普来华欢迎晚宴等重大活动的演出任务。学校接待塞尔维亚议长、北欧和波罗的海等七国议长来校访问,积极为国家外交大局服务,受到国家领导人和外宾的高度肯定和赞扬。

2017 年 9 月 4 日,作为 G20 杭州峰会重要欢迎活动之一,文艺演出《最忆是杭州》在杭州西湖震撼上演。北京舞蹈学院芭蕾舞系学生在西湖上翩然起舞,光影与潋滟水面上下辉映,体现了绚烂色彩与传统意象的完美结合。她们表演的水上《天鹅湖》至今令人记忆犹新,但演出的难度和

排练的艰苦却不为人知。

由于演出场地较为特殊，舞台建在低于西湖水面3厘米处，演员们需要在水里完成表演，既需要速度、力度，又要做到整齐划一，而芭蕾足尖鞋着力点很小，沾水后就像在大理石上跳舞一样滑，每次演员们下水都要比平时小心谨慎十倍才能保证不滑倒摔跤。此外，在水中起舞阻力非常大，抬腿跳跃都和地面上感觉不同，因此这段舞蹈的排练比平时在教室要困难百倍。

在高温下坚持高强度的训练也极大地考验了师生们的毅力与耐力。大大小小的病痛没有使舞院人退缩，很多学生即使双脚磨破也仍坚持下水排练，最后导致化脓感染。为了能保证正常排练和圆满演出，学生们带着伤病参加排练，从没有一人请假。

对艺术的执着使舞院人将热爱的事业坚持到底并做到极致。7位老师、30位学生、杭州排练55天、节目改版30余次，终不辱使命，师生们只为一个共同目标而努力：为国家争光，为舞院添彩！

除了完成重大活动演出任务外，学校坚持以人民为中心的创作导向。近年来，先后创作了颂扬建党伟业的《红船启航》、缅怀人民军队历史的《井冈井冈》《长征》、传承民间文化的《傩·情》《沉香》、弘扬民族精神的《黄河赋》等多部优秀舞蹈作品。学校与北京海淀区联合创作的舞剧《人生若只如初见》被誉为海淀区"兰"文化发展历程中具有里程碑地位的标志性作品。以学校经典舞蹈作品整合打造的《大美不言》品牌演出将中华传统舞蹈文化传播到海内外，推进中华文化"走出去"，展示中国形象、中国精神和中国气派。

三、借力国家政策开拓国际视野

进入新时期以来，北京舞蹈学院的海外文化交流工作紧跟国家外交大政方针，服务北京"四个中心"建设，特别是"文化中心"与"国际交往中心"建设，在原有的合作渠道及合作项目的基础上，重点拓展与中东欧地区、周边邻国等"一带一路"国家的合作，借势借力，为国家文化交流传播发挥了积极作用。

早在 2015 年，我校即成为中俄文化艺术高校联盟创始成员中的 8 所中方高校之一。2016 年，在文化部和北京市领导的见证下，我校牵头成立了中国—中东欧国家舞蹈文化艺术联盟，截至目前，联盟成员发展为 16 个国家 23 个成员。联盟首个深度合作的联合创演项目《摇篮》取得巨大成功，先后在斯洛文尼亚、马其顿和拉脱维亚的艺术节演出，并向在杭州出席第三届中国—中东欧国家文化合作部长论坛的与会嘉宾做汇报演出。联盟参与文化部主办的"中国—中东欧国家文化季""中国—中东欧国家舞蹈夏令营"，成功举办"中东欧国家舞蹈大师工作坊"，增进与中东欧国家在舞蹈演出、舞蹈教育、学术研究、作品创作、人员互访等各个领域的交流。2017 年，学校芭蕾舞系与俄罗斯艾夫曼舞蹈学院共同举办"流光溢彩—中俄青年芭蕾文化交流演出"，成为 60 年来中俄两国顶级舞蹈院校间的首次联合演出，推动了中俄两国文化领域的合作。

学校还是第一批北京市"一带一路"国家人才培养基地项目 23 所院校之一，项目建设周期 3 年，依托项目开设 5 门"一带一路"相关专业课程，邀请来自"一带一路"沿线国家的舞蹈相关领域教师、专家、舞者、学生前来进行短期学术交流研讨，为学校"一带一路"舞蹈人才培养和相关学科专业建设提供良好的平台。

学校于 2012 年成立全球首家舞蹈与表演孔子学院，累计外派中方院长、教师、志愿者 20 余人，在与外方共建校伦敦大学金史密斯学院的共同努力下，已在舞蹈孔院开设本科必修、选修课程，下设 1 家孔子课堂、6 个教学点，每年举办若干场文化活动，累积参与人数近 5 万人次，为英国学生提供了解中国的平台，促进了中英两国教育和文化之间的交流，并在 2017 年获评"全球先进孔子学院"。

在提升国际化办学水平方面，学校与 50 余所海外友好院校建立合作关系，稳步开展学分、学历、学位互认，师生互换，联合培养、合作办学等多种交流与合作模式，促进了学科发展和人才队伍建设，提高了办学国际化水平。与新西兰、奥地利、英国、美国高水平艺术院校开展师生交流项目，通过国家留学基金委艺术类人才培养项目，每年选派师生赴海外留学，提升师资队伍国际化和人才培养国际化水平。

四、开创舞蹈文化海外传播新局面

党的十九大报告指出："加强中外人文交流，以我为主、兼收并蓄。推进国际传播能力建设，讲好中国故事，展现真实、立体、全面的中国，提高国家文化软实力。"这进一步坚定了北京舞蹈学院继续加强文化自信，用舞蹈讲好中国故事，推进文化交流，不断提高中国文化世界影响力的决心。

学校在国际及港澳台地区文化艺术交流与合作方面硕果累累。2017年寒假期间，学校海外交流艺术实践活动呈现出空前活跃的良好态势，陆续派出8个团组、143名师生赴14个国家和港澳台地区，遍布32个城市，执行多项国家和北京市的海外文化交流任务。主要包括文化部主办的"中国—中东欧国家文化季""欢乐春节"、国侨办"四海同春"、汉办"三巡"演出交流，参与北京市文化局组织的2018年赴丹麦、希腊"欢乐春节"巡演等，进行中华舞蹈文化传播，所到之处反响热烈，形成了良好的品牌效应，彰显了学校雄厚的办学实力，进一步提升了学校在海外的知名度和影响力。

中国古典舞《粉墨》在巡演之行的第四场——马其顿首都斯科普里的演出——震撼全场，当地的观众全体起立掌声雷动，不少观众热泪盈眶，演员多次返场致谢，但掌声经久不息。观众表示这是第一次观看中国舞蹈，被难以置信的美深深感动。

在习近平新时代中国特色社会主义思想和十九大精神的引领下，北舞人以鲜明的专业特色，更加坚定文化自信，形成学习宣传贯彻党的十九大精神的生动实践，努力推动学校文化建设与海外文化交流相贯通，这是学校进一步深化舞蹈教育教学改革，推动教学成果和艺术实践相互促进的探索和突破，是积极发挥人才培养、科学研究、社会服务、文化传承创新、国际交流合作等高校主要社会职能的具体体现。今后，学校将进一步加强国际交流与合作能力，提高国际化办学水平，为建设中国特色世界一流舞蹈大学不断奋进，为首都北京"四个中心"建设和国家文化建设做出更大贡献。

东北大学："汉语之花"绽放"万湖之国"

龙 雪

2014 年 9 月 18 日，受东北大学委派，一名中方院长和一名青年汉语教师踏上了赴白俄罗斯的征途。

一个月之后，2014 年 10 月 21 日，科技孔子学院于白俄罗斯首都明斯克正式揭牌，从此成立了白俄罗斯第三家孔子学院，也是世界首家科技孔子学院。"世界首所""全球唯一"这些名号在包括新华网、人民网等国内各大知名媒体的报道中出现，而当时全球遍布的孔子学院已达 400 余所，如何建设一所具有自身特色的孔子学院，东北大学无疑面对着一项新的挑战。

东北大学和白俄罗斯国立技术大学都在工程技术领域方面有着独特的优势和相似的学术背景，有对科学技术创新的共同追求以及对加强中白文化交流和友谊的共同使命感。这种优势为两所大学联手打造的科技孔子学院注入了活力。

早在 1990 年，东北大学创办了中国第一家依靠高校优势的大学科学园，也是世界大学科技园协会中首个中国成员，并且培育出如东软集团公司等一批国内外知名的优秀高新技术企业；白俄罗斯国立技术大学也有自己的大学科技园，正在计划建立中白前景实用科研中心，这将是中白工业园的重要依托。利用科技优势，培养中外优秀科技人才，从语言入手，以科技文化交融成了两所高校的共识，科技孔子学院就在这种共识中落地生根。

一、科技先行，文化并进

截至 2017 年底，科技孔子学院举办各类科技、语言文化活动等 70 余次，累计参加人数约 2 万人。

为突出孔院的科技特色，东北大学在宣传中国文化和中国改革开放发展成就的同时，特别注重宣传中国辉煌的古代科技文明和现代科技成就，注重举办具有科技特色的活动，以促进中白两国科技领域的合作与交流。

在 2014 年孔子学院的揭牌仪式上，东北大学就在科技孔子学院举办"中国古代瓷器文化与技术展"，展示了精心设计的 18 块展板、14 件中国古代精美瓷器的仿制品以及来自瓷都景德镇的影像资料，让白俄罗斯人民了解到精湛的中国古代制瓷技术，感受到灿烂的中华文明。

出席揭牌仪式的白俄罗斯副总理托济克在致辞中表示，深化经贸合作是中白关系中最重要的内容，孔子学院可以为包括中白工业园建设等大型合作项目输送人才。他指出，科技孔子学院是中白科技合作交流的典范和桥梁，为两国的科技合作注入了新动力，造福了两国人民。

科技孔子学院创办以来，已经举办了中白"生命与健康"高端论坛、中白青年创新论坛、中白青少年机器人大赛等一系列丰富多彩的文化和科技活动，增进了中白两国的科技交流和务实合作，对两国的科技人才培养也起到了重要的促进作用。

中白青年创新论坛是科技孔院的品牌项目，每年举办一次，吸引众多青年学者参与。从 2014 年至今连续举办，为青年学者搭建了相互交流与合作的平台，得到了青年学者的充分肯定和积极参与。其中，2016 年举办的第三届论坛是两地同时举办的，论坛还进行视频连线，相互收听、收看发言报告并积极提问讨论。在 2017 年的第四届论坛上，科技孔院与白俄罗斯科学院经济所及中白工业园联合主办，并增加了"'一带一路'框架下的中白人文领域合作"讨论主题，在科学院经济所设置分会场，白俄罗斯驻中国大使以录制视频的方式向论坛的召开表示祝贺。论坛还组织参会者到中白工业园实地参观考察，了解中白高新技术领域的合作。青年论坛涵盖生态、能源、通讯、建筑、设计、新材料、加工、仪器设备、信息、体育、医疗、康复、经济、跨文化交际等众多领域。此外，科技孔院还注重把中国最新的技术和发展理念介绍给白俄罗斯民众，在 2017 年的青年论坛会场，以宣传板的形式，图文并茂地介绍中国移动支付、共享单车、高铁和无人机的技术成果，使白俄罗斯民众更多地了解快速发展的当代中国。孔子学院通过举办青年论坛，为两校乃至两国的科技合作搭建了桥梁。

除了青年论坛，孔子学院还举办过"生命与健康"中白高端论坛，搭建了促进两国高端学者和科学家之间交流的平台。孔院还组织学者参观白俄罗斯医科大学、肿瘤研究所等，对白俄罗斯的医学水平、设施等进行了考察。

2016 年 5 月 23—28 日，在白俄罗斯首都明斯克和布列斯特市举办了首届"中国白俄罗斯青少年机器人比赛"，包括"巡迹机器人 Roborace"和"星际探测 I. E."两个比赛项目。此赛项由使馆主办，孔子学院协办。中方派出东北大学、哈尔滨工业大学等四个参赛队，白方派出技术大学等九个参赛队，开展了两个项目的比赛，双方队员大展风采，赛出友谊，赛出水平，活动获得巨大成功。中央电视台、新华社、外交部、白俄罗斯国家电视一台和多家网站做了报道。活动受到两国政府高度重视，中国驻白大使，白俄罗斯教育部、国家科委等领导出席致辞。

这次活动由孔子学院策划，经与使馆沟通，得到首肯。从策划到比赛历经了大约一年时间，得到东北大学的大力支持。各个部门分工明确，有条不紊地开展工作。国际处负责联系中方参赛学校，创新学院承担对本校参赛选手的培训，并负责制定比赛规则。经过反复与白方协商，最终双方达成一致。孔子学院负责与白方沟通协商，督促白方参赛单位和选手的落实，以及比赛设施的准备等。比赛的规模及效果都超出了预期，两国参赛选手在短短的几天时间里建立了深厚的友谊，彼此切磋技艺，相互学习。

孔子学院还积极参加白俄罗斯政府部门举办的国家级展览会。四年来，参加了包括科技展、能源展、教育展、新闻展等一系列展览会，抓住时机宣传中国，以展板和图文形式，用中俄文向白俄罗斯民众介绍中国古代四大发明，展示中国悠久的历史文明和科技发展史。同时，还展出代表中国现代高科技水平的动车模型，以及中国驻白使馆赠送给科技孔子学院的"天宫1号"及航母飞机模型，显示了祖国璀璨辉煌的文明史和高水平的现代科技成果。

2017年5月，科技孔子学院配合中国驻白俄罗斯大使馆参加白俄罗斯国际媒体展，中国展台成为展会的热点区域，由科技孔子学院提供的中国古代雕版印刷和活字印刷演示引起了参会者的极大兴趣，精美的中国瓷器向参会者展现了古丝绸之路的文明及走向未来的跨越。该院展出的中国图书和画册，以及教师的中国书法吸引大批观者驻足。白俄罗斯副总理扎尔科、新闻部长阿娜妮奇在中国驻白俄罗斯崔启明大使的陪同下参观了中国展台，赞扬了科技孔子学院高水平的中国文化展示。白俄罗斯电视台、新华社等多家媒体纷纷前来采访，进行专题报道。

为了让白俄罗斯学生零距离了解中国科技的发展，科技孔子学院每年7月组织为期两周的赴中国夏令营活动也以科技体验活动为主。学生们在中方合作院校东北大学短期学习生活期间，除汉语学习及文化体验外，还参观东软、东网等科技产业集团，体验当前高科技领域开发的产品，感知中国高科技研发成果给人们生活带来的变化。

自2015年起，科技孔子学院连续举办了三届科技汉语翻译比赛，旨在为中白企业推荐优秀的科技人才，为中白技术领域的合作、为"一带一路"倡议的建设和发展做贡献。比赛受到企业的关注和支持，中白工业园和华为科技有限公司连续两年参与并赞助该项活动，不仅赞助奖品，还为优秀选手提供实习和就业的机会。2017年，在中白工业园区举办的第三届科技翻译比赛还吸引了俄罗斯和乌克兰的学生报名参赛，选手人数由第一届的16人发展到第三届的54人。此次比赛由中白工业园冠名，华为公司赞助，升级为"'一带一路'中白工业园国际科技翻译比赛"。比赛内容新颖，紧贴生活，年轻的参赛者们用流利的汉语、准确的发音、清晰的表述赢得了评委们的赞赏和观众们热烈的掌声。由于比赛形式多样，涵盖初赛、复赛、决赛，笔译、现场交传、同声传译，角逐激烈，不仅极具挑战性，也更有观赏性。由于科技翻译比赛的成功举办，该项活动在白俄罗斯的影响力越来越大，也激励更多的学生努力学好汉语，在未来的比赛中大显身手。

二、文化引领，阐释中国

国之交在于民相亲，民相亲在于心相通。文化交流是两国和两国人民交往沟通的高级层次。科技孔子学院从成立之日起就注重通过各种机会和活动，大力宣传中国文化，向白俄罗斯学生和民众介绍中国文化，宣传中国改革开放的发展成果，让他们认识中国，了解中国。

从 2015 年起，科技孔子学院连续三年在白俄罗斯青少年健康教育示范基地"苏巴雷诺克"举办"中国语言文化周"，不仅开设汉语提高班、汉语教学与培训，还吸引基地的其他学生 2000 多人参加书法、武术、剪纸、围棋、茶艺和京剧脸谱绘画等各项体验活动。第一届语言文化周还得到了崔启明大使的高度重视，他专门驱车 100 多公里来到夏令营基地参加开幕式，勉励白俄罗斯中小学生努力学习中文，了解中国，热爱中国文化，长大后积极促进中白友谊和合作交流。2017 年 8 月，由科技孔子学院和白俄罗斯国家夏令营基地共建的"中国语言文化中心"正式挂牌。中国语言文化周活动已经成为白俄罗斯国家夏令营一大特色。

2018 年 4 月，科技孔子学院首次主办社会性传媒文化活动，并和中国驻白俄罗斯大使馆教育处联合举办了"我眼中的中国和白俄罗斯"摄影大赛。比赛从 2017 年底着手筹备，吸引了中、白两国摄影工作者及爱好者，白俄罗斯多所孔子学院师生、中白企业工作人员等约 140 名选手注册参赛，投稿作品达 400 余幅。比赛设立"中白友好与合作""人物、家庭与社会""文化与传统""自然风光""建筑古迹"五个参赛组进行评审。每个参赛组设一、二、三等奖各一名。入围决赛的 60 幅优秀作品在白俄罗斯国家图书馆进行为期一周的展览，展出期间接受现场投票，同时结合照片墙网络平台投票，最终选出图书馆读者中"最受观众喜爱奖"及"最受 Instagram 观众喜爱奖"。这也是科技孔院利用线上网络与现场民众互动的一次大胆尝试。

积极参与社区活动和服务大学也是科技孔院工作的一个重要方面。孔院参加明斯克"图书馆之夜"文化活动，开展书法讲座与互动；举办"春节联欢晚会""破五包饺子"，宣传中国节日文化习俗；在明斯克市教育发展学院为当地中小学校长举办"中国基础教育和中等专业教育"和"汉字的起源和发展"讲座，同时进行书法实践；举办孔子学院首届书法比赛，来自孔院本部和教学点的100多名大中小学生参加了硬笔书法和毛笔书法两个阶段的比赛，极大地激发和促进了学生学习汉语、了解中国文化的积极性。

2017年春节，科技孔子学院春节文化活动走进明斯克市莫斯科区社会服务中心开展社区服务活动，通过介绍中国春节习俗，放映中国电影，教授简单的汉字，举办书法、剪纸、茶艺、画京剧脸谱等体验课，让当地的青少年和儿童享受到一场中国文化体验大餐，激发了他们学习汉语的兴趣。

2017年8月，孔院联合明斯克北京饭店共同参加白俄罗斯第八届莫托利国际美食节，宣传中国饮食文化，参观孔院展台、品尝中国饺子的民众达500多人。

2017年9月，孔院参加明斯克城市日活动，展示了包括书法、茶艺、武术等中国传统文化，吸引近千名当地民众来孔院展台参与互动。

2017年10月，孔院首次接待汉办"三巡"演出团，在学校礼堂组织了文艺演出，450余人前往观看。

2017年11月，孔院邀请东北大学太极拳教师在中白青年创新论坛和孔院教学点40中学、波洛茨克大学、布列斯特技术大学举办太极拳文化宣传活动，400名多大中小学生参与互动与学习。

2017年11月10日，科技孔院教师应邀与白俄罗斯国立技术大学工程系15名学生一起到孤儿院开展慈善活动，为儿童们展示中国书法，宣传中国传统文化并赠送中国文化纪念品。

近年来，孔院先后六次参加学校"开放日"活动，为汉语招生做宣传，也积极宣传汉办奖学金招生政策，每次都有近千人参与活动，极大地激发了学生们学习汉语、留学中国、了解中国的兴趣。

作为具有科技特色的孔子学院，科技汉语教学自然是学院最大的亮点。学院制定教学大纲和总体目标，连续五个学期开设白俄罗斯唯一的"科技汉语班"。学院还通过为中白工业园的科技人员开展科技汉语培训、联合举办科技文化活动等方式服务中外企业。

从2015年1月15日，第一个汉语班开班授课，仅有12名学员注册，发展到今日，科技孔院本部和下设教学点共计注册学员1106人，并且每年都以40%的比例增长。随着"一带一路"倡议的实施和推进，中白政治和经贸关系发展迅速，这给孔子学院的汉语教学带来极好的发展契机。我们紧紧把握良机，特别注重在首都以外的地区发展汉语教学。科技孔子学院在白俄罗斯国立技术大学的快速发展引起了其他高校和中学的重视，纷纷要求设立教学点，开展汉语教学。截至目前，科技孔子学院已经建立了10个教学点，为白俄罗斯的汉语教学与推广做出了积极贡献。

科技孔子学院的建立推进了东北大学与白俄罗斯国立技术大学之间的合作与交流。两校在校际合作协议的基础上，不断扩大合作领域，多次签署补充协议，如两校实施联合科研和创新项目协议、两校共建武术中心协议等。两校还计划建立科技工程联合研究中心，此举得到了白俄罗斯国家科学技术委员会的大力支持。两校鼓励学生互换，目前已有20名白俄罗斯国立技术大学学生和孔子学院学员在东北大学分别攻读硕士学位和汉语进修课程。2016年，白俄罗斯国立技术大学机械系主任带领5名研究生和青年教师到东北大学访问，并参加在东北大学同步举办的青年创新论坛。科技孔子学院的星星之火已经在白俄罗斯的大地上形成了燎原之势。

三、不负众望，斩获殊荣

在第十二届全球孔子学院大会上，科技孔子学院获得"2017年度先进孔子学院"这一殊荣。这是科技孔子学院成立三年以来获得孔子学院总部/国家汉办颁发的最高荣誉奖项。国务院副总理、孔子学院总部理事会主席刘延东为白俄罗斯国立技术大学科技孔子学院理事会主席赫鲁斯塔廖夫先生颁发奖状。

科技孔院在白俄罗斯是第三所孔子学院，相较于其他两所，科技孔院建院时间短，但起点高，汉语及中华文化的推广并不是科技孔院的唯一目的。科技孔院在促进两国在文化交流的基础上，办出自己的科技特色，开展更多、更广、更深入的科技合作。科技孔院抓住每一次中白合作的机会展示自我，积累经验，扩大影响力。在四年的时间里，科技孔院稳扎稳打，一步一个脚印地走向了辉煌荣耀的时刻，现如今，特别是在国家"一带一路"政策的倡导下，科技孔院度过了"走出去"宣传自己吸引生源的阶段，已逐步迈向了当地学生的大中院校主动联络孔院，渴望学习汉语了解中国文化的"迎进来"阶段。这是四年来对科技孔院人的不懈努力和奋斗的最有力证明。

为了扩大科技孔子学院的宣传力度，孔院在白俄罗斯国立技术大学官网（bntu. by）下开设了孔子学院的中俄双语网站，并在明斯克地铁车厢里及白俄罗斯最有影响力的网站上（tut. by）常年发布招生宣传广告。四年来，中外多家媒体对科技孔院成就的报道不计其数，其中最主要的中国媒体：新华网、人民网、《中国日报》；白俄罗斯媒体：OHT（白俄罗斯国家电视台）、CTB（首都电视台）、Belta（白俄罗斯通讯社）、白俄罗斯政府网、《青年》杂志、《共和国报》、白俄罗斯国家电视台第一频道和第五频道、布列斯特电视台、《戈尔基日报》等。此外，白俄罗斯电视台还邀请孔子学院教师到电视台现场为当地观众介绍中国春节习俗，讲解中国传统文化。

南京航空航天大学：培养优秀的海外"代言人"

王　伟　徐　乾　柯龙婕旻

多年来，南京航空航天大学以航空航天民航（以下简称"三航"）特色鲜明的专业布局吸引留学生来华，以"一带一路"沿线国家为主要发力点，不断扩展留学生优质生源。经过十多年的发展，培养了一批批优秀的海外南航"代言人"。他们用行动传播南航好声音，用事业讲好南航好故事，使学校海外影响力不断提高。

一、架起中外友谊桥梁

已毕业的"一带一路"沿线国家留学生除部分在中国继续学习或工作外，大多数选择了回国继续完成学业或直接就业。无论是留华学习、工作，还是回国创业，他们都取得了优异的成绩。他们用自己的知识和才干架起了中外友谊的桥梁。

南航培养的第一位巴基斯坦籍留学博士生 Asif Iqbal 于 2006 年 9 月通过机械制造及其自动化学科博士学位论文答辩，获工学博士学位，目前在沙特的阿卜杜拉国王大学任副教授。他在促进该校与南航在教师互访、学生交流及科研合作等方面做出了积极贡献。

2006 级留学生 RajanKhattri 毕业后回到尼泊尔的家族企业工作，利用汉语好、专业强的优势，从中国引进先进的农副产品生产线及技术。在过去的五年时间里，参赛企业的产值翻了 5 倍，产品占尼泊尔同类市场份额的 60%。

2007 级航空工程专业毕业生 Bivash Bista 现已成为美国洛克希德马丁航空航天公司的飞行模拟工程师。他非常感谢在南航四年学习生活的经历，锻炼了他克服困难的坚韧品格，培养了他与人沟通的良好能力。

2007 年，来自尼泊尔的 Sudip Bhattarai 获得了南航航空工程学士学位和硕士学位。他脚踏实地，刻苦钻研，其导师唐豪教授称赞他是自己指导过的最优秀的学生，目前在尼泊尔历史最悠久的特里布文大学工程研究院机械工程系任副教授。他是尼泊尔航空研究的开创者，并在特里布文大学建立了第一个风洞实验室。尼泊尔媒体曾多次采访他，报道其在航空工程研究领域为尼泊尔做出的突出贡献。

2014 届软件工程专业坦桑尼亚留学生 Ismail Nassor Mbarack 毕业后以优异的成绩拿到了华为的录取通知书。2016 年，他凭借出色的工作表现获得了华为年度优秀员工的称号。

2017 届航空工程专业肯尼亚留学生 Alex Langat 毕业后进入中兴通讯，成为企业连接肯尼亚的重要交流纽带和管理人才。

二、网上传播中国故事

"在脸书等海外社交媒体上，我看到很多针对中国的谣言和假新闻。比如'封城'后留学生没有吃的。这些都是不实报道。"说起中国新冠肺炎疫情防控形势严峻时的一些不实言论，巴基斯坦来华留学生李卡依然愤愤不平。28 岁的李卡来自巴基斯坦西南部俾路支省首府奎达，是南航国际贸易专业的一名硕士研究生。

新冠肺炎疫情期间，李卡以摄制短视频、发起网上直播会议等形式，多语言讲述他在中国的见闻，驳斥海外社交媒体上针对中国的不实言论。在他的脸书主页可以看到，去年 2 月，他拍了不少有关南京街头的短视频。他在脸书上主办网络研讨会讲述了他在中国的所见所闻，并给家乡人民介绍了他眼中高质高效的中国防疫经验。

他也是南京外籍志愿者团队 FCTA（"From Compassion to Action"的缩写，意为用行动代替同情）的负责人。这个志愿者团队是由国际学生组成的公益组织，有 500 余名志愿者，每周均会开展各种志愿服务项目。新冠肺炎疫情期间，李卡组织团队里的志愿者在疫情防控点值班，协助工作人员完成测量体温、对小区出入人员进行登记等工作。

李卡说："我在中国已经生活了六年，这里就是我的家，它正在经历一场劫难，我要尽我所能，坚定地与家人们站在一起，打赢这场战役。"

"我不是老外，我是'青外'，我热爱南京，热爱中国!"在江苏省十佳志愿者评选答辩的现场，来自孟加拉国的尼哈德深情地对台下的听众说。他在南航参加各种活动共计 120 余次，获得 52 项荣誉证书；成为南京亚青会仅有的 8 名外籍志愿者之一；作为南京青奥会的志愿者，在赛场上为各国选手提供服务……这位孟加拉国小伙怀着满腔热情，在中国书写了自己的故事。

新冠肺炎疫情期间，已经毕业留在南京的尼哈德通过微信群联系上南航的学生朋友，做起了大家的"采购送菜员"，他还积极在推特、脸书等网络平台为中国抗击新冠肺炎疫情行动加油。

他还通过海外社交媒体向家乡人讲述了他在中国的故事，将自己在中国的所见所闻分享给家乡人。"我发现我们国家有些人对中国文化有所误会，于是就尽我所能地向他们解释。"尼哈德说，"我还会给他们讲述春节等中国的传统文化，讲我在中国参加的志愿活动。我想把在中国学习到的东西在孟加拉国发展下去。"

李卡和尼哈德同时获得 2017 年度南京公共外交"梧桐奖"青年友好使者奖，是 11 位获奖者中仅有的 2 名在校大学生代表。

三、首获创新创业签证

来自肯尼亚的马森是南航 2012 级软件工程本科生、2016 级管理科学与工程硕士生。2020 年 6 月，凭借在校期间的优秀表现和创新创业的完整理念和计划，他的留学生创新创业签证获得了南京市公安局出入境管理部门的许可。他成为南京市首位获得创新创业签证的来华留学生。

2019 年 4 月，马森的项目"ABCSTEM 当英语遇上幼儿编程"以预赛第一名的成绩进入了百所高校在华留学生创新创业大赛。这个项目的目标是建筑一个全英语语言环境的平台,由在南京的外国教师为本地4~8岁的儿童提供编程教育,以培养儿童解决问题、创意思考、批判思考和逻辑思维的能力。

在研究生学习期间,马森就有了创立"ABCSTEM"的设想,他利用自己软件工程专业的本科学习背景,以及研究生期间所接触到的经济管理知识,结合自己所参加的一些社会实践经验,提出了"ABCSTEM 当英语遇上幼儿编程"的理念。

除了"ABCSTEM","创业达人"马森还担任"易佰外师"的项目经理。该项目是一个致力于为南京的外国青年提供创业支持、就业咨询、生活指导和培训的全方位服务驿站,目前已经开展了数场研讨会与交流会。马森说:"我们帮助那些在南京的留学生实践他们的商业想法,这个城市里有如此多的机遇,我们鼓励和帮助他们去抓住这些机会,向他们提供平台、帮助和专业意见。"

"南京是我的另一个家,而南航就像是我的妈妈。"马森表示,他在南京得到了很多人的帮助,也感受到了南京的温暖。同时,南航也为他提供了展示自己的平台。在校期间,除了多次获得南京市政府、南航奖学金,马森还参加了南航为留学生组织的各类活动,利用自己在南航学到的理论知识积极参加各类实习和志愿服务工作。

南航一直高度重视留学生的职业生涯规划和创新创业,鼓励留学生融入学校整体的创新创业氛围。在读研时,马森主持了学校的研究生国际学术会议分论坛和研究生的大型活动。他还参加了学校组织的"创新周""国际学生在华职业发展规划论坛""校友职业生涯讲座""创新科技行"等活动。这些活动让留学生们了解了在南京创新创业的模式,为他们在华创新创业和未来的职业生涯提供了有力指导。

四、在非洲上空翱翔

随着"一带一路"合作的深入推进,来华留学教育对于培养沿线国家专业人才、加强"民心相通"具有重要意义。十多年来，南航对非洲来华留学生的培养，在为非洲国家输送以"三航"领域为主的人才，在沟通中非民心、推动中非交流，培养知华、友华、亲华的非洲友人方面贡献了自己的力量。

从南航走出的留学生不仅有飞行器制造、设计、电子等行业的工程师，还有翱翔天空的飞行员。

2018 年 6 月，南航承接了"2018 年发展中国家区域航空合作及安全管理提升项目研修班——刚果（布）飞行学员英语能力强化培训班"项目。此次培训班刚果（布）代表团一行 26 人在南航进行了为期 20 天的航空英语和航空理论培训。在他们之中将有可能诞生第一位中国首架拥有自主知识产权的涡扇支线飞机 ARJ21 的"非洲机长"。

这批从刚果（布）共和国远道而来的学员平均年龄 20 岁出头。他们参与的课程包括飞行模拟、飞行原理、航空英语和无线电通话。据悉，学习成绩优异者将被送往南非有关航空学校。未来，刚果航空的 ARJ21 机队机长很有可能在他们之中产生。

多米尼克·莫里西娅是这批学员中唯一的女学生。和其他同学一样，她是第一次来到中国。尽管中国制造早已在各个领域进入他们的生活，但现在终于来到这个遥远的国度，还是让她感受颇多。

谈到航空业对刚果（布）人民的影响，她表示，航空可以将刚果（布）与世界更好、更紧密地联系在一起。由于父亲也在航空业工作的缘故，她在很小的时候就认识到飞机可以为他们的生活带来巨大改变。她希望通过更多的类似培训，有一天自己真的可以成为刚果航空的机长，甚至成为中国研制的 ARJ21 飞机的机长。

她表示，虽然还没有看到真正的 ARJ21 飞机，但希望终有一天能够自豪地驾驶这款飞机飞翔在蓝天上。

这批来自非洲的学生非常愿意让教师了解自身的学习情况。每当教师提问，总会有人抢着回答。对一些难以理解的部分，他们也会在课上直接提出，教师则会停下来予以解答。

民航学院孙建东教授见证了这些学生对航空英语从一知半解到有所顿悟的过程。"他们都十分好学。"尽管与刚果（布）学生的接触只有十几堂课，但孙教授却情不自禁地对他们做出了褒奖。"祝愿他们今后有幸能驾驶中国研制的 ARJ21 飞机。作为中国人，我也会非常自豪。"

五、海外建立民航学院

目前，中非在航空领域的合作关系越来越坚实而紧密。自 2006 年第一架新舟 60 飞机交付刚果（布）至今，中国国产飞机长期在刚果（布）安全稳定运营。在不久的将来，刚果（布）将成为国产新一代喷气式飞机 ARJ21 的用户，这里也是中国援建的海外飞机维修中心所在地。

自 2014 年"中非区域航空合作计划"倡议提出以来，中非区域航空合作取得了丰硕成果。2014 年 11 月 11 日，刚果（布）运输、民用航空与商船部订购 3 架 ARJ21 飞机。中国商飞与刚果（布）有关部门、企业的合作全面展开。

2018 年 9 月，经过前期多轮磋商谈判，南京航空航天大学、中航国际与刚果（布）高等教育部，交通部、民用航空和海运部在刚果（布）共同签署了中刚民航教育领域合作谅解备忘录。

根据中刚两国签署的备忘录，双方将加强民航教育领域国际合作，推动中刚航空合作可持续发展，为刚果（布）航空业培养空中交通管理与签派、民航机务、飞行技术等有资质的民航领域从业人才，并提供强有力的人才支撑。

刚果（布）高等教育部长伊图瓦表示："刚中两国在民航领域有良好的合作基础，此次签署的备忘录是中非合作论坛北京峰会闭幕后双方取得的一项最新合作成果。在中方的帮助下，刚果（布）将拥有自己的航空专业人才，并将刚果（布）建设为区域航空中心。"

此次备忘录的签署是中非合作论坛北京峰会闭幕后，双方快速积极响应《中非合作论坛—北京行动计划（2019—2021 年）》的实际举措，对于共同推动非洲区域航空发展、促进中非经济合作发挥着积极的助推作用。

　　南航作为唯一高校代表，在 2018 年 9 月 13 日，也就是中刚民航教育领域合作谅解备忘录签署的前一天，在北京与中航工业集团等六家企业、机构联合发起"空中丝路"联盟倡议。该倡议旨在促进"一带一路"沿线国家航空领域合作，服务沿线国家经济和民生发展，促进国内外航空企业密切合作，实现共同海外发展。

　　近年来，南航积极服务国家"一带一路"倡议，发挥"三航"学科特色，为"一带一路"沿线国家培养大批特色人才，为"一带一路"倡议发挥积极支撑作用。西出阳关"有"故人，这些优秀的海外南航"代言人"在对外传播的舞台上积极发声和行动，讲好南航故事，讲好中国故事。

北京印刷学院：向世界讲述中国印刷出版故事

张　钰　张晓新　慈妍妮　曹文露

教育是"一带一路"倡议中的重要领域，教育的国际化搭起了与世界互通的桥梁，为我国积极面对世界市场格局的变化提供了坚实基础。在不同的历史阶段，教育的国际化都同中国和世界的关系休戚与共。新的历史机遇为推动教育的开放交流带来了千载难逢的契机，为拓展和丰富中国特色大国外交搭建起全新舞台，以教育作为载体和形式的教育外交伴随着"一带一路"倡议的深入实施而顺势兴起。

北京印刷学院是一所以印刷包装、出版传播、设计艺术为特色的高等院校。办学六十年来，始终恪守"立足首都、服务行业、面向全国、走向世界"的服务面向定位，以"传承弘扬印刷文明、创新发展出版文化"为己任，植根印刷文化，大力发展印刷出版教育，不断探索和创新育人模式，并形成鲜明的办学特色。

北京印刷学院积极抢抓机遇，以建设特色鲜明、高水平出版传媒大学为目标，利用学科专业和基地优势，突出人才培养、科研合作、学术交流与文化传播，做出品牌和北印特色，为国家"一带一路"倡议做出北印人应有的贡献。

近年来，教育部陆续出台了《推进共建"一带一路"教育行动》《学校招收和培养国际学生管理规定》等文件，实施"丝绸之路"留学推进计划，提出了到 2020 年在中国留学的总人数达到 50 万人次。教育部在推进共建"一带一路"教育行动中提出要为"一带一路"提供人才支撑，设立

"丝绸之路"中国政府奖学金，每年向沿线国家额外提供总数不少于3000个奖学金新生名额；与沿线24国签订了学历学位互认协议，计划5年内建成10个海外科教基地，每年资助1万名沿线国家新生来华学习或研修；加强来华留学质量建设，评选英语授课品牌课程；制定区域间国家学费减免，以及实习就业机会等优惠留学政策措施。

北京市设立外国留学生"一带一路"专项奖学金项目，在全国内率先建立起"一带一路"国家人才培养基地项目。截至目前，北京高校已有64个项目获该奖学金资助，14所高校入选"一带一路"国家人才培养基地名单。北京印刷学院成功入选了首批北京市"一带一路"国家人才培养基地，并承担秘书处、项目门户网站建设等工作。

国际化是北京印刷学院"十三五"期间建设的重要内容之一。学校对留学生教育工作给予了高度关注。近年来，北京印刷学院响应国家"一带一路"倡议的号召，积极为"一带一路"沿线国家培养出版传媒类的高级专门人才。

2013年学校成立国际教育学院。自2015年以来，校领导带队先后出访俄罗斯、印度、巴基斯坦、蒙古、尼泊尔、塔吉克斯坦、哈萨克斯坦、喀麦隆、乌干达等国家和地区。仅2016年、2017年就在参与"一带一路"建设的10余个国家的招收留学生150余人，目前有来自40多个国家近400名留学生在校学习。北京印刷学院也邀请"一带一路"参与国家的行业技术专家来学校进行学习培训，增进与"一带一路"国家的学术交流与友好往来，并扩大学校的国际知名度。"十四五"期间，学校将进一步扩大"一带一路"国家及地区的留学生招生人数，进一步增进与"一带一路"参与国家高校的友好往来。

学校开设3D印刷、印刷电子、印刷机械、自动化、传媒管理、国际出版、媒体艺术、对外汉语专业等优势特色专业，所有课程均为全英文授课，从而满足以英语为官方语言的国际学生的需要，同时发挥我校行业引领作用，与沿线各国同类院校一道，秉持开放合作、互利共赢的理念，共同构建多元化教育合作机制。

国际教育学院开发的《中国文化》系列课程，包括《中国印刷》《中国美术》《中国出版》《中国媒介》《中国书法》等具有本校特色的英文网络文化课程，为服务"一带一路"国家战略，培养知华、友华的宽口径复合型人才提供了优秀的教育教学平台。

"印刷孔子学院"让中国印刷文明走出国门。中国优秀传统文化是中华民族在长期的历史发展过程中形成的文化积淀，并以特定的价值观念、伦理道德、行为方式等形式呈现出来。文化的"走出去"更是国家软实力发展的重要象征。

中国古代四大发明是人类近代文明的先导，而印刷术的发明可以是人类文化的曙光，为文化的广泛传播、交流与传承创造了前所未有的条件。作为中国印刷事业大发展、大繁荣的见证者和经历者，如何紧抓"一带一路"机遇，积极在世界文化的舞台上展示中国印刷文化、谱写中国印刷乐章成为北京印刷学院新时期的重要任务和责任。

2017 年 6 月 1 日，北京印刷学院举办了印刷包装设备沿"一带一路"走出去及印刷孔子学院建设高端论坛。学校联手 11 家企业筹划未来在巴基斯坦瓜达尔港地区建设印刷孔子学院，将产业合作与教育培训有机融合起来，为中国印刷包装企业搭建合作平台，提高我国印刷包装教育和产业在"一带一路"中的影响力。

中国的软实力将伴随中国经济等硬实力而同步提升，中国出版业在境外投资、设点将会越来越多。为应对出版业在境外对人才的需求，校长罗学科认为我国需要以世界人力资源的视野，从世界范围内挑选培养出版业未来需要的人才，即国际人才的本土化。这些国际人才利用自己对中国文化、中国经济、中国出版业的深刻理解和认同，再加上自己的本土语言、文化优势，在本国为中国出版企业开拓市场、挖掘需求，与中国出版人才在海外打拼相比，将会收到事半功倍的效果。

除此以外，在"一带一路"的国际合作大背景下，一方面可以了解和学习欧洲制造业国家的先进印刷设备与工艺材料技术，加快印刷产业转型升级；另一方面能将我国自主研发的印刷设备、技术、工艺、材料等先进经验输送给印度、尼泊尔、巴基斯坦等有需要的国家和地区，从而实现技术、设备、产能的共享。印刷孔子学院将会是我国印刷业走向国际的重要渠道。

近几年，在我国"一带一路"倡议的对外宣传发展中，北京印刷学院通过各种途径和方式向世界讲述和传播中国印刷出版文化。

在阿斯塔纳世博会期间，纳扎尔巴耶夫大学和北京印刷学院两地同时举办首届上合丝路协同创新国际论坛。北京印刷学院举全院之力配合世博会上合馆的各项工作，上合丝路（北京）新媒体空间在圆满完成世博会上合馆的展示工作后，永久落地在北京印刷学院。

2017年7月29日，由北京印刷学院和中国印刷技术协会主办，中国印刷技术协会凹版印刷分会、北京印刷学院机电工程学院、必胜网承办的2017印刷包装行业"一带一路"国际合作高峰论坛在怀柔雁栖湖举行。

2018年6月，由中外文化交流中心主办的"丝路记忆——NICEChoice文创海外推广展"在贝宁中国文化中心完美落幕，这也是继瑞典、毛里求斯、斯里兰卡展之后的最后一站。北印新媒体学院的三维水墨动画作品在四国展区中亮相，并以现场轮播形式呈现出来，以数字技术传播中国传统文化为突破点，采取参观与体验融合的模式，将中国传统文化与科技相融合，向广大受众展现内容丰富、形式多样的中国传统文化。

借助"一带一路"发展机遇，学校广泛开展国际交流合作，传递文化，聚焦未来。北印主办国际柔性与印刷电子大会、中欧数字出版论坛、中英国际出版论坛和印刷包装设备"一带一路"走出去国际论坛、开展丝路书香新闻出版业来华高端人才培训。学校还与美、英、法、德等20多个国家的50余所著名大学、科研机构建立校际合作与交流关系。北印坚持立足区域，服务行业，让中国印刷出版业的声音在世界中回响。

在中国，人们常常用"巴铁"一词指代巴基斯坦，意思是巴基斯坦跟中国是"铁哥们儿""铁杆朋友"。① 20世纪70年代，瓦黑德和玛利亚的

---

① 来自巴基斯坦的助教瓦黑德和玛利亚夫妇已经将中国当作了他们的第二故乡。

父辈就曾来北京留学，瓦黑德和玛利亚也跟随着他们的脚步，在中国寻梦。

他们初来中国时，由于文化差异、语言交流的不畅、生活习惯的不同等，造成诸多不适应，多亏中国朋友们一直以来热情的帮助，瓦黑德和玛利亚才能一步步地掌握在中国生活的节奏。中国朋友的真诚与善良使他们对这里产生了家一般的亲切感。

怀揣着对中国的深厚情谊，在与北印的邂逅后瓦黑德和玛利亚坚定地选择留在北京，和北印师生彼此相处融洽，互相学习，在中外文化的相互碰撞中，感受着异国的文化魅力。

他们和同事、学生们一起去颐和园、故宫、玉渊潭公园等饱含中国文化内涵和富有北京特色风光的地方游玩，观赏传统建筑，体会古老文明，感受北京的风土人情。饺子、拉面、西红柿炒鸡蛋等菜肴都是他们喜欢的食物，他们热衷学习烹饪中国菜肴，感受中国美食的独特风味。

除了教师，这些在异国他乡留学的学生们也在北印留下了他们青春的诗篇。2017年9月以来，国际教育学院组织学生开展了以"弘扬中国传统文化"为主题的系列活动，在学院教师的带领下，他们参观天坛、学习毛笔字、打太极拳、练习剪纸，走近中华文化，感受中华文化内涵以及中华传统文化的魅力，丰富留学生校园生活。他们还走进小学课堂，第一次站在中国讲台上与印刷附小的教师们共同备课，和中国小朋友近距离交流。留学生们还参与了2018年5月北京印刷学院校级运动会，和其他在校生同场竞技。对这些留学生而言，北印已经成为他们在中国的家。

华侨大学华文学院：以侨为桥传播中华文化

袁　媛　卢　鹏

党的十九大报告提出，推进国际传播能力建设，讲好中国故事，展现真实、立体、全面的中国，提高国家文化软实力。这一论述站在全球传播的高度，扎根中国的现实与实践，为新时代对外传播的理论重构和实践创新描绘了清晰的路线图。

自 2016 年 7 月以来，华侨大学华文学院开展"传承—传播"中华优秀传统文化系列活动，包括"以文化人——国内传承工程"和"以侨为桥——海外传播工程"两大板块。一方面，华裔留学生在中国学习期间，学院围绕中华优秀传统文化开展"传承工程"，致力于让华裔留学生拥有"说一口流利的中国话，掌握一门娴熟的中国艺术，讲好一段刻骨铭心的中国故事"的能力与行动力；另一方面，在寒暑假期间，利用留学生返乡回到居住地的机会，学院组织招募留学生团队回到自己的母校或熟悉的中小学传播中华优秀传统文化，实现以留学生的"他方"视角讲述中国故事。以中华优秀传统文化的传承与传播为抓手，立足华文教育与汉语国际教育专业优势，致力于促进中外人文交流、助力民心相通，为"一带一路"沿线国家培养一批有侨校情怀、中国立场、全球视野的优秀华裔青年，涵养一批知华、友华的侨务资源。

华侨大学"华文星火"中华文化海外传播志愿服务队依托华文学院来华留学生众多特长与优势，与 38 所海外院校建立长期合作关系，组织 59 个文化传播团队利用寒暑假前往"一带一路"沿线的 8 个国家 33 个偏远地区（城市）的 50 多所学校开展中华文化传播活动，参与活动的海外中小学生超 1 万人次。在新冠肺炎疫情期间，团队还继续开展线上活动，为意大利、荷兰、匈牙利的海外华校开设中华文化线上课程。

一、思路与理念

突出侨校特色，服务"一带一路"倡议。华侨大学 1960 年创办于著名侨乡福建省泉州市，是周恩来总理亲自批准设立、中国第一所以"华侨"命名的高等学府。华侨大学始终坚持"面向海外、面向港澳台"的办学方针，秉承"为侨服务、传播中华文化"的办学宗旨，贯彻"会通中外、并育德才"的办学理念，为海内外培养各类优秀人才超过 20 万名，其中超过 5 万名校友主要集中分布在港澳台及海上丝绸之路沿线国家和地区，成为促进中外交流合作的友好使者。站在新时代的历史起点，华侨大学坚持"侨校+名校"的发展战略，围绕落实《推进共建"一带一路"教育行动》《关于实施中华优秀传统文化传承发展工程的意见》，创新打造"文化相知、故事相传、民心相通"的华裔留学生"传承—传播"中华优秀传统文化新模式——"华文星火"中华文化海外传播项目（简称"华文星火"）。

"他方"视角让中国故事听得懂、听得进、传得开。中华文化"走出去"的历史可以追溯到秦朝，但是文化"走出去"的方式与方法极为重要。如果采取的方法不恰当，便容易招致其他文化的抵制甚至仇视。当前，我国通过孔子学院和孔子课堂等项目，通过外派中国志愿者和教师的形式，大大促进了海外民众对中国文化的认识和了解。但是，受语言和文化环境差异的影响，以"我"为主的文化传播常常会遇到讲述的内容听不懂、听不进的情况。在海外边远地区，中华文化要"走进去"更是困难重重。本项目突出留学生对"他方"视角，让中国故事更接地气。留学生通晓中外语言文化，熟悉住在国风土人情，在对外传播、融通中外、推动中华文化走向世界中有着独特优势。在自己熟悉的文化语境内，留学生用母语以普通民众的身份讲述和传播中国故事，这种"他方"视角因不具官方色彩，故其可信度与接受度有着得天独厚的优势。借声说话、借筒传音，让"文化相知、故事相传、民心相通"，展现真实、立体、全面的中国，提升中国国家形象。

　　服务学习理念，让华裔留学生在实践中增进对中华文化的认同感。基于"服务学习"的理念，让华裔留学生通过校内学习，先传承中华优秀传统文化，再回到住在国传播中华文化，讲述中国故事，最终实现海外华裔青少年对中华文化的全面认知。为确保文化传播的效果，"华文星火"依托三个省级中华优秀传统文化教育基地，将对外传播与留学生的专业能力提升相结合，为留学生提供专业化的系统培训。此外，依靠丰富的海外校友资源来实现与海外院校的对接，加强与"一带一路"沿线国家院校的交流与合作。区别于中华文化大乐园、孔子学院、外派志愿者等"外派式"中华文化海外推广模式，"华文星火传播团"的参与主体是华侨华人留学生，实践地点为留学生住在国的中小学母校或其熟悉了解的学校，活动惠及对象由经济条件较为优越的华侨华人群体扩大到更加广泛的住在地中小学生。

二、设计与实施

　　自 2016 年 7 月以来，华文学院开展"传承—传播"中华优秀传统文化系列活动，包括"以文化人——国内传承工程"和"以侨为桥——海外传播工程"两大板块。

　　"传承工程"以"说一口流利的中国话，掌握一门娴熟的中国艺术，讲好一段刻骨铭心的中国故事"为培养目标，开展"课程教学+行走体验"的特色传承活动。一是在校园内专门为华裔留学生开设经典诵读、乐器、书法、舞蹈、手工等16门中华传统文化课程；二是结合"改革开放40周年""'一带一路'倡议五周年"开展中华优秀传统文化研学活动。立足通过专业实践，让华裔留学生能够真正感知中华文化、爱上中华文化、传播中华文化。

　　"传播工程"以"我家吹来中国风"为主题，利用寒暑假赴海外开展

"中华文化进课堂、中华美德进我家、中国故事进社区"系列主题活动。经过3年的探索，逐步形成了"4+1+N"的文化实践模式。一是推行4项标准化的基础内容，包括编制手绘教材4本，注重中文课程的趣味性；开发中华文化课程16门，注重课程的体验性；举办32场"留学中国"分享会，介绍现代中国发展；通过"成长向导"计划定向生涯规划与辅导167人，为当地青少年提供未来发展指引。二是融入1个中华文化特色项目。2018年春节期间，学院积极响应中宣部把中国春节文化带向海外的倡导，在4个国家的16个地区同时开展了"回家过个中国年"主题活动，受到海外师生的一致好评。三是链接N个海外院校。目前建设有"华文星火"书屋6个，网络直播课程累计时长120小时，并与38所海外院校建立了长期合作关系。

三、实效与经验

2016年至今，华侨大学华裔留学生"传承—传播"中华优秀传统文化新模式取得了丰硕成果，华裔留学生用他方视角讲述中国故事，海外民众的接受度和认可度高，反响热烈。

丰富了华裔留学生对中华优秀传统文化的认识。华裔留学生在校期间接受中华优秀传统文化培训课程16门，参与培训的留学生达6000余人次。自2016年7月以来，华侨大学华文学院共选拔249名留学生和73名国内大学生共同组建了36支文化传播实践团队，奔赴海外开展中华文化传播活动。

拓展了海外青年了解中华优秀传统文化的渠道。从2016年开始，我校把剪纸、花艺、中华美食等中华优秀传统文化带到泰国、印度尼西亚、老挝、菲律宾、蒙古、毛里求斯等国家，已有超过1万名海外中小学生参与活动。此外，越南、柬埔寨、荷兰等国家的学校也正在与我校洽谈合作事宜。

海外师生反响热烈。老挝乌多姆赛省教育厅长、泰国春武里府议员、四色菊府教育厅厅长都曾到实践地看望队员并对活动给予了高度肯定。泰国四色菊府的本土中小学开始推广中文标识，并将中国春节列为全校重要活动之一。"我家吹来中国风"活动得到泰国的 TIMENEWS 和世界日报，印尼的 JAWA POS、千岛日报、国际日报，老挝国家电视台等海外本土媒体的报道和关注。人民日报海外版、光明日报、福建日报、厦门晚报、福建侨报、北京电视台、中国教育电视台、新华网、中国网等国内各类媒体报道达百余篇。

荣获多项国家级、省级荣誉。华侨大学华裔留学生"传承—传播"中华优秀传统文化项目荣获第四届中国青年志愿服务项目大赛金奖，2016年、2017年、2018年连续三年受到共青团中央表彰，在全国大学生"一带一路"暑期社会实践专项行动中获评十佳团队，入选第三批福建省大学生思想政治教育创新项目，"华文星火"中华文化海外传播教育基地获评第三批福建省高校中华优秀传统文化教育示范基地，第十六届"福建青年五四奖章集体"——"华文星火"中华文化海外传播教学实践团队福建省汽车运输有限公司福州站务分公司客北站售票组，入选2019年度全国学雷锋志愿服务"四个100"先进典型。实践团队队长张志宏（泰国）入围"第十三届中国大学生年度人物候选人"，队员陈婧颖（中国）获得全国实践先进个人荣誉称号。

四、案例典型特征

文化"走出去"纵深推进，扩大国际传播影响范围。坚定文化自信，将中华文化通过华侨华人留学生传播到其住在国的农村边远地区，并在当地中小学引发强烈反响。目前，有多所泰国边远地区的中小学要求建立长期合作关系，定期开展文化实践活动。

结合专业特色，创新服务当地社会途径。将留学生的专业实践能力提升及专业特色与服务当地社会相结合，用当地学生喜闻乐见的形式讲授汉语，传播中华文化，打破藩篱，让文化直抵人心。通过深入农村参与当地减贫事业，特别是注重帮扶当地华人华侨困难群体，培育留学生的社会责任感与公民意识，探索华侨华人留学生积极参与"一带一路"教育行动新模式。

以侨为桥，让中国故事更加入脑入心。充分发挥华人华侨留学生的桥梁纽带作用，通过留学生对中国故事的"他方"讲述，借声说话、借筒传音，让中国故事听得懂、听得进、传得开，使中国能够被其住在国民众形象地感知到、触摸到，展现真实、立体、全面的中国，提升中国国家形象。

因地制宜，增强中华文化国际传播的针对性。传播内容和传播对象从"全面铺开"转向"重点突破"，注重国际传播的实效性，适应分众化、差异化的传播趋势。"华文星火传播团"将焦点集中在以往传播模式很少触及的"一带一路"沿线国家农村或边远地区学校，并以更加本土化和接地气的方式传播中华文化。针对华校与非华校、农村与城市学生的中文学习水平和学习需求差异，制定差异化的教学内容和形式。

五、案例推广价值

推动中华文化"走出去"，是增强国家文化软实力、在综合国力竞争中赢得主动的迫切需要，推动中华文化"走出去"作为一项重大战略任务，必须要多措并举、多方发力。作为推动中华文化"走出去"的重要力量，高校应该发挥自身办学优势，积极传承和传播中华优秀传统文化。

来华留学生群体不断扩大是中华文化传播的重要力量。每一名来华留学生都是中外民心相通的"使者"，是中华文化传播的重要对象，更是中华文化对外传播的重要载体。充分发挥来华留学生，特别是华裔留学生的积极性，创新中华文化"走出去"的方式，有利于丰富海外民众对中国的认识。当前来华留学生实践育人工作主要停留在文化考察、参观学习等，而真正系统化的文化育人模式和成功经验较少。本项目围绕来华留学生的实践育人工作做了初步探索，形成了可复制、可推广的实践模式。

服务"一带一路"倡议，助力民心相通。项目积极贯彻落实《推进共建"一带一路"教育行动》和《关于实施中华优秀传统文化传承发展工程的意见》，创新打造"文化相知、故事相传、民心相通"华裔学生"传承

—传播"中华优秀传统文化新模式，推动中华优秀传统文化"走出去"。通过充分发挥华裔留学生融通中外的优势，用海外民众听得懂、听得进的方式讲述中国故事，传播中华文化。以传播促传承，培养华裔留学生对中华优秀传统文化的感知力、传播力，使之成为传播中华优秀传统文化的友好使者。

"华文星火"项目通过鼓励华裔留学生回到本国的中小学开展中华文化传播，展示其在华的学习成果，分享在华的见闻与经历，能够增强留学生学习中华文化的主动性和积极性。在实践过程中，留学生也能够更好地认识到学习的不足之处。这种以教促学的方式能够有效地变"要我学"为"我要学"。

"华文星火"将中华文化的内部传承与外部传播相整合，能够有效实现分众化传播。"华文星火"项目在传承阶段，组织不同国家留学生对海外民众的文化需求情况进行调研，细分受众群，再制订个性化的文化传承方案。在传承中华文化的过程中，明确文化传播对象，留学生传承的目的性更强，内容的指向性更明确，传播方式也更加贴近海外民众的喜好。

安阳师范学院：当好中华文化海外传播的使者

黑建敏

要推进国际传播能力建设，讲好中国故事、传播好中国声音，向世界展现真实、立体、全面的中国，提高国家文化软实力和中华文化影响力。地处甲骨文发源地的安阳师范学院，致力服务国家特殊需求，以汉字文化传播为特色，服务国家"一带一路"倡议，推动中华文化"走出去"。近年来，学校共选派538名师生志愿者赴海外24个国家从事汉语推广工作，为提升国家文化软实力做出了积极贡献。

一、为世界打开一扇看中国的窗

为适应汉语国际化大趋势，安阳师范学院立足丰富的汉字文化资源，构建了集研究、研发、服务为一体的国际化汉语海外传播体系，拓展了传播渠道，服务于国家特殊需求，以及河南华夏文明传承创新区建设需要，凸显学校汉字文化研究与汉语国际教育学科特色，为世界打开一扇看中国的窗。

安阳师范学院拥有汉语海外传播省级协同创新中心等六个省级以上平台，与北京师范大学等六家单位建立汉语海外传播河南省协同创新中心，形成了包括中国语言文学、历史学、计算机科学与技术等在内的河南省特色骨干学科建设学科（群）。2006年开始招收对外汉语专业本科生，2009年获批河南省汉语国际推广汉字文化基地，2011年经国家学位办批准成为"服务国家特殊需求人才培养项目"汉语国际教育硕士专业学位研究生培养试点单位，2012年始招汉语国际教育专业研究生并于同年获批省级特色专业，2013年获批省级综合改革试点专业，2016年获批省级特色品牌硕士专业学位授权点，2017年面向"一带一路"沿线国家招收留学生，2019年获批河南省一流本科专业建设点。

学校在泰国北榄公立培华学校、泰国教育部第二中教区汉教中心、泰国泰华协会、英国奥斯特大学建立四个研究生海外实习基地。创办国际教师教育学院，着力培养具有广阔的国际视野、先进的国际基础教育理念、扎实的学科专业知识、较强的双语教学技能和具有教学管理与评估技能、跨文化交际能力的师范毕业生。学校积极引进国外优质教育资源，与美国库克学院合作举办本科教育项目，与加拿大荷兰学院合作举办专科教育项目，开展中外交流生合作项目、中英高水平应用型高校建设项目。

学校开展丰富的实践活动取得了一系列成果，有效提升了汉语国际教育专业研究生的教学技能，促进了学校汉语国际教育学科建设和人才培养质量的提升。学校举办"国际汉语教师素质"讲座，从事业发展和专业发展方面分析汉语国际教育的发展方向；开展许慎文化园汉字文化见习活动，提高学校汉语国际教育专业研究生理解、传承、传播汉字文化的水平；开展汉语课程教学设计，为学生讲述有关汉语国际教育课堂中所需要应对的各种问题；连续五年举办"汉语国际教育专业研究生教学技能比赛"，为研究生提供了一个展示自我以及相互学习的平台；举办汉语志愿者选拔模拟考试，为参与汉办志愿者选拔的学生创造贴近实战的锻炼机会；主办"中国《汉字》国际巡展"，搭建高层次、可持续、富有国际影响力的中外文化对话和文明互鉴平台；进行汉字文化推广，加深学生对汉字文化的理解，锻炼学生对社会大众和来访的外国嘉宾讲解并传播中华优秀传统文化的能力；举办汉语国际教育专业研究生"雅集"活动，培养学生自主进行综合实践活动的能力和水平，促进学生自觉研习和提升自己的中华文化才艺，从而帮助学生更好地了解、体验、传承中华优秀文化。

学校现已培养汉语国际教育专业毕业硕士研究生296人，99%以上具有汉语作为第二语言进行教学的经历，具有海外教学经历者占学生总数的

73.2%，多名学生学位论文获评河南省优秀硕士学位论文。

二、为中外青年架起一座友谊的桥

美国《纽约时报》在一篇评论中说："中国正在用汉语文化来创建一个更加温暖和更加积极的中国社会形象。"安阳师范学院着力打造汉语海外传播人才培养的高地、汉字文化研究的高地和中华优秀文化传播示范引领的高地。学校选派538名国际汉语教师和志愿者赴海外从事汉语推广工作，遍及美国、英国、泰国等24个国家，派出人数居河南省高校首位。在汉语海外传播的舞台上，他们代表中国向世界传播了中华文化，展示了中国形象，让更多的外国朋友喜欢上汉语，让更多海外地区了解中华文化。他们为中外青年搭建起一座友谊之桥，以增进彼此的了解、共识和友谊，被外国友人亲切地称为"来自中国的天使"。

从2020年3月中旬开始，受新冠肺炎疫情的影响，在埃及开罗大学孔子学院任教、2015年被国家汉办评为"优秀汉语教师志愿者"、第十八届"汉语桥"世界大学生中文比赛全球总冠军指导教师、2019年被孔子学院总部授予"孔子学院奖章"的安阳师范学院2015届汉语国际教育研究生李晓靖将线下中文课程移至线上，白天准备四门课的教学材料，晚上录上课内容上传视频，并随时通过微信、Zoom等平台为学生答疑，在与学生的互动实践中"停课不停学"。

近年来，一批批汉语海外传播"舞台"上的安师人身处异域、胸怀祖国、努力付出、甘于奉献，由于表现优异，先后有10余名研究生被国家汉办评为"优秀汉语教师志愿者"。2014年12月，被国家汉办评为全球"最美汉语教师志愿者"之一（全国共10人）的安阳师范学院毕业生、第八届汉语桥世界中学生中文比赛印尼赛区总决赛冠军指导教师、印尼汉语教师志愿者董文龙，2014年5月在第13届"汉语桥"世界大学生中文比赛约旦赛区决赛中指导学生获得冠军并公派到约旦和阿尔及利亚的汉语教师、安阳师范学院文学院教师李小山，2007年河南省首批选拔赴海外的汉语教师志愿者、八年青春都奉献给汉语海外传播事业的王明亮，被泰国教育部评为"汉语桥"中文演讲比赛"优秀辅导教师"的刘茹，被孔子学院总部和国家汉办评为第二届"汉字英雄会"优秀奖的岳楠……他们既是教授汉语的国际中文教育工作者，也是促进文化交流、文明互鉴的友好使者，为增进中外人文交流架起了一座座桥梁，为促进人类命运共同体构建做出了应有的贡献。

三、为中华文化铺就一条通向世界的路

作为甲骨文故乡安阳的一所高等院校，安阳师范学院充分运用得天独厚的优势，立足本土文化，努力将汉语海外传播打造成学校的特色品牌。

为了打造汉语海外传播品牌，近年来，安阳师范学院围绕汉字文化研究，整合校内资源，集合文学、历史、计算机、艺术、体育等专业优势，形成了一支跨专业、多学科联合攻关的学术团队。作为牵头单位的汉语海外传播协同创新中心，于2014年获批河南省协同创新中心，主持承担国家基金项目11项，出版学术专著20余部，其中承担的"汉语国际推广背景下汉语国际教育专业硕士人才培养模式的探索与实践"获河南省高等教育教学成果一等奖。甲骨文汉字书法作品被联合国收藏，《殷都学刊》被指定为中国殷商文化学会会刊，入选中国社会科学院核心期刊（扩展期刊），发行到美国、英国、法国等近20个国家，"殷商文化研究"栏目入选第二批名栏建设工程；获批河南省重点社科研究基地、河南省非物质文化遗产基地、河南省汉语国际推广基地。与中国文字博物馆联合协同开发出汉字演变动画多媒体教材，被国家汉办采用作为教材推广到20多个国家的孔子学院，受到人们的欢迎。在校师范生参与开发的易盘、笔画汉字编辑系统、"亦笔亦画"汉字字形分解系统、汉字远程学习平台、汉字字形设计软件为外国友人学习汉语提供了便利。2019年建成了世界上现有的资料更齐全、更规范、更权威的甲骨文数据平台"殷契文渊"，标志着甲骨文研究进入了智能化时代，推进了甲骨文释读取得新突破。

围绕汉语海外传播，在校内建有国内面积较大、功能齐全的汉字文化体验中心，以汉字为主线，以体验为特色，形象直观地展示了汉字文化的

魅力，开馆以来接待参观人员 10 万余人次，先后接待美国、加拿大等国家 1000 余名来宾参观体验，已成为甲骨文汉字文化传播的重要基地。同时学校还建设了一批甲骨文汉字文化传播海外基地，与美国肯尼索州立大学、日本大阪大学、中国社会科学院、厦门大学合作开展汉字文化研究，协同汉语桥、孔子学院开展境外大学生文化体验活动，多次承办或参与国际汉字大会、"汉字与汉字教学国际学术研讨会"、联合国"中文日"和"欢乐春节"等活动。

文明因交流而多彩，文明因互鉴而丰富。安阳师范学院坚持按照"服务国家特殊需求"的要求，以高度的责任感和使命感积极服务中华文化"走出去"，培养具有国际视野的人才，传播中华文化，为中国与世界的相互了解做出积极贡献。

后　记

在写这篇后记的时候，正赶上新冠肺炎疫情出现反复。全国上下齐心抗疫，谱写了许多动人的篇章。感人至深的中国故事不仅要讲给中国人自己听，还要讲给全世界听。讲什么？怎么讲？都需要继续深入研究、探索实践。

这本书的出版由于新冠肺炎疫情而被耽搁了。按计划，2020年就应该和读者见面，但本人因疫情滞留在外，使得征集到的文稿未能及时编辑。重新启动相关工作后，因时过境迁，有些文稿需要作者适时改写，这又使进度放缓了一些。如果书中存在过时之处，敬请诸位多多谅解。

依笔者理解，讲好中国故事的重点是面向世界。在北京市委教育工委、中信改革发展研究基金会等大力支持下，笔者较早开始了中国大学国际传播力的研究。在团队的共同努力下，有了一些思考，取得了一些成果。这本书从一个侧面反映了同行们的研究成果和一些大学的实践探索。希望此书能对讲好中国故事有所推动。

本书原定书名是《讲好中国大学故事》，但笔者在编辑过程中更加深刻领悟到，中国大学的使命不仅是要讲好自己的故事，而且要讲好中国的故事。于是就有了现在的书名。

书中的内容主要分为两部分：第一部分是对于中国大学国际传播力建设的理论研究；第二部分是数十所大学在增强国际传播力中的实践探索。在第二部分里，标题中使用的均为该校规范化的简称，其中个别没有简称的用了全称。感谢研究团队的每一位成员，感谢每一位积极赐稿的作者。

在没有任何行政命令和隶属关系约束的情况下，大家能为了共同的目标而凝聚在一起，这实属不易。在这里由衷地感谢大家。

当然，还要感谢我所在的学校、学院对这项研究和此书出版工作的支持，感谢为此书编辑出版工作做出各种努力的每一个人。

感谢我们所拥有的每一天。

此时的北京，难耐的暑热已近尾声，京城最好的季节快要来了。相信最终我们一定能够战胜疫情。

祝读者、作者、编者和为此书的问世辛勤劳作的所有人，身体健康，吉祥如意。

铁　铮

2021 年 8 月 2 日